대학에서 배우는

부동산 경매 이야기

김학환 저

나무미디어

저자 **김학환**

법학박사(고려대학교 대학원)
숭실사이버대학교 부동산학과 교수
한국부동산경영학회 회장
대한부동산학회 부회장, 한국부동산분석학회 · 한국집합건물법학회 · 한국감정평가학회 이사
한국공인중개사협회 정책연구 고문
CPM, NCS Facilitator, NCS기업활용컨설팅 전문가, 법정관리인
LH경영투자심사위원, 한국부동산원 우수부동산서비스사업자 인증심사위원
국토교통부 공인중개사 정책심의위원
(전) 한국금융연수원 자문교수
(전) RTN(부동산경제 TV) 뉴스해설위원
(전) 한국공인중개사협회 부동산연구원장, 정책연구 고문
(전) 법무부 주택임대차보호법 개정TF 위원, 국토부 부동산거래 · 중개관련 다수 TF 위원
(전) SGC(서울시 글로벌센타) 자문위원, 서울시 민생침해 민관대책협의회 위원
(전) 공인중개사시험 출제, 선정, 검토 위원(제10회부터 제15회까지)
(전) 경희대 산업정보대학원 객원교수, 인하대 행정대학원 겸임교수
(전) 경희대 · 인하대 · 단국대 · 상명대 대학원 석사과정, 강남대 · 광운대 박사과정 강사

저서

민법학론(공저), 부동산경매사례와 실제, 부동산권리분석의 이해(공저), 부동산거래사고사례 및 분석과 예방(공저), 부동산중개실무 대백과(공저), 부동산중개론(공저), 최신 부동산중개실무(공저), 부동산재테크, 부동산기본지식 3, 부동산거래계약체결(NCS학습모듈), 부동산경매의 매각절차파악(NCS학습모듈), 매각부동산 권리분석(NCS학습모듈), 부동산중개업법 유권해석 및 판례(공저)

논문

부동산거래에 있어서 쌍방중개에 관한 소고
부동산 중개(거래)시장 활성화를 위한 사업다각화 및 일자리 창출 방안
부동산 거래 선진화를 위한 에스크로우 제도 도입 및 활성화 방안
서울시 상가권리금의 결정요인에 관한 연구(공동)
부동산경매의 최저매각가격제도에 관한 고찰
부동산거래 전자계약시스템의 도입 및 활성화 방안
사업체의 집적이 상가권리금에 미치는 효과(공동)
부동산의 공동중개에 관한 연구
일본에서의 차임증감청구권에 관한 고찰
적정의 상가 임대료 결정에 관한 연구(공동)
공인중개사법상 행정제재처분과 시적 한계,
부동산의 표시 · 광고의 문제점과 개선방안,
기존주택 거래의 활성화 방안
부동산매매에서의 대출특약에 관한 법률적 분석
토지이용규제가 지가에 미치는 영향(공동)

서문

많은 사람들이 부동산경매에 관심을 갖고 있다. 그러나 막상 경매에 뛰어들기에는 망설여지고 주저하게 된다. 투자대비 수익이 나는 경매인지, 내가 한 물건 및 권리에 관한 분석이 과연 맞는 것인지에 대한 확신이 없기 때문이다.

그러나 전국적으로 경매는 계속 행하여지고 있고, 자신은 위험한 물건이라고 분석하여 입찰하지 않은 물건인데도 다른 사람이 입찰하여 매수하는 사례도 보게 된다. 그런 경우에는 미묘한 기분에 사로잡히게 되고, 한 동안 깊은 상념에 젖기도 한다.

그런데 사실 어떤 물건이 경매가 되어 최종 매각되거나, 경매가 취소되기까지에는 많은 사연과 비하인드 스토리(beheind story)가 있게 마련이다.

그렇지만 경매에 참가하는 사람이 그런 사연 등을 모두 알 수는 없다. 또 냉정하게 말하면 굳이 알 필요가 없는 경우도 있다. 그러나 그러한 점에도 귀 기울이는 것이 어쩌면 경매라는 비정한 세상을 다소 누그러뜨리는 방법이 될 수도 있고, 또 물건 및 권리분석의 정확도를 높이는 방법이 될 수도 있다.

이 책 이전에도 필자는 부동산경매 책을 쓴 바 있었다. 그러나 정말 경매를 처음 접하는 초보자가 알고 싶어 하는 사항부터 실전에서 부닥치는 궁금한 사항에 대해 쉽고 친절하게 안내하는 책이 있었으면 하는 아쉬움이 있었다.

이 책은 그러한 아쉬움에 답하기 위한 목표를 가지고 쓴 것이다. 아무쪼록 독자들께서는 이 책을 통하여 부동산경매에 관해 보다 잘 이해할 수 있는 기회가 되고, 나아가 실전에 임하여 참고가 되었으면 바램이다. 이 책이 초판에 이어 다시 수정본을 발간한 것은 독자들의 성원과 믿음 때문이라고 생각한다.

이 책은 대학에서 강의를 하시는 분들과 또 수강하시는 분들을 위하여 14강으로 구성하였다. 필자도 알기 쉬운 부동산 경매라는 과목을 대학 교양과정에서 오랫동안 강의를 하면서 그에 맞는 교재의 필요성을 느꼈기 때문이다.

끝으로 어려운 출판 사정에도 불구하고 좋은 책의 발간을 위해 진력하시는 나무미디어 출판사 박재인 사장님께 감사드린다.

종로 연구실에서

목차

제 1 장

부동산 경매사례 이야기

1강 경매 물건의 개요

2강 분석을 위한 기본지식

3강 비도리 토지 물건 분석 및 결과

제1장

부동산 경매사례 이야기

1강 경매물건

1. 경매 물건과 다양성

경매에 나오는 물건의 종류는 실로 다양하다. 부동산은 주택, 상가, 농지, 임야, 호텔, 주유소 등에 이르기까지 다양하다. 건축물의 용도도 다양하게 분류되고 있지만[1)], 그러한 용도의 건축물 거의 모두가 경매에 나올 수 있다. 건물도 소위 덩치가 큰 물건부터 작은 물건까지 여러 종류이다.

[그림 1]은 부동산경매에서 유명한 영주 판타시온 리조트 사건이다. 영주 판타시온 리조트는 2007년 '2만명이 동시에 이용할 수 있는 동양최대의 초대형 워터파크'를 슬로건으로 경북 영주시 아지동 일대에서 대규모 콘도와 워터파크 공사에 착수하였다.

판타시온리조트는 이앤씨건설이 2007년 영주시 아지동 일대 21만7,450㎡ 터에 지하 3층, 지상 10층 규모의 콘도미니엄과 워터파크 등을 갖추고 개장했으나 이듬해 8월 부도 처리됐다. 2010년 재개장한 후 또다시 부도를 내면서

1) 건축법 시행령 별표 [1]에서는 용도별로 건축물의 종류를 다양하게 분류하고 있다. 예컨대, 주택만 보더라도 크게 단독주택과 공동주택으로 분류되고, 단독주택은 다시 단독주택, 다중주택, 다가구 주택으로 분류되며, 공동주택은 다시 아파트, 연립주택, 다세대 주택, 기숙사로 분류된다.

낙찰과 재경매를 거듭했다. 14차의 경매가 진행되면서 우여곡절 끝에 최초의 매각가 133,568,900,030원의 7%인 9,104,050,270원에 매각되었다.

판타시온 리조트가 여러번 유찰된 이유는 유치권과 같은 법적으로 해결하여야 할 문제들이 많이 걸려 있고, 낙찰후 재투자 비용등이 걸림돌이 되었기 때문이다.

그림 1 부동산 경매 물건(리조트)

2017 타경 100799 (1) · 대구지방법원 안동지원 · 매각기일 : 2019.08.19(월) 10:00 · 경매1계

소재지	경상북도 영주시 아지동 12-2					법원안내	대법원바로가기
물건종별	숙박시설	감정가	133,568,900,030원	10차	2019/04/22	7,699,982,000원	유찰
대지권	321558.67㎡(97271.50평)	최저가	(4%)5,389,987,000원	11차	2019/05/20	5,389,987,000원	매각
건물면적	97,686.40㎡(29550.14평)	보증금	(20%)1,077,997,400원		2019/07/03	[미납]	
매각물건	건물전체 및 토지지분매각	소유자	케OOOOOOO O	14차	2019/08/19	5,389,987,000원	매각
사건접수	2017-07-19(부동산임의경매)	채권자	이OO	낙찰가 9,104,050,270원 (7%)			
청구금액	2,000,000,000	채무자	주OOO OOOOO		**2019/10/02**	**[기한후납부]**	

출처: 인사이트옥션(http://www.insightauction.co.kr)

또한 경매에 나오는 물건은 부동산에 국한되는 것이 아니다. 자동차나 중기, 선박도 경매에 나오고, TV나 냉장고 등과 같은 동산도 경매에 나온다. 동산에 대한 경매는 법에서는 부동산에 대한 강제집행과 구별하여, 유체동산에 대한 강제집행이라고 부른다.

그림 2 동산 경매 물건 매각공고

사건번호	물건번호	매각장소 및 물건목록	감정평가액 최저매각가격 (단위:원)	비고
2020본290	5	서울특별시 송파구 잠실로 62. 관리동 경로당 (잠실동) [물건목록] TV , 운동기구 , TV , 컴퓨터 , 프린터 , 입식에어콘 , 운동기구 , 운동기구 , 운동기구 , 입식에어콘	2,330,000 954,368	
2021본222	1	서울특별시 송파구 오금동 146. 지층 [물건목록] 티브이 , 사각상 , 프린터 , 전기난로 , 책상 , 의자 , 컴퓨터 , 전기포토 , 철재진열대 , 벽에어컨 , 대형테이블 , 시계 , 스탠드옷걸이 , 영업용냉난방기 , 테이블 , 정수기 , 진열대 , 냉장고 , 소파 , 소파 , 철재이동식다이 , 숯불불판 , 책장 , 철재앵글 , 작업다이 , 사각테이블 , 전자렌지 , 복합기 , 믹서기 , 컴퓨터 , 미니진열장 , 진열대 , 거울 , 전자저울 , 협탁 , 전기난로 , 서랍장 , 철재작업대 , 나무책상 , 진열대 , 압축기 , 작업다이 , 선풍기 , 차량용의자 , 석유난로 , 철재앵글 , 행거 , 연마기계 , 철재작업다이 , 골프채 , 업소용온풍기 , 쓰레기통 , 철재앵글 , 저장식 전기온수기 , 복합기 , 물탱크 , 가랑기계 , 초음파기계 , 빠우기계 , 주조기 , 라디오카세트 , 헤어드라이기 , 틀 , 벽거울 , 전선롤 , 각종전선 , 화이트보드판 , 각종잡화 , 각종악세사리 , 방두칸내 진열장,앵글,악세사리 일체	5,300,000 5,300,000	

출처: 법원경매정보(http://www.courtauction.go.kr)

동산 경매물건을 보면 피아노, 에어컨, 냉장고, 전기오븐, 세탁기, 컴퓨터, 복합기 등 가전제품이 주를 이루지만, 책상, 의자, 유리테이블, 옷걸이 등과 같이 아주 다양하다. [그림 3]은 경매되는 물품과 감정가격이다.

그림 3 동산 경매 매각물품(2018본557 사건)

검색조건 집행관사무소 : 서울중앙지방법원 | 사건번호 : 2018본557

사건기본내역 인쇄 | < 이전

사건번호	2018본557	담당집행관	6부 박재운
관할집행관사무소	서울중앙지방법원		

매각정보

사전열람	사전열람사항이 없습니다.		
매각날짜	2018.07.30 10:00부터	매각장소	서울특별시 서초구 사평대로16길 15 102 (반포동, 성원빌라)
공고유형	일반	매각장소유형	가정집
감정평가액	1,660,000원	최저매각가격	1,660,000원
비고			

※ 매각날짜와 정확한 매각시간은 집행관사무실(02-533-6850~2)로 확인하시기 바랍니다.

※ 아래의 물품 전체를 일괄매각 합니다.(물품별로 각각 매각하지는 않습니다.)

● 매각물품

번호	압류목록	수량	규격	감정가	물품항목	비고
1	피아노 (영창)	1 (대)		400,000원	가전/생활용품	갈색
2	입식에어컨 (휘센)	1 (대)		250,000원	가전/생활용품	
3	냉장고 (디오스)	1 (대)		180,000원	가전/생활용품	
4	전기오븐 (매직)	1 (대)		50,000원	가전/생활용품	
5	드럼세탁기 (트롬)	1 (대)		150,000원	가전/생활용품	
6	컴퓨터	1 (조)		150,000원	가전/생활용품	
7	복합기 (에이치피)	1 (대)		80,000원	가전/생활용품	
8	룸에어컨 (휘센)	1 (대)		150,000원	가전/생활용품	
9	티브이 (엘지)	1 (대)		250,000원	가전/생활용품	

[총 9건] 1 페이지당 10

출처: 법원경매정보(http://www.courtauction.go.kr)

그러나 유체동산 중 일정한 경우에는 경매를 당하는 채무자 등의 보호를 위해 생활에 필요한 가재도구 등인 경우에는 그 물건에 대한 압류를 할 수 없다. 채무자의 재산에 대한 압류가 금지되면 그 물건은 결국 경매를 통해 강제로 매각할 수 없게 된다.

민사집행법에서는 압류가 금지되는 물건에 대한 규정을 두고 있다(제195조).

표 1 압류가 금지되는 물건

1. 채무자 및 그와 같이 사는 친족(사실상 관계에 따른 친족을 포함해서 "채무자등"이라 함)의 생활에 필요한 의복·침구·가구·부엌기구, 그 밖의 생활필수품	9. 족보·집안의 역사적인 기록·사진첩, 그 밖에 선조숭배에 필요한 물건
2. 채무자등의 생활에 필요한 2월간의 식료품·연료 및 조명재료	10. 채무자의 생활 또는 직무에 없어서는 아니 될 도장·문패·간판, 그 밖에 이에 준하는 물건
3. 채무자등의 생활에 필요한 1월간의 생계비로서 대통령령이 정하는 액수의 금전	11. 채무자의 생활 또는 직업에 없어서는 아니 될 일기장·상업장부, 그 밖에 이에 준하는 물건

4. 주로 자기 노동력으로 농업을 하는 사람에게 없어서는 아니될 농기구 · 비료 · 가축 · 사료 · 종자, 그 밖에 이에 준하는 물건	12. 공표되지 아니한 저작 또는 발명에 관한 물건
5. 주로 자기의 노동력으로 어업을 하는 사람에게 없어서는 아니될 고기잡이 도구 · 어망 · 미끼 · 새끼고기, 그 밖에 이에 준하는 물건	13. 채무자등이 학교 · 교회 · 사찰, 그 밖의 교육기관 또는 종교단체에서 사용하는 교과서 · 교리서 · 학습용구, 그 밖에 이에 준하는 물건
6. 전문직 종사자 · 기술자 · 노무자, 그 밖에 주로 자기의 정신적 또는 육체적 노동으로 직업 또는 영업에 종사하는 사람에게 없어서는 아니 될 제복 · 도구, 그 밖에 이에 준하는 물건	14. 채무자등의 일상생활에 필요한 안경-보청기 · 의치 · 의수족 · 지팡이 · 장애보조용 바퀴의자, 그 밖에 이에 준하는 신체보조기구
7. 채무자 또는 그 친족이 받은 훈장 · 포장 · 기장, 그 밖에 이에 준하는 명예증표	15. 채무자등의 일상생활에 필요한 자동차로서 자동차관리법이 정하는 바에 따른 장애인용 경형자동차
8. 위패 · 영정 · 묘비, 그 밖에 상례 · 제사 또는 예배에 필요한 물건	16. 재해의 방지 또는 보안을 위하여 법령의 규정에 따라 설비하여야 하는 소방설비 · 경보기구 · 피난시설, 그 밖에 이에 준하는 물건

2. 분석 대상 경매 물건의 개요

1) 전원주택용 토지

은퇴 이후에 귀촌이나 귀농을 하여 전원생활을 하고자 하는 사람들이 증가하고 있다. 귀촌이나 귀농이 아니더라도 최근에는 성냥갑 같이 획일화된 아파트가 아닌 자신만의 멋진 주택을 갖고 싶어 하는 사회적 수요가 증가하고 있다.

그러다 보니 공기 좋고, 살기 좋은 지역의 땅 값은 사실 만만치가 않다. 따라서 비용을 고려하여 가급적 싸게 살 수 있는 농가 주택이나 집을 지을 수 있는 땅을 찾게 된다. 그런 기회를 제공할 수 있는 것은 아무래도 경매만한 것이 없다. 그래서 전원생활을 꿈꾸는 사람들이 경매 물건 검색에 시간 가는 줄 모르고, 또 현장 답사를 위해 발품을 많이 파는 이유이기도 하다.

본 건 토지는 바로 이런 전원생활을 꿈꾸는 사람들이 관심을 가질만한 토지이다.

그림 4 토지(2017타경15259 사건)

아모스리치옥션	매각기일 : 2018-05-28 10:00 (월)	청주지방법원 경매2계 2017타경15259

소재지	충청북도 괴산군 칠성면 비도리 22-24			사건접수 2017-12-28	
물건종별	임야	채권자	신O만	감정가	67,555,000원
매각대상	토지매각	채무자	오O균	최저가	(80%) 54,044,000원
토지면적	1,145.00m² (346.36평)	소유자	오O균	보증금	(10%) 5,404,400원
건물면적	0.00m² (0.00평)	배당종기일	2018-03-12	청구금액	40,000,000원
입찰방법	기일입찰	개시결정	2017-12-29	다음로드뷰	사진더보기

기일현황 입찰1일전

NO	매각기일	최저입찰가	결과
1	2018-04-23	67,555,000	유찰
2	2018-05-28	54,044,000	매각
낙찰가 : 55,555,000원			
낙찰률 : 82%			

경락잔금대출 입찰전 무료상담신청

출처: 아모스리치옥션(http://www.amosauction.com)

2) 땅의 위치 및 현상

이 땅은 충북 괴산군 칠성면에 위치한 토지이다. 칠성면은 산막이 옛길과 쌍곡계곡이 있는 지역으로 많은 사람들이 트레킹과 물놀이 등을 위해 찾는 유명한 곳이다. 특히 이 땅은 "쌍곡삼거리" 북측에 위치하며, 쌍곡계곡의 물이 흐르는 쌍천과 아주 가까운 곳에 위치한다. 주위에는 전, 답, 단독주택 등이 소재하는 순수 농촌지대로서, 주위환경은 보통시 된다.

그림 5 위치도

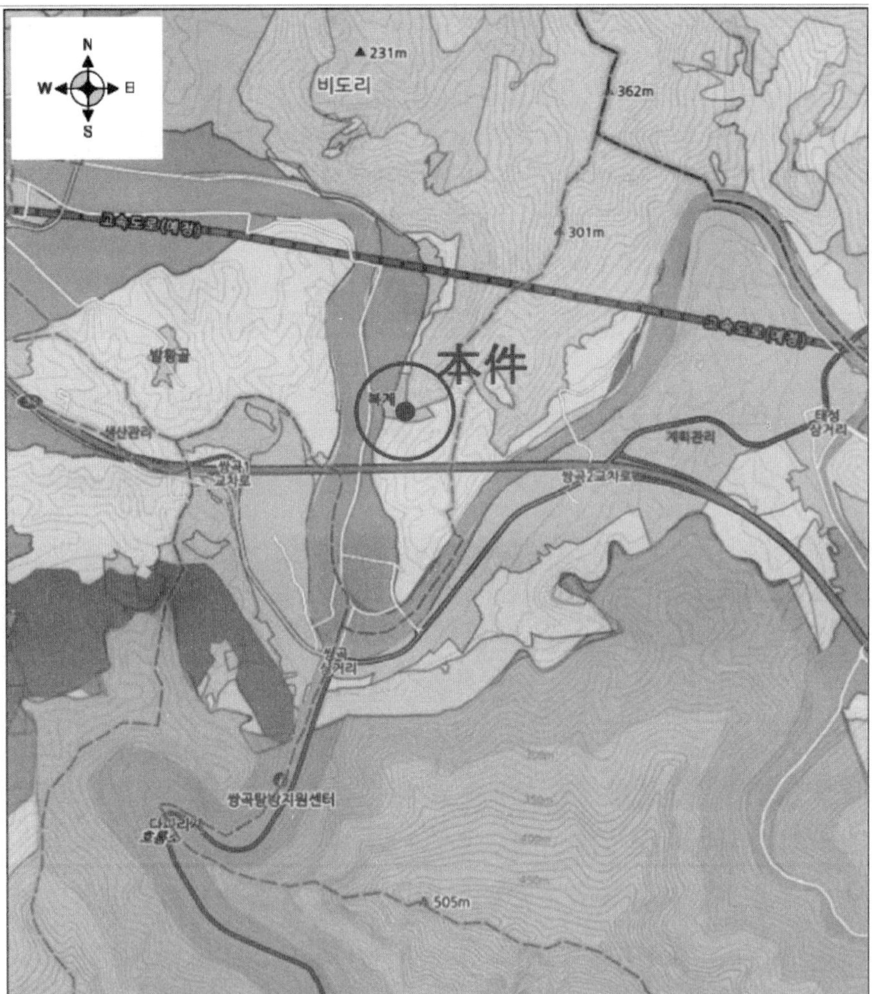

출처: 감정평가서, 아모스리치옥션(http://www.amosauction.com)

교통상황은 토지까지 소형차량은 진입이 가능하다. 또 서측 인근 포장도로를 통해 34번 지방도로와 연계된다. 이 땅은 북측으로 로폭 약 4미터 내외의 포장도로와 접하고 있다.

땅 모양은 사다리형의 토지로서, 주위 전반적인 지형은 서하향의 경사지이다. 지목은 임야이나 토목공사를 해서 자체 지반을 평탄하게 조성하였다. 따라서 실제 현황은 임야가 아니라 잡종지 상태로 있다.

그림 6 지적개황도

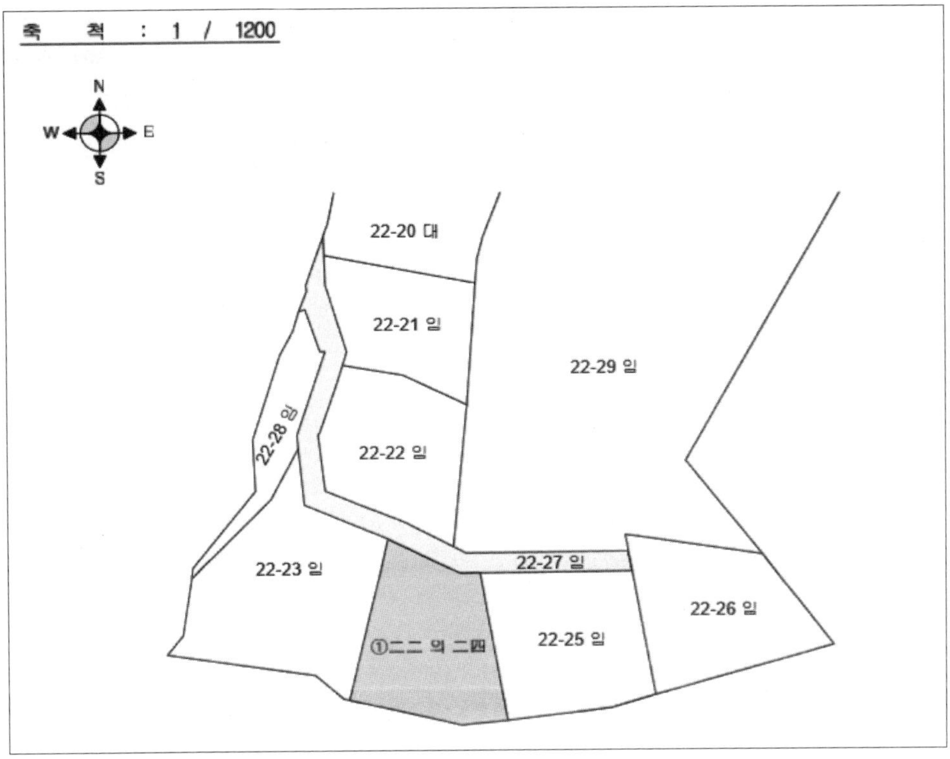

출처: 지적개황도, 아모스리치옥션(http://www.amosauction.com)

3) 면적 및 가격

토지 면적도 346평으로 주택과 창고를 짓고, 일부를 텃밭으로 이용하기에 충분한 가장 이상적인 적정 규모라고 볼 수 있다.

감정가는 67,555,000원이다. 공시지가는 ㎡당 59,000원이므로 평당 가격은 약 19,4700원이다. 1회 유찰되어 최저매각가격은 감정가 대비 80%인 54,044,000원이다.

2강 분석을 위한 기본 지식

1. 키 포인트

경매 대상인 이 토지는 토지의 위치, 면적, 1회 유찰로 인한 가격 등에서 전원주택 용도로는 일응 적합 것으로 생각된다. 그런데 문제는 이 토지 위에 과연 주택을 건축할 수 있는가 하는 점이다. 만약 주택을 건축할 수 없다면 이 토지의 가치는 크게 떨어질 수 있기 때문이다. 땅이 있다고 해서 다 건축을 할 수 있는 것은 아니다. 따라서 전원주택을 질 수 있는 땅인지를 잘 검토하여야 한다. 막연히 건축할 수 있겠지 하는 생각으로 경매에 나온 땅을 가격이 싸다고 해서 덜컥 샀다가는 낭패를 당하는 경우도 있다.

2. 건축법상의 요건

대지가 아닌 농지나 임야에 건축하려면 토지의 용도를 변경하는 일종의 개발행위에 해당하기 때문에 개발행위의 허가 등 관련 절차를 거쳐야 한다. 또한 집을 질려면 건축법상의 요건을 구비하고, 건축법의 절차에 따라야 한다.

건축법상 토지의 용도지역이 관리지역, 농림지역 또는 자연환경보전지역인 경우에는 연면적이 200㎡ 미만이고 3층 미만인 건축물, 표준설계도서에 따라 건축하는 건축물로서 그 용도 및 규모가 주위환경이나 미관에 지장이 없다고 인정하여 건축조례로 정하는 건축물, 연면적 합계가 100㎡ 이하인 건축물 등의 건축은 미리 신고하면 건축허가를 받은 것으로 본다.

그런데 건축에서 중요한 요건 중의 하나가 바로 도로이다. 즉 통행할 수 있는 길이 있어야 한다.

건물의 건축에 도로를 요구하는 이유는 판례 이론에 따르면 재난 방지와 통행의 안전성 때문이다. 따라서 도로는 건물의 건축에 있어 필수적인 요소이다.

3. 전원주택 건축과 도로

건축을 하는 대지와 도로와의 관계에 대하여 건축물의 대지는 원칙적으로 4미터 이상이 도로에 대지의 2미터 이상이 접하여야 한다(건축법 제44조). 물론 건축물의 규모가 큰 경우, 예컨대 연면적 2,000㎡(공장은 3,000㎡) 이상인 경우에는 너비 6미터 이상의 도로에 대지가 4미터 이상 접하여야 한다.

다만, ⓐ 해당 건축물의 출입에 지장이 없다고 인정되는 경우, ⓑ 건축물의 주변에 공지가 있는 경우, ⓒ 농지법에 따른 농막을 건축하는 경우에는 예외가 인정된다.

이와같이 집을 지려면 땅이 도로에 접하여야 하는데, 도로 즉 길에도 여러 종류가 있다. 포장된 길이 있는가 하면 비포장 길도 있고, 길의 소유권자가 국가나 지자체인 경우도 있는가 하면 개인(사인)이 소유권자인 경우도 있다.

그림 7 도로의 종류

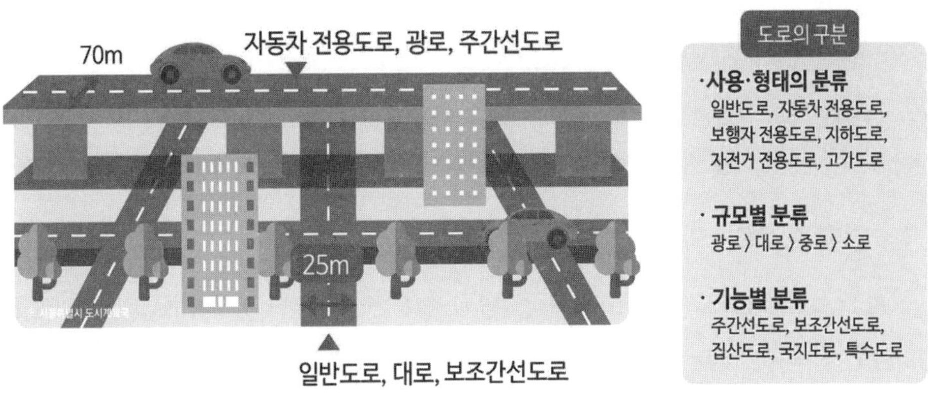

출처: 서울도시계획포털(http://urban.seoul.go.kr/4DUPIS/wordsearch/main.do)

그런데 건축법에서는 "도로"란 보행과 자동차 통행이 가능한 너비 4미터 이상의 도로(지형적으로 자동차 통행이 불가능한 경우와 막다른 도로의 경우에는 대통령령으로 정하는 구조와 너비의 도로)로서 ⓐ 국토의 계획 및 이용에 관한 법률, 도로법, 사도법, 그 밖의 관계 법령에 따라 신설 또는 변경에 관한 고시가 된 도로나 예정도로, ⓑ 건축허가 또는 신고 시에 시 · 도지사 또는 시장 · 군수 · 구청장이 위치를 지정하여 공고한 도로나 예정 도로를 말한다고 규정한다.

그림 8 건축법상의 도로

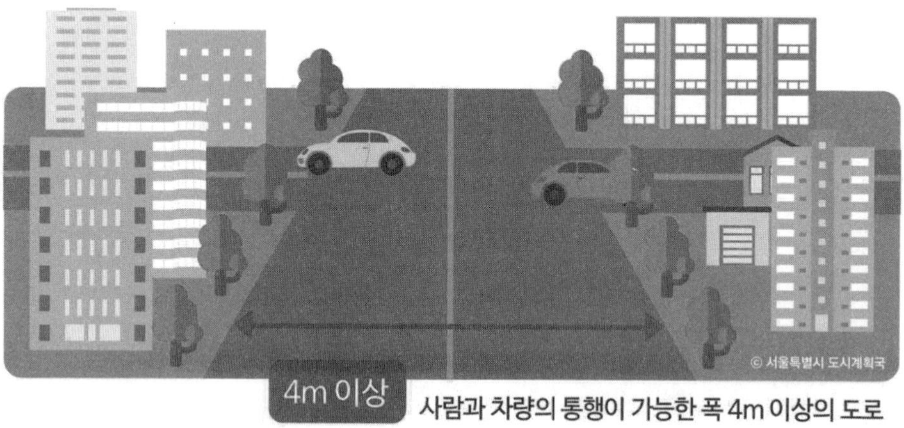

출처: 서울도시계획포털(http://urban.seoul.go.kr/4DUPIS/wordsearch/main.do)

4. 현황도로

1) 현황도로의 의의

현황도로란 지적도에는 도로로 표시되어 있지 않으나, 실제로는 오래 전부터 마을 사람들과 트랙터나 차량이 다니는 길이 있는 경우와 같이 '사실상의 도로'를 말한다.

현황도로는 지목이 도로로 되어 있지 않고, 전 · 답 · 잡종지 또는 임야 · 구거 등으로 표기되며, 별도로 도로경계가 없으나 현재 도로로 사용되고 있는 것이 특징이다.

현황도로의 형태는 대부분 폭 2m내외 자연 발생된 도로이며, 비도시지역인 산골의 산재된 소수 촌락의 진입로, 1970년대 새마을 운동의 일환으로 개설된 새마을도로, 좁은 농로에 접하여 구거, 임야 등의 부지를 통합하여 2~3m 폭으로 확장 · 개설된 도로 등이다.

이러한 현황도로도 길이기 때문에 현황도로로 연결된 토지까지 통행할 수 있다. 그러나 그 토지에 건축하고자 할 때는 문제가 될 수 있다.

건축허가를 받기 위해서는 국토계획 및 이용에 관한법률, 도로법, 사도법 등에 의하여 고시되어 개설되거나 건축허가시 허가권자가 그 위치를 지정 · 공고한 도로여만 하는데 현황도로는 거기에 해당되지 않기 때문이다.

그림 9 **현황도로**

출처: 서울도시계획포털(http://urban.seoul.go.kr/4DUPIS/wordsearch/main.do)

2) 현황도로에 대한 도로 지정

그러나 어떤 도로가 현황도로라고 하더라도 건축허가나 신고시에 허가권자로부터 도로 지정 신청을 하여 도로로 지정받을 수 있다고 한다면 건축허가가 가능하다. 건축허가나 신고시에 허가권자로부터 도로로 지정받기 위해서는 도로로 지정하고자 하는 토지 소유자의 동의와 이 도로에 대한 이해 관계자의 동의를 받아 건축을 하고자 하는 사람이 동의서 등의 증빙자료를 갖추어 건축허가신청시에 제출하여 처리하여야 한다.

도로 지정신청에 따라 허가권자가 도로의 위치를 지정 · 공고하려면 그 도로에 대한 이해관계인의 동의를 받아야 한다(건축법 제45조).

다만, ⓐ 이해관계인이 해외에 거주하는 등의 사유로 이해관계인의 동의를 받기가 곤란하다고 허가권자가 인정하는 경우, ⓑ 주민이 오랫 동안 통행로로 이용하고 있는 사실상의 통로로서 해당 지방자치단체의 조례로 정하는 것인 경우에는 이해관계인의 동의를 받지 아니하고 건축위원회의 심의를 거쳐 도로 지정을 할 수 있다.

참고 **아산시 건축조례**

제35조(도로의 지정) ① 법 제45조제1항제2호에 따라 이해관계인의 동의를 받지 않고 도로로 지정할 수 있는 통로라 함은 다음 각 호와 같다. 다만 사유지인 경우에는 포장되어 사용중인 경우에 한한다.

1. 국가 또는 지방자치단체에서 직접 시행하거나 주민 공동사업 등으로 개설되어 사용하고 있는 경우
2. 주민이 통로로 사용하고 있는 복개된 하천, 제방, 구거, 철도, 농로, 공원내 도로, 그 밖에 이와 유사한 국 · 공유지
3. 현재 주민이 사용하고 있는 통로를 이용하여 건축허가(신고)된 사실이 있는 경우
4. 2가구 이상의 주민이 사용하고 있는 폭 2미터 이상의 통로(별도의 진입로가 없는 경우에 한한다)

② 제1항에 따른 통로를 이용하여 건축허가를 받고자 하는 건축주는 현황사진 · 현황측량성과도 · 토지의 소유권을 증명하는 서류 등 필요한 서류를 첨부하여 도로의 지정을 신청하여야 한다.

현황도로가 도로로 지정되면 도로대장 모록에 기재된다.

도로대장목록(신규)

	일련번호	허가(신고) 번호	허가일	준공일	건축주	도로 토지소유자	대지위치(건축부지) 읍·면	리	번지	도로위치 읍·면	리	번지	도로면적 (㎡)
19	139	2013신축 신고-336	13/5/8		최0설	김0섭	하면	신하리	193-1	하면	신하리	193-1	36.00
20	140	2013신축 신고-339	13/5/8		한0민	한0민	하면	마일리	39	하면	마일리	39	171.00
21	141	2013신축 신고-338	13/5/8		김0영	고0춘	하면	마일리	34	하면	마일리	37	150.00

5. 도로 경매

1) 경매에 나오는 도로

도로로 사용되는 땅이 경매에 나오는 경우도 종종 있다. 도로로 사용되는 땅은 경매로 사더라도 가치가 없는 경우가 많다. 따라서 경매 물건이 도로인 경우에는 여러 번 유찰되어 가격도 낮게 된다.

그러나 도로라고 하더라도 모두 가치가 없는 것은 아니다. 건축이나 진입을 위해 경매에 나온 도로가 필요한 경우에는 그 도로인 땅은 높은 가치가 있는 것이다.

또한 재개발 지역의 경우에는 지목이 도로라고 하더라도 도로인 토지도 재개발이 된다. 따라서 재개발이 될 때에는 도로 부지는 일반 대지와 같이 평가를 받고 보상받을 수 있거나, 일정 면적 이상인 경우 아파트를 분양받을 자격도 주어진다.

2) 화제가 된 도로 경매 사건

서울시 동작구 흑석동에 토지 2필지가 경매로 나왔다. 이 토지는 지목은 대지이나, 실제는 도로로 사용되고 있는 땅이다. 과연 이 땅은 가치 있는 땅일까?

가치 있는 땅인지는 사실 감정평가 한 가격만 보더라도 대강 짐작할 수는 있다. 감정가가 도로로 사용되는 땅임에도 불구하고 3.93평이 2,418만 원, 26.92평 짜리는 1억6,200만원에 감정이 되었다. 바로 이런 점에 우리는 주목할 필요가 있다. 어떤 점에서 이 도로가 그러한 가치가 있는 것일까?

그림 10 도로 경매사건(서울중앙지법 2017타경104669(1))

아모스리치옥션	매각기일 : 2018-04-18 10:00 (수)	서울중앙지방법원 경매1계 2017타경104669

소재지	서울특별시 동작구 흑석동 79-15				사건접수 2017-09-07
물건종별	대지	채권자	김O동	감정가	24,180,000원
매각대상	토지매각	채무자	이O석	최저가	(100%) 24,180,000원
토지면적	13.00㎡ (3.93평)	소유자	최O정	보증금	(10%) 2,418,000원
건물면적	0.00㎡ (0.00평)	배당종기일	2017-12-06	청구금액	360,000,000원
입찰방법	기일입찰	개시결정	2017-09-20	다운로드뷰	사진더보기

기일현황 입찰14일전

NO	매각기일	최저입찰가	결과
1	2018-04-18	24,180,000	매각
낙찰가 : 102,000,000원			
낙찰률 : 422%			

경락잔금대출 입찰전 무료상담신청

출처: 아모스리치옥션(http://www.amosauction.com)

그림 11 도로 경매사건(서울중앙지법 2017타경104669(2))

아모스리치옥션	매각기일 : 2018-04-18 10:00 (수)	서울중앙지방법원 경매1계 2017타경104669

소재지	서울특별시 동작구 흑석동 79-206				사건접수 2017-09-07
물건종별	대지	채권자	김O동	감정가	160,200,000원
매각대상	토지매각	채무자	이O석	최저가	(100%) 160,200,000원
토지면적	89.00㎡ (26.92평)	소유자	최O정	보증금	(10%) 16,020,000원
건물면적	0.00㎡ (0.00평)	배당종기일	2017-12-06	청구금액	360,000,000원
입찰방법	기일입찰	개시결정	2017-09-20	다운로드뷰	사진더보기

기일현황 입찰14일전

NO	매각기일	최저입찰가	결과
1	2018-04-18	160,200,000	매각
낙찰가 : 516,000,000원			
낙찰률 : 322%			

경락잔금대출 입찰전 무료상담신청

출처: 아모스리치옥션(http://www.amosauction.com)

그림 12 감정평가 요항표(서울중앙지법 2017타경104669(1,2))

토지 감정평가요항표

Page : 1

(1) 위치 및 주위환경	**(2) 교통상황**	**(3) 형태 및 이용상태**
(4) 인접 도로상태	**(5) 토지이용계획 및 제한상태**	**(6) 제시목록 외의 물건**
(7) 공부와의 차이	**(8) 기타참고사항(임대관계 및 기타)**	

(1) 위치 및 주위환경

본건은 서울특별시 동작구 흑석동 소재 "서울은로초등학교" 남동측 인근에 위치하며, 주위는 단독주택, 다세대주택 등이 밀집한 주택지대임.

(2) 교통상황

본건까지 차량출입 가능하며, 인근에 버스정류장 및 근거리에 지하철9호선 "흑석역"이 소재하여 대중교통여건 무난시됨.

(3) 형태 및 이용상태

기호(1,2): 공히 부정형 경사지로서, 현황 도로임.

(4) 인접 도로상태

현황 도로임.

(5) 토지이용계획 및 제한상태

기호(1,2):
도시지역, 제2종일반주거지역, 가축사육제한구역<가축분뇨의 관리 및 이용에 관한 법률>, 교육환경보호구역(학교환경위생정화구역에 대한 최종확인은 관할교육청에 반드시 확인이 필요한 사항임)<교육환경 보호에 관한 법률>, 대공방어협조구역(위탁고도:77-257m)<군사기지 및 군사시설 보호법>, 정비구역(2012-05-17)<도시 및 주거환경정비법>, 재정비촉진지구<도시재정비촉진을위한특별법>, 과밀억제권역<수도권정비계획법>, (한강)폐기물매립시설 설치제한지역<한강수계 상수원수질개선 및 주민지원 등에 관한 법률>, 중점경관관리구역(2016-11-24)((한강변))임.

출처: 아모로스리치옥션(http://www.amosauction.com)

3) 결과

이 토지는 현황상 도로임에도 불구하고 28명이 매수신청을 하여 치열한 입찰경쟁을 벌였다.

그 결과 흑석동 79의 15 소재 토지 13㎡(3.93평)은 감정가(2,418만원)의 약 422%인 1억200만 원, 79-206번지 89㎡(26.92평)는 감정가(1억6,020만 원)의 약 3.2배인 5억1,600만원에 낙찰됐다. 2필지 모두 동일인이 매수하였다.

도로로 사용되고 있는 이 땅들이 이렇게 고가로 팔리게 된 이유는 아파트 입주권이 주어지기 때문이다. 재건축은 기존 건물과 부속 토지를 가진 사람에게 입주권을 주지만, 재개발 구역에선 토지만 소유한 경우에도 입주권이 나올 수 있다.

서울에선 지목상 도로인 곳이라도 토지 90㎡ 이상을 소유한 경우엔 아파트 입주권을 받을 수 있다. 이 땅의 소유자는 재개발구역 조합원으로서 관리처분계획 인가 전에 분양 신청을 한 것으로 확인됐기 때문이다.[2)]

3강 비도리 토지 물건 분석 및 결과

1. 경매에 나온 토지의 이용제한 등에 대한 정보 찾기

경매에 나온 토지에 대하여 물건분석을 하려면 그 토지에 대한 이용정보와 법률상 어떤 제한이 있는지를 알아봐야 한다. 땅은 자기 소유라고 해서 자기

2) 이 토지는 흑석3구역으로 2017년 8월 관리처분인가를 받고, 같은 해 10월 이주를 시작했다. 거래시세를 보면, 새 아파트 전용면적 59㎡를 신청한 조합원 지분 매물은 3.3㎡당 3400만~3600만원 선에 거래되고 있는 것으로 알려졌다. 또 조합원 분양가는 4억7,000여 만원)인데, 여기에 프리미엄이 3억5,000만~3억8,000만 원가량 붙었다. 따라서 전용면적 59㎡는 8억원 중 · 후반대에 거래되는 것이라면 이 땅의 매수인은 투자금 약 7억원 초반에 입주권을 확보했다고 볼 수 있다.

마음대로 이용할 수 있는게 아니기 때문이다.

그럼 이용정보와 법률상 제한은 어떻게 알 수 있을까? 바로 토지이용규제정보 서비스를 들어가서 그 토지에 대한 검색을 해보면 알 수 있다. 다만, 2021년 5월부터는 토지이용규제서비스와 도시계획정보서비스가 통합되어 토지이음이라고 하는 홈페이지(www.eum.go.kr)에서 검색할 수 있도록 하고 있다. 물론 알아야 할 정보가 100% 다나와 있는 것은 아니지만, 이를 토대로 정보를 얻고 더 알고 싶거나 궁금한 사항은 해당 지자체로 문의하면 된다.

그림 13 토지이용규제정보서비스 홈피

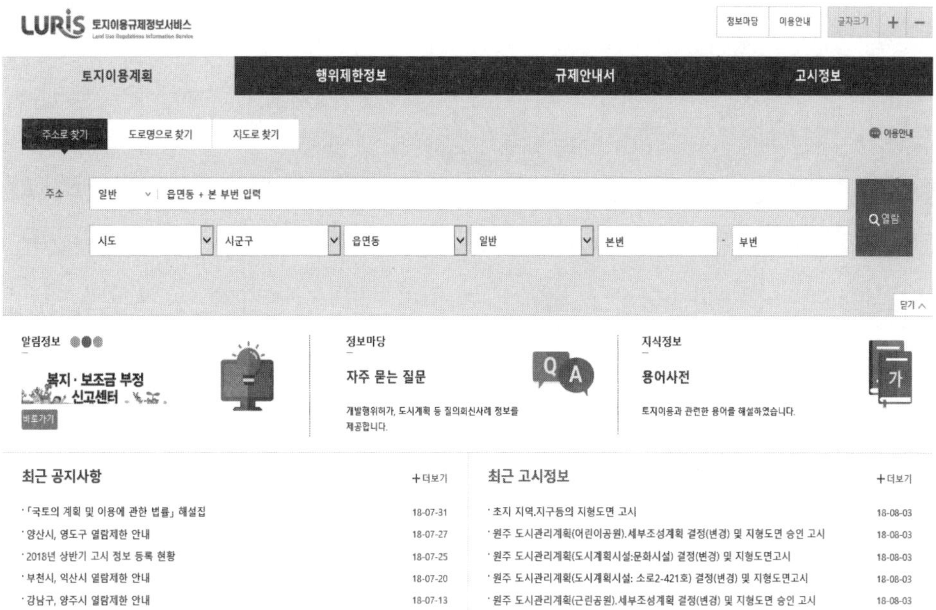

출처: 토지이용규제정보 서비스(http://luris.molit.go.kr)

그럼 경매에 나온 비도리 토지에 대하여 토지이용규제 정보 서비스에서 검색을 해보자. 이 토지에 대한 이용계획과 행위제한에 관한 정보를 알 수 있다. 이 토지의 지목, 면적, m²당 공시지가에 대한 정보를 알 수 있다. 또한 이 땅이 계획관리지역에 속하고, 가축사육제한 구역에 해당하는 토지임을 알 수 있다.

그림 14 토지이용규제정보서비스 검색

소재지	충청북도 괴산군 칠성면 비도리 일반 22-24		
지목	임야	면적	1,145 ㎡
개별공시지가(㎡당)	22,100원 (2018/01)		
지역지구등 지정여부	「국토의 계획 및 이용에 관한 법률」에 따른 지역 · 지구등	계획관리지역	
	다른 법령 등에 따른 지역 · 지구등	가축사육제한구역(100m이내 모든축종 사육제한구역)<가축분뇨의 관리 및 이용에 관한 법률> , 가축사육제한구역(500m이내 젖소 사육제한구역)<가축분뇨의 관리 및 이용에 관한 법률>	
「토지이용규제 기본법 시행령」 제9조제4항 각 호에 해당되는 사항			
확인도면			

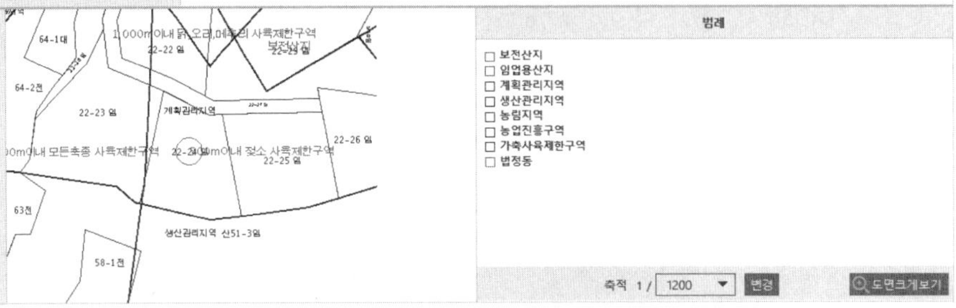

출처: 토지이용규제정보 서비스(http://luris.molit.go.kr)

'국토의 계획 및 이용에 관한 법률'에 따르면 전국 토지는 도시지역과 비도시지역으로 구분한다. 먼저 도시지역은 주거지역, 상업지역, 녹지지역, 공업지역 등으로 나뉜다. 비도시지역은 관리지역, 농림지역, 자연환경보전지역 등이 있다. 관리지역은 다시 보전관리지역, 생산관리지역, 계획관리지역으로 나뉜다.

계획관리지역이란 도시지역으로의 편입이 예상되는 지역이나 자연환경을 고려하여 제한적인 이용 · 개발을 하려는 지역으로서 계획적 · 체계적인 관리가 필요한 지역을 말한다. 관리지역 중에는 계획관리지역이 이용 · 개발에 대한 제한이 가장 적기 때문에 토지의 활용 가치가 크다. 따라서 땅 값도 가장 높다.

비도리 토지는 계획관리지역이기 때문에 집 짓는 데는 문제가 없다. 또 가축사육제한구역이기 때문에 이 토지로부터 일정 거리 이내에는 가축사육도 할 수 없다. 가축사육장이 있으면 냄새가 나고 분뇨 등의 배출로 고통을 당하게 된다. 전원주택에 가까이 있는 가축사육장은 일종의 혐오시설이라고 볼 수 있다.

따라서 이 토지는 전원주택용 토지로는 아주 적합한 곳임을 알 수 있다.

그림 15 **토지의 용도지역**

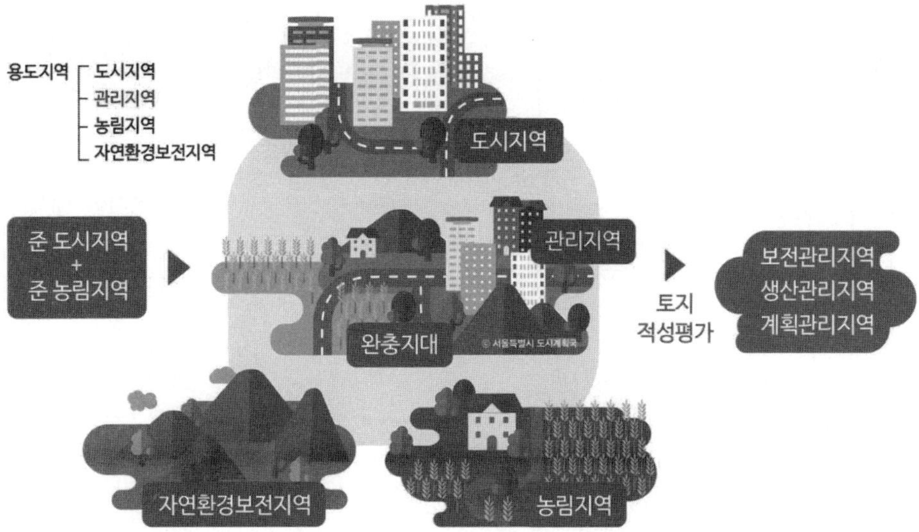

출처: 서울도시계획포털(http://urban.seoul.go.kr/4DUPIS/wordsearch/main.do)

2. 건축을 위한 도로 문제

계획관리지역에 가축사육제한구역이므로 전원주택용 토지로는 좋은 땅이 될 수 있는데, 문제는 도로이다. 도로나 진입로만 확보될 수 있다면, 이 땅에 멋진 전원주택을 짓는데는 큰 문제는 없다.

이 땅에 대한 도면을 보면 이 땅에 접한 도로는 없다. 그러나 답사를 하여 현장에 가보면 22-27 번지 임야에 아스팔트 포장을 하여 도로에 연결되는 진입로로 사용하고 있음을 알 수 있다. 그래서 부동산을 사고자 할 때에는 현장에 가서 꼭 확인해보는 임장활동이 아주 중요한 것이다.

그림 16 도면

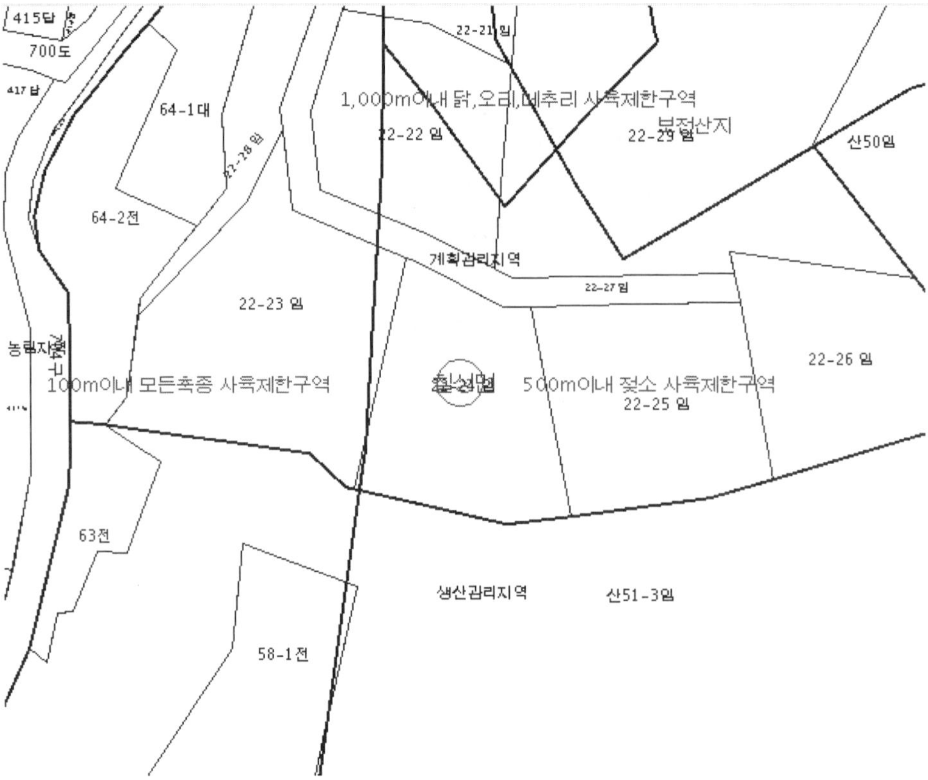

출처: 토지이용규제정보 서비스(http://luris.molit.go.kr)

22-27번지는 지목은 임야이나 [그림 16]사진에서 보는 바와 같이 진입로를 내놓고 있다. 길이 다소 가파르긴 하지만, 이 길을 통하여 22-22번지, 22-23번지, 22-24번지(본 경매 대상 토지), 22-25번지, 22-26번지에 통행할 수 있다.

그렇다면 경매에 나온 22-24번지는 아스팔트로 포장된 진입로에 접하고 있으니 건축에는 전혀 문제가 없는가?

한 마디로 당연히 그렇다라고 말 할 수는 없다. 왜냐하면 진입로로 포장된 22-27번지 임야는 개인 소유이기 때문이다. 말하자면 길로 쓰는 땅의 주인이 있는 것이다.

그림 17 22-27 임야에 길을 낸 현장 사진

그런데 우리는 여기서 지번에 본번 말고 부번이 붙어 있는 것에 주목할 필요가 있다. 22-27번지는 22번지가 본번이고 -27번지는 부번이다. 이는 이 땅이 모두 종래는 22번지로 한 필지의 땅이었는데, 말하자면 한 개의 땅을 여러 개로 쪼갠 것이다. 이를 분필이라고 한다.

3. 도로에 대한 지분 또는 사용권

1) 분필과 공유지분

보통 토지를 분필하는 이유는 여러 가지가 있지만. 큰 땅에 전원주택 단지 등을 조성하여 여 러 필지로 나누어 분양하고자 할 때 분필을 한다. 그런데 길로 사용하는 22-27번지 임야에 대한 등기사항증명서를 열람해 보면 면적은 710㎡인데, 소유자가 여러 명 있고 각 소유자가 이 땅을 지분으로 공유하고 있음을 알 수 있다.

이렇게 한 이유는 간단하다. 22번지 땅(임야)을 가진 소유자가 이 땅을 전원주택단지로 개발하면서 여러 필지로 분필하고 각 필지별로 건축을 하기 위해서는 도로나 진입로가 확보돼야 하기 때문에 22-27번지에 길을 낸 것이다. 그리고 필지별로 분양받는 사람들에게 진입로에 대한 권리를 확보해주기 위해서 지분을 나눠 준 것이다.

따라서 경매에 나온 22-24번지를 분양받은 소유자는 길로 사용하는 22-27번지에 대한 공유지분도 가지고 있다.

2) 사용권과 건축허가 승계 문제

경매에 나온 22-24번지의 소유자는 도로나 진입로 문제로 건축을 못할 이유가 없다. 그런데 이 땅[3]이 경매 되면 소유자가 달라지게 된다. 만약 길로 사용하고 있는 22-27번지의 공유지분까지 같이 경매에 나왔다면, 경매에서 그 땅에 대한 지분도 같이 사면된다.[4]

그러나 22-24번지만 경매가 되는 것이기 때문에 이 땅을 사는 사람은 22-27번지의 진입로를 이용할 수 있는 권리는 원칙적으로 없는 것이다.

22-27번지에 대해서 22-24번지 소유자(여기서는 경매를 당한 채무자)가 갖고 있는 공유 지분을 매수하거나 공유자들로부터 그 토지를 경매로 사는 사람이 진입로로 사용하는 것에 대한 동의(토지사용승낙서)를 얻어야 한다.

만약 22-24번지 소유자가 이미 건축허가를 받았다면 이를 매수인이 승계하면 된다. 물론 이 경우에는 승계에 따른 일정 부분의 보상을 합의하면 된다. 그러나 이는 원만한 합의를 전제로 하는 것이다. 다만, 합의가 되지 않으면, 토지와 그 토지에 건축 중인 건축물에 대한 경매절차상의 확정된 매각허가결정서 및 그에 따른 매각대금 완납서류 등을 제출하여 건축 관계자 변경신고를 할 수 있다(대법원 2010. 5. 13., 선고, 2010두2296, 판결).

3) 여기서 22-27번지에 대한 어느 공유자가 가진 지분 전부여야 하는 것은 아니다. 공유자가 가진 지분 중의 일부를 취득하여도 상관없다.

4) 이를 지분경매라고 한다. 예컨대, 한 필지의 땅이나 한 개의 건물을 2인 이상이 공동으로 소유하는 경우에 공동 소유자 중 한 사람 것만 경매에 나온 것을 말한다. 경매로 그것을 사는 사람은 이제 새로운 공동 소유자 중에 한 사람이 되는 것이다.

3) 22-27번지 아스팔트 포장 주체

22-27번지 진입로는 아스팔트로 포장되어 있는 상태이다. 그런데 이 포장을 누가 했는지도 중요하다. 만약 지자체(위 경우 칠성면)에서 포장을 했거나 적어도 마을에서 공동지원사업으로 포장한 것이라고 한다면 이는 특정 개인만의 사용을 위한 것이라기보다는 공중의 통행을 위한 것으로 볼 수 있다. 이런 경우에는 타인 소유의 현황도로라고 하더라도 건축허가 관청에서 도로 지정신청에 따라 도로 지정을 할 수 있고 건축에 필요한 진입로가 있는 것으로 처리될 수 있다.

그런데 현장 답사와 괴산군청, 칠성면사무소에 문의하여 알아본 바로는 불행하게도 이 토지는 분필 전의 22번지 소유자가 개인적으로 포장을 한 것으로 확인되었다.

4. 경매 결과

따라서 이 땅은 경매로 사기 전에 이러한 도로 등에 관하여 면밀히 검토한 후에 해결가능한 자신이 있거나, 분필 전 22번지 소유자나 경매가 되는 22-24번지의 소유자와 잘 아는 이해관계인이어야 한다. 그렇지 않은데 섣불리 매수하면 곤란한 문제에 봉착할 수도 있다.

이 땅은 한 차례 유찰된 후 2번째 매각기일에서 최저매각가격 5,404만4천원인데 5,555만5천원에 매각되었다. 역시 예상한대로 매수인은 바로 경매를 신청한 채권자였다. 이 땅에 대한 history를 잘 아는 사람인 경매신청 채권자가 직접 매수하였음을 알 수 있다.

그림 18 매각 결과(2017타경15259 사건)

아모스리치옥션	매각기일 : 2018-05-28 10:00 (월)	청주지방법원 경매2계 2017타경15259

소재지	충청북도 괴산군 칠성면 비도리 22-24				사건접수 2017-12-28
물건종별	임야	채권자	신O만	감정가	67,555,000원
매각대상	토지매각	채무자	오O균	최저가	(80%) 54,044,000원
토지면적	1,145.00㎡ (346.36평)	소유자	오O균	보증금	(10%) 5,404,400원
건물면적	0.00㎡ (0.00평)	배당종기일	2018-03-12	청구금액	40,000,000원
입찰방법	기일입찰	개시결정	2017-12-29	다운로드뷰	사진더보기

기일현황 입찰1일전

NO	매각기일	최저입찰가	결과
1	2018-04-23	67,555,000	유찰
2	2018-05-28	54,044,000	매각
낙찰가 : 55,555,000원			
낙찰률 : 82%			

경락잔금대출 입찰전 무료상담신청

출처: 아모스리치옥션(http://www.amosauction.com)

제2장

부동산 경매를 위한 워밍업

1강 부동산경매제도

2강 부동산경매의 양면

3강 부동산경매 정보 찾기

제2장

부동산 경매를 위한 워밍업

1강 부동산경매제도

1. 의의

1) 부동산경매란 무엇인가?

예컨대, B가 A로부터 돈 3,000만원을 빌리고 1년 후에 갚기로 하고, 이자는 연 5%로 하여 매월 나누어 지급하기로 하고 차용증을 작성하였다. B는 1년 동안은 매월 이자를 꼬박꼬박 잘 지급하였다. 그러나 1년이 지나서 부터는 원금 3,000만원도 돌려주지 않고, 이자도 지급하지 않을 뿐만 아니라 연락도 잘 안되고 있는 상태이다.

이 경우 A는 빌려 준 돈을 받기 위하여 어떻게 하여야 하는가? 이 사례에서 법적으로 A와 B사이에는 금전소비대차계약이 체결된 것이고, A는 채권자이고 B는 채무자이다. 채무자 B는 채무불이행을 하고 있는 것이다.

2) 빌려준 돈을 받는 방법

이 때 채권자 A가 채권의 만족을 얻기 위한 법적 구제 수단은?

A는 B에게 빌린 돈 1천 만원을 갚으라고 통지를 하고, 그래도 갚지 않는 경우에는 법원에다가 갚으라고 하는 소송을 제기한다. 법원에서는 심리를 해보

니 B가 갚아야 될 의무가 있다는 것이 확실하다면 채권자 A에게 갚으라고 하는 판결을 하게 된다.

그런데 법원에서 판결까지 받았는데도 B가 여전히 갚지 않으면, A는 B가 가지고 있는 재산을 강제로라도 팔아서 그 판매 대금에서 빚을 받을 수밖에 없는 것이다.

2. 부동산 경매

이와 같이 부동산경매는 채권자 A가 채무자인 B의 채권을 변제하지 않는 경우에 국가의 강제력을 사용하여 채무자에게 채무를 변제하도록 강제하는 절차이다. 채무자 B가 부동산을 소유하고 있는 경우에는 그 부동산을 처분하지 못하도록 등기부에 압류를 한 후 강제로 매각을 하여 그 매각대금을 채권자에게 지급하여 주는 집행절차이다.

부동산경매는 크게 3개의 핵심절차로 구성되고 진행된다. 즉 압류 ⇒ 환가 ⇒ 배당의 절차이다.

표 2 부동산경매의 핵심 절차

압류	경매할 부동산을 채무자가 임의로 처분하지 못하도록 하는 것
환가	채무자의 부동산을 팔아서 현금화 하는 것
배당	매각대금을 경매신청 채권자를 비롯한 다른 채권자들에게 순위에 따라 분배하는 것

3. 경매와 유사한 제도(공매)

1) 공매란 무엇인가?

부동산경매와 유사한 제도에 공매가 있다.

국민은 납세의무가 있다. 따라서 세금, 국민건강보험료나 산재보험료, 고용보험료 등을 납부하여야 한다. 그러나 세금 등을 내지 않아 체납하고 있는 경우에는 체납자의 재산을 국가기관 등이 압류를 한 후 체납 세금 등을 받기 위해 한국자산관리공사(KAMCO)에 매각을 의뢰한다. 한국자산관리공사에서는 매각의뢰 된 재산을 경쟁입찰에 붙여 강제로 팔아서 환가처분 하는 데, 이것을 공매라고 한다.

공매 역시 체납자(채무자)의 재산을 강제로 처분하여 세금 등의 채권을 받아낸다고 하는 점에서는 부동산경매와 동일하다.

만약 어떤 부동산의 소유자가 금융기관에서 대출을 받고 갚지 않고 있고, 동시에 세금이나 공과금 등도 체납하고 있다면 그 부동산에 대해서는 부동산경매와 공매가 동시에 행하여질 수도 있다. 한국자산관리공사에서 먼저 공매절차를 진행 중이라고 하더라도 법원에서는 동일한 부동산에 대해서 중복해서 경매절차를 별도로 진행할 수 있다.

이런 경우에는 양 절차의 매수인 중 먼저 그 소유권을 취득한 자가 진정한 소유자로 확정된다.

공매는 한국자산관리공사에서 만든 온비드(www.onbid.co.kr)라고 하는 사이트에서 온라인으로 입찰이 진행된다.

그림 19 온비드 홈피 화면

출처: 온비드 홈피(http://www.onbid.co.kr/op/dsa/main/main.do)

2) 부동산경매와 공매의 차이점

과거에는 부동산경매와 KAMCO의 압류재산 공매 사이에는 여러 가지 차이가 많았다. 예컨대, 입찰보증금도 법원경매인 경우에는 최저매각가격의 10%, 공매는 입찰하는 금액의 10%이었으나 2016년 1월 1일부터 공매 공고가 되는 물건은 매각예정금액의 10%로 변경됐다. 공매에는 차순위매수신고제도가 없었으나, 현재는 차순위매수신고제도를 두고 있다.

따라서 현재는 부동산경매와 공매의 차이가 좁혀졌지만, 그래도 여전히 몇 가지 차이가 있다.

표 3 경매와 공매의 차이점

구분	법원 경매	한국자산관리공사 공매
입찰방법	경매법정 입찰	온라인 입찰(온비드)
근거법률	민사집행법	국세징수법 등
집행개시 요건	채권자 신청주의	직권주의
매각방법	입찰, 호가경매(동산)	입찰, 호가경매(동산), 수의계약
물건 인도방법	인도명령, 명도소송	명도소송
잔금납부	매각결정이 확정된 때로부터 1개월 내 일시납	낙찰가격 3천만 이상 매각결정일로부터 30일 내, 3천만 미만은 7일 이내

4. 공매로 부동산 입찰하기

온비드에 나오는 공매물건에 입찰하려면 먼저 회원가입을 하고, 공인인증서 등을 등록하여야 한다. 입찰 대상 물건을 검색한 다음 온비드 안내에 따라 입찰을 진행하면 된다.

1) 공매 물건

공매에 나오는 물건도 경매만큼 다양하다. 입찰 대상 물건은 충북 제천시 수산면 고명리 소재 토지이다. 이 지역은 청풍호수로 유명하고, 인근에 명산인 금수산이 있다.

토지의 면적은 334㎡로 작은 땅인데, 지목은 대지이다. 지목이 대지이고 포장된 현황도로에도 접하기 때문에 건축에는 문제가 없는 것으로 보인다. 작은 전원주택 하나 짓기에는 괜찮은 땅이라고 판단된다.

또 하나 매력은 가격이다. 아무리 시골 땅이라고 하지만, 나대지 100평을 1,235만 8천원에 사서 작은 전원주택을 하나 질 수 있다면 이른바 손해보는 장사는 아닌듯 하다.

그림 20 공매에 나온 고명리 토지

출처: 다음 지도에서 사진 캡쳐

2) 입찰 결과

공매 물건을 검색하다가 이 땅을 발견하고 필자가 직접 입찰하여 보았다. 이 땅에 대해 일단 욕심 부리지 않고, 1,500만원에 입찰하였다.

그림 21 공매에 나온 고명리 토지

입찰서

물건명	[토지 / 대지] 충청북도 제천시 수산면 고명리 295-1		물건상세이동
물건관리번호	2017-16520-001	공고번호	201802-05238-00
소재지 지번	충청북도 제천시 수산면 고명리 295-1		
소재지 도로명			
입찰 금액			
입찰금액	**15,000,000원**	입찰보증금액	**1,235,800원**
참가수수료 포함 납부총액	**1,235,800원** (보증금액 : 1,235,800원 / 참가수수료 : -)		
입찰서 제출시간	2018-04-11 14:56:36		
입찰방법	본인입찰	입찰보증금 납부방식	현금
입찰자 정보			
입찰자명	김학환	주민등록번호	580226-*******
휴대폰	010-2314-2222	이메일	yeskhh@hanmail.net
주소	지번 : 서울특별시 영등포구 영등포동 647 202동 2104호 도로명 : 서울특별시 영등포구 도신로29길 28, 202동 2104호 (영등포동, 영등포푸르지오)		
가상계좌번호	**신한은행 56192310429641 (예금주 : 신한은행(김학환))**		납부계좌 추가발번
납부기한	**2018-04-11 17:00** . 납부기한까지 입찰보증금(입찰참가수수료가 있는 경우 동 수수료 포함)을 납부하지 않는 경우에는 제출된 입찰서는 '무효' 처리됩니다.		
환불계좌번호	**제일은행 20220140833 (예금주 : 김학환)** . 가상계좌와 환불계좌 은행이 상이한 경우 보증금 환불시 이체수수료를 제외한 금액만 입금됩니다.		
매각결정통지서/잔대금영수증 수령방법	전자송달		
입찰관련 제출서류안내	**입찰관련 서류 제출 기한** ▪ 한국자산관리공사 물건 입찰 · 압류재산, 수탁재산, 유입자산, 국유재산 : 인터넷 입찰 마감 시간 전까지 ▪ 이용기관 물건 입찰(한국자산관리공사 외) · 입찰기간 중 (단, 공고기관별로 허용 여부가 다를 수 있으며, 별도로 정하는 방법과 절차가 있는 경우에는 이를 따르므로 공고문을 참고하시고 자세한 사항은 해당기관에 문의하시기 바랍니다.)		

출처: 온비드 홈피(http://www.onbid.co.kr/op/dsa/main/main.do)

입찰이 끝나고 개찰이 완료되었다.

그림 22 고명리 토지 입찰내역

출처: 온비드 홈피(http://www.onbid.co.kr/op/dsa/main/main.do)

많은 사람들이 일단 관심을 가질 수 있는 물건이라 생각했지만, 입찰결과를 보니 무려 20명이나 입찰하였다. 최고가는 1,750만원에 입찰한 사람에게 낙찰되었다. 1,500만원을 써서 5등을 하였다.

그림 23 입찰결과

상세입찰결과

물건관리번호 : 2017-16520-001
[토지 / 대지] 충청북도 제천시 수산면 고명리 295-1 상세이동

유찰

일반공고 | 매각 | 인터넷 | 압류재산(캠코) | 일반경쟁 | 최고가방식 | 총액

처분방식	매각	입찰방식	일반경쟁(최고가방식)
회차/차수	014/001	입찰마감일시	2018-04-11 17:00
진행상태	개찰완료	개찰일시	2018-04-12 11:00
개찰결과	낙찰		

입찰내용

입찰방법	본인입찰	입찰서 제출일시	2018-04-11 14:56:36 입찰서출력
입찰금액	15,000,000원	나의입찰결과	유찰 상세입찰결과
납부총액	1,235,800원 (보증금: 1,235,800 원 / 참가수수료: -)		
보증금 납부방식	현금	보증금 납부기한	2018-04-11 17:00
매각결정통지서/ 잔대금영수증 수령 방법	전자송달		
환불계좌정보	제일은행 20220140833 (예금주: 김학환) * 환불 시 보증금 입금 은행과 환불 은행이 일치하지 않는 경우 은행에서 부과하는 타행이체수수료가 발생할 수 있습니다. 이 경우 이체수수료를 제외한 금액이 입금됩니다.		

납부계좌 및 납부내역

납부은행	납부계좌	납부금액(원)	보증금 상태 참가수수료 상태	미납액(원)
신한은행	56192310429641 (예금주:신한은행(김학환))	보증금 : 1,235,800 참가수수료 : -	환불완료 -	0

납부일시	납부은행	납부금액(원)	납부방법	이체메시지
2018-04-11 15:04:48	신한은행	1,235,800	실시간계좌이체	정상

출처: 온비드 홈피(http://www.onbid.co.kr/op/dsa/main/main.do)

공매의 온비드 입찰 결과는 입찰자 숫자와 각 입찰자의 입찰금액까지 상세히 나온다. 온라인 입찰이라 통계 처리가 쉽기 때문이지만, 입찰자 입장에서는 이러한 정보공개는 입찰이 투명하게 행하여졌다는 신뢰도 주는 것이기에 바람직한 것이다. 그러나 부동산경매는 오프라인 경매이기 때문에 현장에 참석하여 취재하기 전에는 이러한 정보를 알 수 없고, 법원에서도 그러한 정보를 제

공하지 않는다.

그림 24 상세입찰결과

상세입찰결과

물건관리번호	2017-16520-001		
재산구분	압류재산(캠코)	담당부점	충북지역본부
물건명	충청북도 제천시 수산면 고명리 295-1		
공고번호	201802-05238-00	회차 / 차수	014 / 001
처분방식	매각	입찰방식/경쟁방식	최고가방식 / 일반경쟁
입찰기간	2018-04-09 10:00 ~ 2018-04-11 17:00	총액/단가	총액
개찰시작일시	2018-04-12 11:07	집행완료일시	2018-04-12 11:13
입찰자수	유효 17명 / 무효 3명(인터넷)		
입찰금액	17,500,000원/ 17,170,000원/ 16,240,000원/ 15,789,990원/ 15,000,000원/ 14,953,000원/ 14,829,600원/ 14,020,000원/ 13,900,000원/ 13,693,800원/ 13,587,100원/ 13,550,000원/ 13,360,000원/ 13,270,000원/ 13,270,000원/ 13,050,000원/ 12,359,000원		
개찰결과	낙찰	낙찰금액	17,500,000원
감정가 (최초 최저입찰가)	12,358,000원	최저입찰가	12,358,000원
낙찰가율 (감정가 대비)	141.61%	낙찰가율 (최저입찰가 대비)	141.61%

대금납부 및 배분기일 정보

대금납부기한	-	납부여부	-
납부최고기한	-	배분기일	-

출처: 온비드 홈피(http://www.onbid.co.kr/op/dsa/main/main.do)

2강 부동산경매의 양면

1. 장점

우리가 부동산을 취득하는 방법은 매매나 증여, 교환 등의 일반 거래방식이 있다. 그러나 경매에 의한 부동산 취득은 매매에 의한 거래와는 다른 특징이 있다. 일반 매매에 의한 거래와 비교할 때 부동산경매가 갖는 장점은 무엇인가?

첫째, 아주 좋은 재테크 수단이 된다고 하는 점이다.

주식투자는 자신의 지식, 노력보다도 의외성이 수익을 결정하는 중요 요소로 작용한다. 그러나 부동산경매는 경매에 대한 지식과 노력으로 수익실현이 가능할 수 있다. 법원에서 정하는 최초매각가격은 보통 시가(시세)보다 다소 낮게 정해지는 것이 보통이고, 또한 법원마다 차이는 있으나 대부분 1회 유찰될 때마다 매각가격에서 20%-30%씩 감액이 된다.

여기서 왜 전국 법원의 유찰시 가격저감율이 다른지 처음 경매를 접하는 사람은 이해가 안 갈 수도 있다. 그러나 가격저감은 경매를 진행하는 각 법원에서 정하는 것이기 때문에 상이할 수 있는 것이다. 그러나 대부분 20%나 30%씩 저감하고 있다.

표 4 전국 법원 및 유찰시 가격저감율

<table>
<tr><th>지역</th><th>법원명</th><th>저감비율</th></tr>
<tr><td rowspan="5">서울</td><td>서울 중앙지방법원</td><td rowspan="5">20%</td></tr>
<tr><td>서울 동부지방법원</td></tr>
<tr><td>서울 서부지방법원</td></tr>
<tr><td>서울 남부지방법원</td></tr>
<tr><td>서울 북부지방법원</td></tr>
<tr><td rowspan="6">수원/경기</td><td>수원지방법원</td><td rowspan="5">30%</td></tr>
<tr><td>안산지원</td></tr>
<tr><td>여주지원</td></tr>
<tr><td>평택지원</td></tr>
<tr><td>성남지원</td></tr>
<tr><td>안양지원</td><td>20%</td></tr>
<tr><td rowspan="2">의정부</td><td>의정부지방법원</td><td>20%</td></tr>
<tr><td>고양지원</td><td>30%</td></tr>
<tr><td rowspan="2">인천</td><td>인천지방법원</td><td rowspan="2">30%</td></tr>
<tr><td>부천지원</td></tr>
<tr><td rowspan="5">춘천/강원</td><td>춘천지방법원</td><td rowspan="4">30%</td></tr>
<tr><td>강릉지원</td></tr>
<tr><td>원주지원</td></tr>
<tr><td>속초지원</td></tr>
<tr><td>영월지원</td><td>20%</td></tr>
<tr><td>대전/충남</td><td>대전지방법원</td><td>30%</td></tr>
</table>

	홍성지원	
	서산지원	
	천안지원	
	공주지원	
	논산지원	20%
청주/충북	청주지방법원	20%
	충주지원	
	제천지원	
	영동지원	
전주/전북	전주지방법원	30%
	군산지원	
	정읍지원	
	남원지원	
광주/전남	광주지방법원	첫 1회 유찰시 30%, 2회부터는 20%
	목포지원	
	장흥지원	
	순천지원	
	해남지원	
창원/경남	창원지방법원	20%
	진주지원	
	통영지원	
	밀양지원	
	거창지원	
울산	울산지방법원	20%
부산	부산지방법원	20%
	동부지원	
	서부지원	
대구/경북	대구지방법원	30%
	대구서부지원	
	안동지원	
	경주지원	
	김천지원	
	상주지원	
	의성지원	
	영덕지원	
	포항지원	
제주	제주지방법원	30%

*광주/전남의 경우에는 첫 번 유찰시 30% 저감하고, 그 다음부터는 20%씩 저감된다. 따라서 최초감정가 대비 가격은 100%→70%→56%→45%→36%→29%의 비율로 저감된다.

부동산에 대한 수익은 임대 등에 의한 운용수익과 처분에 의한 차익에 의하여 실현 되는데, 수익이 많이 나려면 우선은 그 부동산을 싸게 살 수 있어야 한다. 바로 경매로 부동산을 취득하면 시세보다 낮은 가격으로 부동산을 취득할 수 있기 때문에 수익실현도 가능하다. 이런 점이야말로 부동산경매가 아주 좋은 재테크 수단이 되는 매력적인 이유이기도 하다.

그림 25 **가격저감률(20%인 경우)**

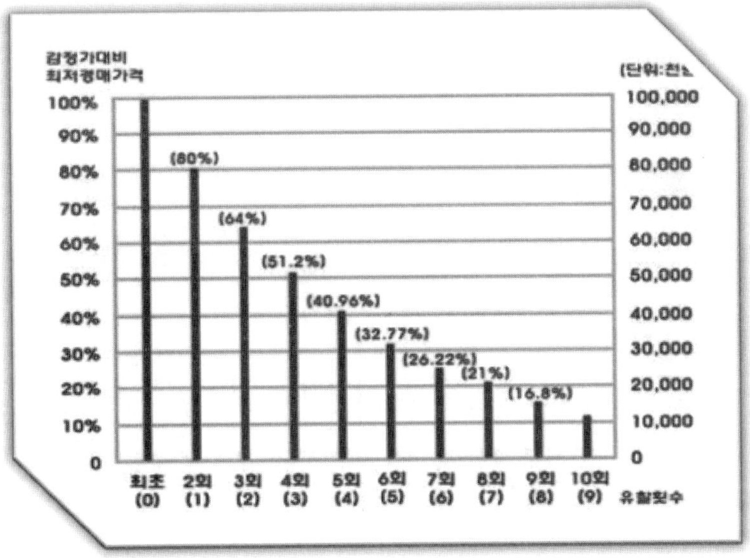

*이 그래프는 가격이 1회 유찰시 20%씩 저감되는 법원의 경우이나, 30%씩 저감되는 법원인 경우에는 2회만 유찰되어도 최초 감정가 대비 반값 이하로 떨어진다.

경매사이트에서는 가격 메리트가 있는 경매물건을 검색하기 위하여 유찰횟수를 입력하여 검색할 수 있다. 다음 그림은 3회 내지 4회 유찰되어 반값이 된 물건들이다.

그림 26 3~4회 유찰물건

2020-103203[1] 창원지방법원 경매7계	아파트		경상남도 창원시 의창구 동읍 용잠로41번길 17-7, 201동 5층508호 (춘광파크맨션) [토지 11.16평 / 건물 22.98평]	79,000,000 32,358,000	2021-03-17 (오늘 입찰)	유찰 (4회) (41%)
2020-1599[1] 서울남부지방법원 경매11계	근린상가		서울특별시 구로구 디지털로31길 38-21, 1층105호 (구로동,이앤씨벤처드림타워3차) [토지 33.49평 / 건물 133.97평]	6,180,000,000 3,164,160,000	2021-03-17 (오늘 입찰)	유찰 (3회) (51%)
2020-103037[1] 서울남부지방법원 경매11계	다세대 (빌라)		서울특별시 강서구 강서로29길 72, 4층401호 (화곡동,라테라스) [토지 5.09평 / 건물 8.50평]	250,000,000 128,000,000	2021-03-17 (오늘 입찰)	유찰 (3회) (51%)
2020-8324[1] 광주지방법원 경매5계	근린상가		전라남도 나주시 우정로 10, 마동 1층112호 [토지 8.06평 / 건물 12.25평]	250,000,000 112,000,000	2021-03-17 (오늘 입찰)	유찰 (3회) (45%)
2020-5002[1] 창원지방법원 경매7계	임야		경상남도 김해시 한림면 용덕리 산54-2 [토지만 매각] [토지 9911.41평 / 건물 12.46평]	1,194,664,000 611,668,000	2021-03-17 (오늘 입찰)	유찰 (3회) (51%)
2020-5149[1] 창원지방법원 경매7계	근린상가		경상남도 창원시 성산구 용지로 94, 10층1001호 (중앙동,올림피아상가) [토지 67.80평 / 건물 231.78평] [유치권]	1,648,000,000 843,776,000	2021-03-17 (오늘 입찰)	유찰 (3회) (51%)

출처: 인사이트옥션(http://www.insightauction.co.kr)

다음 물건들은 5회 이상 유찰된 물건이다. 최초의 감정가격 대비 최저매각가격이 3분의 1내지 5분의 1로 하락하고 있음을 알 수 있다. 그러나 유찰이 여러번 된 물건들은 가격은 저렴할는지 모르지만, 유찰될 수밖에 없는 이유가 있는 경우가 대부분이다.

매수인이 저렴하게 매수할 수 있다고 하더라도 임차권의 부담을 인수하게 된다든가, 앞의 2017타경100799 사건(영주판타시온리조트)에서 보듯이 유치권 문제, 명도문제 등의 부담이 따를 수 있기 때문이다.

둘째, 초기에 드는 비용부담과 위험부담을 감소시킬 수 있다.

예컨대, 경매로 공장을 매수할 경우에는 공장을 짓기 위해 필요한 농지전용 등 형질변경, 공장인허가 등의 절차가 필요없기 때문에 초기 비용과 위험 부담을 줄일 수 있는 이점이 있다. 또한 상가에서 영업을 하고자 하는 경우에는 상가 임대차의 경우 대개 권리금이 붙어 있고, 상가를 분양받거나 매수하는 경우에도 바닥권리금 등이 붙어 있는 경우도 있다. 그러나 경매로 상가를 사는 경우에는 권리금을 지불할 필요는 없다.

그림 27 5회이상 유찰된 물건

2019-109366[1] 창원지방법원 경매7계	임야		경상남도 창원시 의창구 북면 무곡리 산 252-1 [토지지분매각] [토지 29.95평]	7,425,000 1,558,000	2021-03-17 (오늘 입찰)	유찰 (7회) (21%)
2019-525575[1] 인천지방법원 경매7계	다세대 (빌라)		인천광역시 서구 경서로 41, 2동 2층204호 (경서동,크리스탈빌) [토지 10.83평 / 건물 16.20평]	135,000,000 22,690,000	2021-03-17 (오늘 입찰)	유찰 (5회) (17%)
2020-1502[1] 의정부지방법원 경매16계	다세대 (빌라)		경기도 가평군 설악면 미사리로 707-321, 1층104호 [토지 21.60평 / 건물 18.30평]	132,000,000 64,680,000	2021-03-17 (오늘 입찰)	유찰 (3회) (49%)
2019-108418[1] 서울남부지방법원 경매8계	다세대 (빌라)		서울특별시 강서구 까치산로14길 41-15, 3층 303호 (화곡동,라움) [토지 7.01평 / 건물 11.49평] [임차권등기]	196,000,000 64,226,000	2021-03-17 (오늘 입찰)	유찰 (5회) (33%)
2019-108418[2] 서울남부지방법원 경매8계	다세대 (빌라)		서울특별시 강서구 곰달래로19나길 15-6, 4층 401호 (화곡동,정감타운) [토지 5.59평 / 건물 9.05평] [임차권등기]	220,000,000 72,090,000	2021-03-17 (오늘 입찰)	유찰 (5회) (33%)
2019-3513[1] 서울남부지방법원 경매11계	근린상가		서울특별시 구로구 새말로 97, 지하1층 266호 (구로동,신도림테크노마트) [토지 0.71평 / 건물 3.22평]	65,000,000 17,039,000	2021-03-17 (오늘 입찰)	유찰 (6회) (26%)

출처: 인사이트옥션(http://www.insightauction.co.kr)

셋째, 토지거래허가구역의 토지인 경우에도 경매로 취득하면 토지거래허가가 면제된다(부동산거래신고 등에 관한 법률 제14조).

경매로 취득하는 것이 아니라면, 토지거래허가구역에 있는 토지에 관한 소유권 · 지상권(소유권 · 지상권의 취득을 목적으로 하는 권리를 포함한다)을 이전하거나 설정(대가를 받고 이전하거나 설정하는 경우만 해당한다)하는 계약(예약을 포함한다.)을 체결하려는 당사자는 공동으로 시장 · 군수 또는 구청장의 허가를 받아야 한다. 허가받은 사항을 변경하려는 경우에도 또한 같다.

넷째, 경매로 부동산을 취득하는 경우에는 보통은 시가보다 싸게 사는 경우가 많기 때문에 부동산가격 하락 등으로 부동산시장이 좋지 않더라도 그 영향을 적게 받을 수 있다(부동산경기에 상대적 중립).

다섯째, 생활의 활력이 될 수 있다.

부동산경매를 알게 되고 입찰에 참여하기 위해서는 관련 공부도 열심히 하고, 물건분석과 현장답사도 해야 하기 때문에 삶이 무료할 틈이 없기에 생활의 활력요소가 될 수가 있다. 현장답사의 묘미는 경험해 본 사람만이 알 수 있는 희열과 매력이 있다.

2. 경매의 단점 내지 유의사항

동전에 양면에 있듯이 부동산경매에는 일반 매매 거래 등과 비교하여 여러 가지 장점이 있지만 단점 내지 유의하여야 할 사항도 있다.

첫째, 권리분석 및 물건분석이 쉽지 않다고 하는 점이다.

일반 매매에 의한 거래인 경우에는 매수인은 대상 부동산에 방문하여 현상을 살펴보고 그 부동산이 건물이라면 누수, 도배상태 등 하자 유무를 살펴볼 수 있다. 이에 대하여 매도인이 거부하거나 특별히 비협조적으로 나오지는 않는다.

또한 그 부동산에 대한 여러 권리관계 등에 대하여 알아보고 그래도 혹시 권리관계로 문제가 되는 부분이 있다면 그에 대한 조치 사항에 대하여 계약체결시 특약을 할 수도 있다. 예컨대, 매매대금의 잔금 지급 전에 매도인의 채권자로부터 가압류가 행하여지는 경우에는 매매계약을 해제하고 매도인이 책임을 지기로 하는 등 안전한 거래를 위한 조치를 강구할 수 있다.

그러나 건물이 경매되는 경우에도 그 건물에 방문하여 하자 등을 조사하기가 쉽지 않다. 일반매매의 매도인과 달리 경매를 당하는 채무자(소유자)의 협조를 얻기는 어렵기 때문이다.

또한 권리관계의 위험에 대한 특약 등의 조치를 취할 수도 없다. 따라서 경매부동산의 권리관계 등을 잘 알아보고 정확하게 분석을 하여야 하지만, 경매를 당하는 부동산의 권리관계는 복잡한 경우도 많기 때문에 정확한 권리분석을 하기가 쉽지 않다. 어떤 사례에서는 경매 부동산에 대한 특정 권리의 존재 및 인정 여부에 대하여 법원의 판결을 통하여 비로소 확정되는 경우도 있기 때문이다.

둘째, 경매로 매수한 부동산에 대한 인도의 지연이다.

일반 매매거래에서는 매수인이 매매계약에 따른 매매대금을 모두 지급하면 특별한 경우가 아니면 그 부동산을 약속한 인도 일자에 넘겨받아 매수인이 새로운 소유권자로서 계획에 따라 이용할 수 있다.

그러나 경매의 경우에는 그 부동산을 현재 점유하고 있는 채무자(소유자)나 임차인 등은 스스로가 원해서 부동산을 거래한 것이 아니다. 따라서 경매로 부동산을 취득한 매수인에게 우호적 입장에서 부동산을 넘겨주고 협조하여 주는 경우는 거의 없다. 더군다나 경매 부동산이 주택이고 그 주택이 현재 점유자에게 유일한 주거 공간이고 다른 곳에 주거를 마련할 수 있는 여력이 없다면 쫓겨나지 않기 위한 저항을 할 수도 있다.

물론 점유자가 부동산을 건네 주지 않고 저항을 하더라도 법적으로 인도받을 수는 있다. 그러나 그때까지 시간이 걸리고 또한 비용이 소요될 수 있다.

셋째, 소유권을 완전히 취득하기까지에 불안정이 존재한다.

일반 매매 거래인 경우에는 매도인이 매매계약을 체결하고 매매대금을 받은 상태에서 계약을 파기하려고 한다면 약속을 지키지 않은데 대하여 계약해제와 위약금의 지급 등의 불이익을 감수하여야 한다. 따라서 매수인은 특별한 사정이 없는 한, 매매대금을 지급하면 거래한 부동산의 소유권을 취득하게 된다.

그러나 경매에서는 부동산경매 절차가 개시되었다고 하더라도 도중에서 여러 변화가 발생할 수 있다. 경매의 매수인이 매매대금을 지급하여 소유권을 취득하기 전까지 경매부동산의 채무자는 언제든지 채무를 변제하고 경매절차를 취하하거나 집행을 정지시킬 수도 있다. 물론 경매를 당하는 채무자 입장에서 채무를 변제할 능력이 없는 경우가 대부분이지만, 경매절차가 지연되다 보면 채무자 등에게 여력이 생기는 경우도 있다.

예컨대, 채무자가 경매를 당하였다고 하더라도 여름 한 철 장사를 잘해서 채무를 변제하는 경우도 있을 수 있다.

또한 경매에는 첨예한 이해관계가 대립되어 있는 것이 대부분이다. 따라서 낙찰을 받았다 해도 이해관계인이 불복하여 항고를 하면 몇 달씩 대금납부가 지체되는 것은 물론이고 이 때에도 매수인이 대금을 납부하기 전에 채무자가 채무를 변제하여 버리면 경매 자체가 취소될 수도 있다.

넷째, 좋은 물건에는 경쟁이 발생할 수 있다.

내 눈에 좋은 물건은 남의 눈에도 좋은 물건이다. 투자 가치가 큰 부동산은 사실 경매되기 전에 일반 부동산시장에서 먼저 거래가 될 수도 있고, 또 경매가 되더라도 그러한 부동산은 입찰 경쟁을 하게 된다. 입찰경쟁에서 이기려면 결국 경쟁자가 보다 많은 금액으로 입찰하여야 하는데, 그렇게 되면 투자가치가 떨어질 수도 있다.

다섯째, 매각대금의 분할납부를 할 수 없다.

일반 부동산거래에서는 매매계약을 체결하면서, 매수인의 자금스케줄에 따라 계약금, 중도금 잔금 등 납부일자와 금액을 매도인과 매수인이 합의하여 조정할 수 있다. 그러나 경매에서는 매각허가로 대금납부기한이 정하여지면 입찰보증금을 제외한 잔금 전액을 일시에 납부하여야 하며, 대금을 납부하지 못하여 재경매가 되면 결국 보증금은 몰수당하게 된다. 따라서 경매에서는 일반 매매거래보다 더 신중하게 자금스케쥴을 세워야 한다.

다만, 최근에는 각종 금융기관에서 경매매수대금의 잔금을 대출 해주는 곳이 많기 때문에 매각대금을 마련하지 못해서 매수를 포기해야 하는 경우는 별로 없다.

그림 28 경매매수대금 대출

출처: 지지옥션(http://www.ggi.co.kr)

3강 부동산경매 정보 찾기

1. 부동산경매는 언제 어디서 행하여지나?

부동산이 경매되는 건수는 매년 부동산시장 상황 등에 따라 다르다. 부동산시장이 좋지 않거나, 금리가 올라가는 시기에는 상대적으로 경매물건이 많이 나온다. 〈표 5〉는 연도별 전국 법원의 경매진행건수와 낙찰건수를 보여주고 있다.

2009년에 경매물건이 많은 이유는 바로 2008년 서브프라임 모기지론의 붕괴로 리먼 브라더스가 파산하면서 글로벌 금융위기가 초래되었고, 이로 인하여 국내 부동산시장도 침체되었던 때이다.

이와 달리 2017년에는 경매건수가 10만 건에 불과한데 그 주요 원인은 이자율 하락에 따른 금융기관 담보연체율 감소, 일반 부동산가격 상승 및 거래량 증가 등에 기인한다.

2020년 법원경매 낙찰가율은 72.7%를 기록했다. 최근 10년간을 놓고 봤을 때 가장 큰 증가폭이다. 낙찰가율이 2년간 이어진 전년 대비 하락세를 마감하고 상승세로 돌아섰다. 주택가격 상승에 따른 주거시설에 대한 낙찰가가 상승했기 때문이다.

표 5 연도별 전국 법원 경매 통계

기간	진행건수	낙찰건수	낙 찰 율	낙찰가율	평균응찰자
2008년	266,925	92,777	34.8%	72.0%	3.4
2009년	291,143	101,184	34.8%	69.1%	3.6
2010년	251,053	86,041	34.3%	67.7%	3.5
2011년	220,576	78,599	35.6%	69.8%	3.5
2012년	218,146	71,013	32.6%	67.4%	3.3
2013년	229,750	76,119	33.1%	67.8%	3.7
2014년	202,145	72,261	35.8%	70.1%	4.0

2015년	152,506	58,967	38.9%	71.6%	4.3
2016년	125,137	50,444	40.3%	71.6%	4.2
2017년	107,000	41,700	39.1%	73.8%	4.0
2018년	117,000	39,780	34.5%	72.2%	3.3
2019년	134,794	45,348	33.6%	69.9%	3.8
2020년	140,000	49,000	35.0%	72.7%	4.0

출처: 지지옥션 보도자료(http://www.ggi.co.kr)

이와같이 연도별 부동산경매 건수를 보았지만, 부동산경매는 〈표 4〉에서 보듯 전국 법원에서 행하여진 연도별 전국 통계이다. 그런데 부동산경매는 전국 법원에서 매일 행하여 지는 것이 아니고, 특정일에 동시에 행하여지는 것도 아니다. 경매는 휴일과 공휴일을 제외하고 행하여지는데, 평균적으로 주 중에서 요일별로 보면 월요일에 가장 많이 행하여지고 있다. 또 경매신청사건이 많은 법원은 자주 행하여지나, 사건이 적은 법원은 가끔 행하여진다.

그림 29 연도별 법원경매 진행건수 및 낙찰가율 그래프

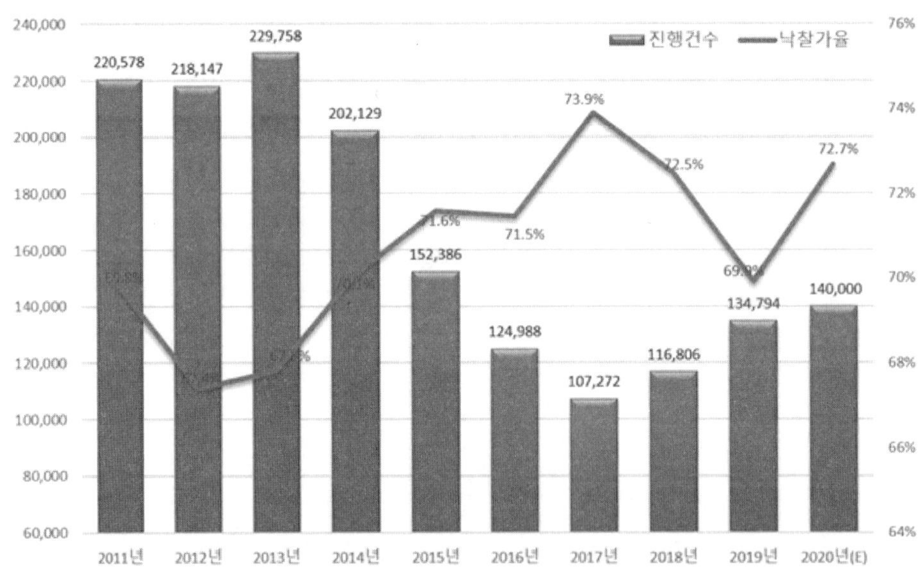

기간 : 2011~2020(2020년은 잠정치, 이하 동일) 대상 : 주거, 업무/상업, 토지, 공업 지역 : 전국

출처: 지지옥션 보도자료(http://www.ggi.co.kr)

2. 법원의 부동산경매 공고 방법

법원에서 부동산경매를 알리는 방법은 ⓐ 법원게시판 게시, ⓑ 관보 · 공보 또는 신문 게재, ⓒ 전자통신매체(법원경매정보 사이트)를 이용한 공고 등 3가지 방법이 있다.

전자통신매체를 이용한 공고는 통상 매각공고문을 pdf 파일로 변경하여 매각기일 2주일 전까지 대법원 홈페이지 법원공고 경매란에 게시하는 방법이다. 이는 저렴한 비용으로 높은 공고효과를 기대할 수 있어 주요한 공고수단이다.

경매에 관심있는 사람들이 과거에는 법원공보나 신문공고를 통하여 경매정보를 많이 얻었으나, 최근에는 대부분 온라인으로 법원경매정보 사이트를 검색하여 정보를 얻는다.[5)]

법원에서 공고하는 내용은 다음과 같다.

표 6 부동산매각공고〉

1. 부동산의 표시
2. 강제집행으로 매각한다는 취지와 그 매각방법
3. 부동산의 점유자, 점유의 권원, 점유하여 사용할 수 있는 기간, 차임 또는 보증금약정 및 그 액수
4. 매각기일의 일시 · 장소, 매각기일을 진행할 집행관의 성명 및 기간입찰의 방법으로 매각할 경우에는 입찰기간 · 장소
5. 최저매각가격
6. 매각결정기일의 일시 · 장소
7. 매각물건명세서 · 현황조사보고서 및 평가서의 사본을 매각기일 전에 법원에 비치하여 누구든지 볼 수 있도록 제공한다는 취지
8. 등기부에 기입할 필요가 없는 부동산에 대한 권리를 가진 사람은 채권을 신고하여야 한다는 취지
9. 이해관계인은 매각기일에 출석할 수 있다는 취지

5) 2006년 설문조사에서도 신문공고에서 경매 정보를 얻는 사람은 4% 불과한 것으로 조사되었다(출처: www.mediatoday.co.kr).

법원의 경매 공고는 위에서 말한 3가지 방법에 의하기 때문에 이러한 매체를 통하여 경보정보를 얻을 수 있다. [그림 30]은 법원경매 사이트의 부동산매각공고의 예이다.

그림 30 법원경매 사이트의 부동산매각공고

검색조건 법원 : 서울중앙지방법원 | 매각기일 : 2018.08.23 (1 10:00, 2 10:00 경매법정(4별관 211호)) | 담당계 : 경매1계 (전화:530-1820(구내:1820)) **[총 사건수 : 14건]**

인쇄 | < 이전

사건번호	매각물건			감정평가액 최저매각가격 (단위:원)	비고
	물건번호	용도	소재지 및 상세내역		
2018타경100879	1	아파트	서울특별시 종로구 구기동 22-2 [상세내역] 대 136m² 서울특별시 종로구 구기동 22-2 [상세내역] 철근콘크리트구조 (철근)콘크리트 지붕 1층 단독주택 1층 49.51m² 제시외 -2층 단독주택 철근콘크리트 구조 23.64m²	615,524,840 615,524,840	일괄매각. 제시외 건물 포함
2018타경100213	1	연립주택 다세대 빌라	서울특별시 종로구 평창12길 8-22, 3동 3층303호 (평창동,금강주택) [상세내역] 철근콘크리트조 슬래브위 시멘트기 와지붕 3층 연립주택 1층 910.35m² 2층 910.35m² 3층 910.35m² 지층 889.20m² 철근콘크리트조 84.95m²	485,000,000 388,000,000	
2018타경4056	1	자동차 중기	사용본거지:서울 강남구 선릉로69길 20, 102동 202호(역삼동, 역삼e-편한세상) [상세내역] 등록번호:37가4217 차명:E220 CDI 년 식 : 2014 차 종 : 승용 대형 제원관리번호 : 008-2-00026-0033-1313 차대번호 : WDDHF0CB3EA857158 원동기형식 : 651 924 보관장소 : 서울 서초구 원지동 401-5 보관방법 : 제3자 안태수에게 보관	31,000,000 31,000,000	

출처: 법원경매정보(http://www.courtauction.go.kr)

3. 경매정보제공 사이트

1) 법원경매정보 사이트

대법원 법원경매정보(www.courtauction.go.kr) 사이트는 국가기관에서 운영하는 유일한 경매정보 제공 사이트로 누구나 회원 가입 여부와 관계없이 무료로 이용할 수 있다. 경매 공고를 한 내용이므로 정보에 관한 신뢰도가 가장 높다.

그러나 물건에 관한 조건별 검색 기능이 불편하고, 경매통계 등 이용상 불편이 있다. 또 가장 문제는 과거 경매물건에 대한 검색이 매우 불편하다고 하는 점이다. 사건번호를 알아야 하고, 사건번호를 알아가지고 검색을 하더라도 사건에 대한 기본 내용만 나올뿐 물건에 대한 상세 검색이 안 된다. 정보제공 서비스라고 하는 점에서 보면 매우 권위주의적 발상이라고 볼 수 있다.

그림 31 법원경매정보 사이트

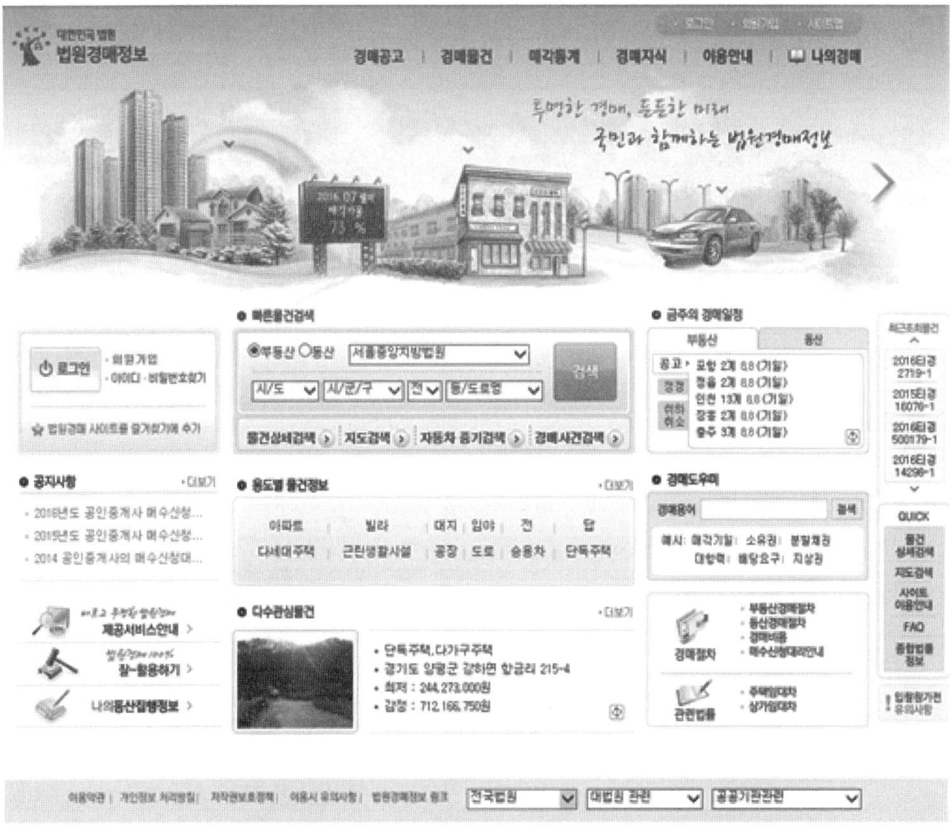

출처: 법원경매정보(http://www.courtauction.go.kr)

2) 사설 경매정보제공업체

법원경매정보 사이트 외에도 영업을 목적으로 경매정보제공 등을 하는 업체도 여러 개가 있다. 사설 경매정보제공업체 중에는 경매정보를 유료로 제공하는 업체도 있고, 무료로 제공하는 업체도 있다. 다만, 무료제공 사이트에서도 회원가입을 하여야 하며, 일부 서비스는 유료 회원에 한하여 이용하게 하기도 한다.

이러한 경매정보제공업체가 제공하는 정보의 원천은 법원의 경매공고에 기한 것이다. 그러나 유료 정보제공인 경우에는 법원에서 제공하는 경매정보에 더하여 추천 경매물건, 경매결과나 통계에 관한 정보, 과거 경매사건 검색의 편리성, 경매물건의 권리분석, 컨설팅, QNA 등의 서비스를 추가로 제공하기도 한다.

또 경매정보제공업체 중에는 경매정보가 담긴 잡지를 발행하여 경매법원 현장에서 판매하거나 무료로 제공하여 주기도 한다.

표 7 정보제공업체와 사이트

경매 정보제공업체	인터넷사이트
부동산 태인	www.taein.co.kr
지지 옥션	www.ggi.co.kr
인사이트옥션	www.insightauction.co.kr
굿 옥션	www.goodauction.co.kr
인포케어 경매	www.infocare.co.kr
리더스옥션	www.leadersaucrion.com
한국부동산경매정보	www.auction119.co.kr

그림 32 무료사이트(인사이트 옥션)

출처: 인사이트옥션(http://www.insightauction.co.kr)

그림 33 유료사이트(지지옥션)

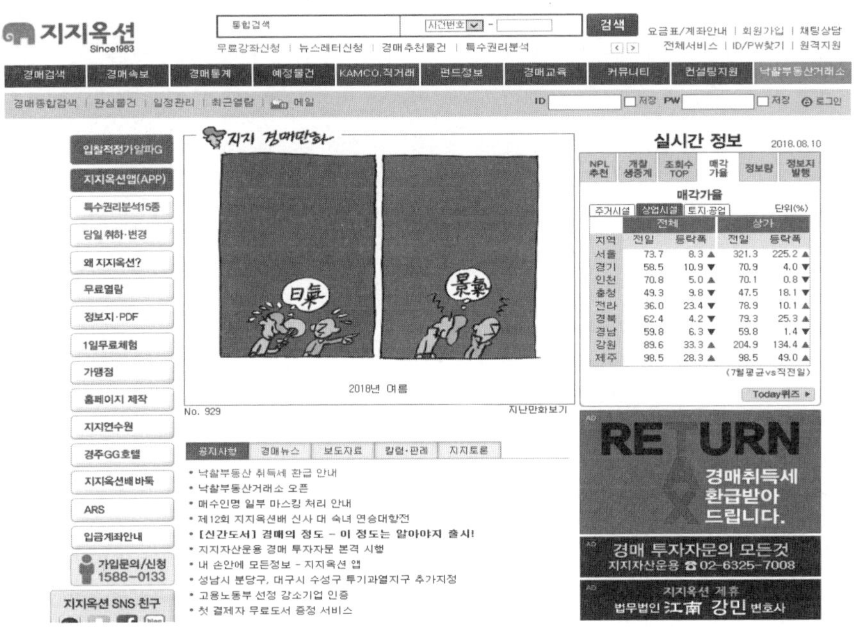

출처: 지지옥션(http://www.ggi.co.kr)

그림 34 유료사이트(태인경매정보)

출처; 태인경매정보(http://www.taein.co.kr)

제3장

부동산경매 신청과 이해관계인들의 입장

제3장

부동산경매 신청과 이해 관계인들의 입장

1강 부동산경매 신청하기

1. 채권자의 입장

1) 판결과 집행

채권자 중에는 소위 고리대금업을 하는 악덕 채권자도 있지만, 지인의 딱한 사정이나 부탁으로 돈을 빌려주는 사람도 있다. 그런데 채무자가 빌린 돈을 갚지 않는다면 최종적으로 법에 호소하여 채무자의 재산에 강제집행을 할 수밖에 없다.

그러나 강제집행도 채무자에게 강제집행을 할 수 있는 재산이 있어야 가능한 것이며, 채무자에게 재산이 없다면 강제집행도 사실상 불가하다. 빚을 안갚는 채무자를 상대로 법원에 소를 제기하여 판결까지 받았다고 하더라도 그 채무자에게 재산이 없으면 사실상 빚을 받기가 어렵다.

그래서 금융기관 등에서 대출을 할 때에는 신용대출이 아닌 한, 채무자나 아니면 다른 사람이라도 가지고 있는 부동산을 담보로 제공하게 하는 것이다.

그런데 어떤 경우에는 채무자에게 집행할 재산이 있는지 없는지를 알 수 없는 경우도 있다. 예컨대, 국세청이나 금융기관, 국민건강보험공단 등에 가서 내가 채권자니까 채무자인 000의 재산이 있는지 알려 달라고 할 수는 없다.

그러한 기관에서 채무자의 재산에 관한 정보를 가지고 있다 하더라도 개인정보보호 때문에 제공해 줄 수 없는 것이다.

이렇게 되면 채권자는 매우 답답한 입장이다. 어려운 사정을 봐주려고 돈 빌려준 죄밖에 없는데, 받을 때는 고통을 당하는 경우가 적지 않다.

2) 채무자의 재산 찾기

이런 경우 채권자는 민사집행법에 의한 재산명시신청, 채무불이행자 명부 등재신청, 재산조회 신청제도를 활용할 수 있다.

(1) 재산명시신청 제도

재산명시신청 제도는 채권자가 법원으로부터 판결, 이행권고결정, 지급명령, 화해조서, 조정조서, 조정에 갈음하는 결정, 인낙조서 등을 받아 그 판결 등에 따라 채무를 이행해야 할 채무자가 채무를 이행하지 않고 있고 또 강제집행을 할 만한 재산도 발견되지 않을 때 채권자가 관할법원에 채무자로 하여금 소유재산을 기재한 목록을 법원에 제출하도록 명령을 내려 줄 것을 신청하는 제도이다.

만약 채무자가 거짓의 재산목록을 낸 때는 3년 이하의 징역 또는 500만원 이하의 벌금에 처한다. 채무자가 법인 또는 법인 아닌 사단·재단일 때는 그 대표자 또는 관리인을 위와 같이 처벌하고 채무자는 벌금에 처한다.

(2) 채무불이행자 명부 등재신청 제도

채무자가 금전의 지급을 명한 집행권원이 확정된 후 또는 집행권원을 작성한 후 6월 이내에 채무를 이행하지 아니하는 때, 재산명시신청에 대하여 정당한 이유없이 명시기일에 불출석, 재산목록 제출 거부, 선서 거부를 한 경우에 채권자가 그 채무자를 채무불이행자명부에 올리도록 신청할 수 있는 제도이다.

채무불이행자명부는 등재결정을 한 법원에 비치하며, 법원은 채무불이행자 명부의 부본을 채무자의 주소지(채무자가 법인인 경우에는 주된 사무소가 있는 곳) 시 · 구 · 읍 · 면의 장에게 보내야 한다. 법원은 채무불이행자명부의 부본을 일정한 금융기관의 장이나 금융기관 관련단체의 장에게 보내어 채무자에 대한 신용정보로 활용하게 할 수 있다.

채무불이행자명부나 그 부본은 누구든지 보거나 복사할 것을 신청할 수 있다

(3) 재산조회 신청제도

재산조회제도는 채무자에 대한 재산관계 명시 신청으로 재산관계 명시기일에 채무자가 제출한 재산목록에 기재된 재산이 없거나 채권의 만족을 얻을 만한 재산이 없어서 재산명시 신청이 실익이 없게 된 경우 재산명시를 신청한 채권자의 신청에 따라 법원이 개인의 재산 및 신용에 관한 전산망을 관리하는 공공기관, 금융기관, 단체 등에 채무자 명의의 재산에 관한 조회를 할 수 있는 제도이다.

2. 강제경매와 임의경매

부동산경매에는 경매를 신청할 때 집행권원이 필요한지에 따라 강제경매와 임의경매로 나눈다. 집행권원이란 국가의 강제력으로 실현되는 청구권의 존재와 범위를 표시한 공정증서를 말한다. 예컨대, 법원의 판결문, 화해조서, 조정조서, 공정증서 등이 있다.[6)]

임의경매는 채권자가 채무자에게 담보로 설정받은 대상에 대한 담보권을 실행하는 경매이므로 집행권원이 필요하지 않다(예컨대, 채무자의 부동산에 저당권을 설정하고 채무불이행시 저당권에 기하여 경매).

그러나 강제경매는 실행할 담보가 없는 상황에서 채권자가 법원에 신청해 채무자의 부동산 등을 압류하여 경매하는 것으로 법원의 집행권원을 부여받아야만 경매를 시행할 수 있다.

---

6) 물론, 강제경매신청은 판결문 등 집행권원만 있다고 해서 할 수는 없고, 판결문, 공정증서 등 집행권원을 발급한 법원, 공증사무소 등에 집행문을 부여해달라고 요청한 후, 집행권원 원본에 집행문을 부여받은 후에야 집행을 할 수 있다.

그런데 부동산경매는 임의경매든 강제경매든 채권자의 경매신청에 의하여 시작된다.

부동산 경매는 경매를 신청하는 부동산이 소재한 지역의 지방법원에 신청하여야 한다. 부동산이 여러 지방법원의 관할구역에 있는 때에는 각 지방법원에 관할권이 있다. 다만, 이 경우 법원이 필요하다고 인정한 때에는 사건을 다른 관할 지방법원으로 이송할 수 있다.

3. 강제경매와 임의경매신청

1) 강제경매신청

부동산에 대한 강제경매는 채권자의 신청에 의하여 개시되고(민사집행법 제78조제1항), 강제경매신청서에는 다음의 사항을 기재해야 한다(민사집행법 제80조).

-채권자ㆍ채무자와 법원의 표시

-부동산의 표시

-경매의 이유가 된 일정한 채권과 집행할 수 있는 일정한 집행권원

강제경매신청서에는 집행력 있는 정본 외에 다음 중 어느 하나에 해당하는 서류를 붙여야 한다(민사집행법 제81조제1항).

-채무자의 소유로 등기된 부동산에 대하여는 등기사항증명서

-채무자의 소유로 등기되지 아니한 부동산에 대하여는 즉시 채무자 명의로 등기할 수 있다는 것을 증명할 서류(다만, 그 부동산이 등기되지 아니한 건물인 경우에는 그 건물이 채무자의 소유임을 증명할 서류, 그 건물의 지번·구조·면적을 증명할 서류 및 그 건물에 관한 건축허가 또는 건축신고를 증명할 서류)

강제경매신청서 양식은 [서식 1]과 같다.

2) 임의경매신청

임의경매는 담보권실행 경매신청서를 작성하고, 저당권자가 저당권의 존재

를 증명하는 서류를 첨부하여 경매신청을 한다.

-저당권설정계약서 및 채권증서

-등기사항증명서 등

-부동산목록

3) 경매신청과 비용

부동산경매를 신청할 때에는 각종 수수료와 송달료를 예납하여야 한다. [그림 35]는 강제집행에 소요되는 비용의 목록이다. 이러한 비용을 집행비용이라고 하는데, 당해 부동산이 경매로 매각되면 매각대금에서 우선적으로 받아간다.

그림 35 집행비용계산서

○ ○ 지방법원

집행비용계산서

사건 20 타경 부동산강제(임의)경매

순 번	내 역	금 액
1	경매신청서 등 첨부 인지대	
2	경매신청서 서기료	
3	등본수수료	
4	경매개시결정등기등록세(지방교육세포함)	
5	등기신청수수료	
6	송달료	
7	현황조사비용	
8	감정평가비용	
9	공고비용	
10	매각수수료	
11	기타	
합계		

집행기록에 의하여 위 계산을 하였습니다.

20 . . .

법원사무관 ㉑

〔서식 1〕

부동산강제경매신청서

수입인지 5000원

채 권 자 (이름)　　　(주민등록번호　　　　　-　　　　　　)
(주소)
(연락처)

채 무 자 (이름)　　　(주민등록번호 또는 사업자등록번호　　　　-　　　　)
(주소)

청구금액　　　　금　　　　　원 및 이에 대한 20　.　.　.부터 20　.　.　.까지 연　% 의 비율에 의한 지연손해금
집행권원의 표시　채권자의 채무자에 대한　　지방법원 20　.　.　. 선고　20　가단(합)　　대여금 청구사건의 집행력 있는 판결정본

신 청 취 지

별지 목록 기재 부동산에 대하여 경매절차를 개시하고 채권자를 위하여 이를 압류한다 라는 재판을 구합니다.

신 청 이 유

채무자는 채권자에게 위 집행권원에 따라 위 청구금액을 변제하여야 하는데, 이를 이행하지 아니하므로 채무자 소유의 위 부동산에 대하여 강제경매를 신청합니다.

첨 부 서 류

1. 집행력 있는 정본　　　1통
2. 집행권원의 송달증명원 1통
3. 부동산등기사항증명서　1통

20　.　.　.

채권자　　　　　　　　(날인 또는 서명)

○○지방법원 귀중

◇ 유 의 사 항 ◇

1. 채권자는 연락처란에 언제든지 연락 가능한 전화번호나 휴대전화번호(팩스 번호, 이메일 주소 등도 포함)를 기재하기 바랍니다.
2. 채무자가 개인이면 주민등록번호를, 법인이면 사업자등록번호를 기재하시기 바랍니다.
3. 이 신청서를 접수할 때에는 (신청서상의 이해관계인의 수+3)×10회분의 송달료와 집행비용(구체적인 액수는 접수담당자에게 확인바람)을 현금으로 예납하여야 합니다.
4. 경매신청인은 채권금액의 1000분의2에 해당하는 등록면허세와 그 등록면허세의 100분의20에 해당하는 지방교육세를 납부하여야 하고, 부동산 1필지당 3,000원 상당의 등기신청수수료를 제출하여야 합니다.

〈예시〉

부동산의 표시

1. 서울 종로구 ○○동 100
   대 20㎡
2. 위 지상
   시멘트블럭조 기와지붕 단층 주택
   50㎡ 끝.

2강 이중경매와 일괄경매

1. 법원의 경매개시결정

법원에서는 경매신청서가 접수되면, 그 신청서와 첨부서류를 검토해서 미비한 것이 없으면 경매개시 결정을 한다. 경매개시 결정을 하는 경우에는 등기관에게 경매개시결정의 등기에 대한 촉탁을 한다. 특히 강제경매 신청인 경우에는 경매절차를 개시하는 결정과 동시에 해당 부동산에 대한 압류 명령을 한다.

경매개시결정이 되었음을 채무자 등에게 알려주기 위하여 경매개시결정문을 송달하게 된다.

[그림 36]은 임의경매신청에 의하여 경매개시결정이 등기된 사례이다.

그림 36 경매개시결정등기

[집합건물] 경기도 화성시 남양읍 신남리 36-4 블랑쉬타운하우스 제101동 제1층 제101호 　　고유번호 1348-2009-023537

순위번호	등 기 목 적	접 수	등 기 원 인	권 리 자 및 기 타 사 항
15	압류	2014년3월20일 제45026호	2014년3월13일 압류(도시관리과-4217)	권리자 부천시원미구청
~~16~~	~~임의경매개시결정~~	~~2014년8월20일~~ ~~제127658호~~	~~2014년8월20일~~ ~~수원지방법원의~~ ~~임의경매개시결정(2014~~ ~~타경39746)~~	~~채권자 신용보증기금 114271-0001636~~ ~~서울 마포구 마포대로 122 (공덕동)~~ ~~(부천지점)~~
17	16번임의경매개시결정등기말소	2014년10월20일 제161913호	2014년10월17일 취하	
18	임의경매개시결정	2014년12월8일 제194155호	2014년12월8일 수원지방법원의 임의경매개시결정(2014 타경57869)	채권자 주식회사오케이저축은행 서울 중구 세종대로 39 , 10층(남대문로4가, 대한서울상공회의소) (여신관리2팀)

법원에 경매신청을 하면 사건 번호가 부여된다. 경매뿐만 아니라 모든 법원 사건에는 사건부호를 붙인 사건번호가 부여된다. 따라서 사건부호만 보더라도 어떤 내용, 어떤 심급의 사건인지를 파악할 수 있다. 사건별로 어떤 부호를 붙이는가는 사건 부호문자의 부여에 관한 예규(재판예규)로 정한다, 부동산경매 사건에는 '타경'이란 사건부호가 붙는다.

표 8 사건명과 사건부호

사건명	사건부호
민사1심합의사건	가합
민사1심단독사건	가단
민사소액사건	가소
민사항소사건	나
민사상고사건	다
민사항고사건	라
민사재항고사건	마
민사조정사건	머
독촉사건	차
민사가압류,가처분등 합의사건	카합
민사가압류,가처분등 단독사건	카단
담보취소등사건	카담
재산명시등사건	카명
재산조회사건	카조
부동산등경매사건	타경

그리고 법원에서는 경매개시결정에 따라 경매 대상인 부동산을 매각하기 위한 준비절차를 진행한다. 그 부동산에 대한 현황을 조사하고, 감정평가를 하도록 명령을 내린다.

2. 이중경매

1) 의의

이중경매란 어떤 부동산에 대하여 이미 경매가 진행되고 있는데 또 다른 채권자가 경매를 신청하여 경매개시결정이 된 경우이다. 중복경매라고도 한다. 이 경우, 먼저 경매를 신청한 압류채권자의 경매절차로 진행되는 경매를 선행경매, 그 후에 경매를 신청한 채권자의 경매절차로 진행하는 것을 후행경매라고 한다.

이중경매는 이미 경매개시결정을 한 부동산(선행경매)에 대하여 다른 경매신청이 있는 때에는 법원은 다시 경매개시결정(후행경매)을 하고, 그 부동산의 경매 진행은 먼저 경매개시결정을 한 집행절차(선행절차)에 따라 진행한다.

또 중복경매와 유사한 것에 병합사건이 있다. 이는 여러 명의 채권자가 동시에 경매신청을 하거나 아직 경매개시결정을 하지 않은 동안에 동일한 부동산에 대해 또 다른 채권자로부터 경매신청이 있는 경우이다.

이 경우 법원은 여러 개의 경매신청을 병합하여 1개의 경매개시결정을 하고, 하나의 사건으로 진행한다.

병합사건은 각 채권자가 독립하여 그 이익을 받게 되고, 한 채권자에 대한 정지, 취소, 취하가 있더라도 다른 압류채권자에게 영향을 미치지 않으므로, 경매절차는 계속 진행된다.

그림 37 중복경매

서울중앙지방법원 **2011타경6237** 2011타경18377 (중복) 2011타경15255 (병합)	2 연립주택 다세대 빌라	서울특별시 서초구 양재동 104 3층 301호 [집합건물 철근콘크리트조 244.09㎡]		1,200,000,000 960,000,000 (80%)	경매11계 2016.08.25 유찰 1회

출처: 법원경매정보(http://www.courtauction.go.kr)

2) 이중경매신청의 실익

어떤 부동산에 대하여 경매가 되면 먼저 경매를 신청한 채권자가 매각대금에서 먼저 배당을 받아 가는 것은 아니다. 배당을 받는 것은 등기상 또는 기타 법률의 규정에 의하여 배당이 된다. 그런데 경매절차가 진행되더라도 매수인이 매각대금을 납부하기 전에 경매절차가 취하되거나 취소되기도 한다. 즉 선행 경매 절차가 일단 진행되더라도 도중에서 취하, 취소될 수 있다. 그러면 다른 채권자가 그 때 비로소 경매를 새로 신청하면 경매신청부터 종결되기까지 시간이 걸리게 되고, 또 처음부터 다시 경매 부동산에 대한 현황조사나 감정평가 등을 하여야 한다고 하는 것은 여러 가지 측면에서 바람직하지 않다.

이런 이유 때문에 이미 경매개시결정이 된 부동산에 대해서도 채권자 입장에서는 중복하여 경매신청을 할 실익이 있는 것이다. 즉 선행 경매절차가 취하나 취소되더라도 후행 경매 절차가 취하, 취소가 되지 않으면, 경매절차는 그대로 진행이 되는 것이다.

3. 일괄매각

경매물건을 검색해 보면 일괄매각이라고 표시된 것이 있다. 예컨대, 경매대상이 되는 채무자 소유의 부동산이 2개 이상 있는 경우에 어떻게 매각하여야 할까?

2개 이상의 부동산을 매각하는 경우에 최저매각가격의 결정과 매각의 실시를 각 부동산별로 매각할 수 있다. 이런 매각방법을 개별매각이라 한다.

또 이와는 달리 2개 이상의 부동산 전부를 일괄하여 매각할 수도 있다. 이런 매각 방법을 일괄매각이라고 한다.

민사집행법에서는 "여러 개의 부동산을 매각하는 경우에 한 개의 부동산의 매각대금으로 모든 채권자의 채권액과 강제집행비용을 변제하기에 충분하면 다른 부동산의 매각을 허가하지 아니한다."고 규정하여(민사집행법 제124조 제1항), 개별매각을 원칙으로 하고 있다.

그러나 반드시 개별매각을 해야 하는 것은 아니다. 경매목적 부동산이 2개 이상 있는 경우, 집행법원은 개별매각 여부에 대하여 재량으로 결정할 수 있다. 이해관계인의 합의가 없어도 일괄매각을 명할 수 있고, 또 한 번 정한 매각방법도 재량에 의해 다른 방법으로 변경할 수 있다.

그렇지만 법원에 매각방법 결정에 대한 재량권이 있다고 하더라도 그러한 재량권에도 한계가 있다. 예컨대, 일괄매각을 하는 것이 타당함에도 불구하고 집행법원이 일괄매각이 아닌 개별매각으로 경매절차를 진행한다면, 이해관계인은 집행법원의 재량권 남용을 이유로 하여 매각허가결정에 대한 이의를 제기하여 다툴 수 있다. 채권자 등의 이해관계인은 경매절차에서 자신의 이익이 침해되는 경우에는 보다 적극적으로 대응할 필요가 있다.

그렇다면 일괄매각을 하는 것이 적합한 경우는 어떤 경우일까?

우선 토지와 그 지상에 있는 건물, 도로에 면한 토지와 통행로가 따로 없는 인접지, 개별적으로 택지로 이용되기에 접합하지 않은 여러 필지의 좁은 토지들이 전체로서는 택지 이용에 적합한 면적으로 되는 경우 등 매각물건 사이에 밀접한 관계가 있는 경우 등이다.

또한 공장저당의 목적물인 토지와 건물 및 기계, 기구, 그 밖의 공장의 공용물 등 유기적 일체성이 있는 경우, 민법 제365조에 따라 토지, 건물을 같이 매각하는 경우, 대지권등기가 되어 있는 집합건물의 대지사용권 등이다.

매각방법과 관련하여 대법원은 "경매목적 부동산이 2개 이상 있는 경우 분할경매를 할 것인지 일괄경매를 할 것이지 여부는 집행법원의 자유재량에 의하여 결정할 성질의 것이나, 토지와 그 지상건물이 동시에 매각되는 경우, 토지와 건물이 하나의 기업시설을 구성하고 있는 경우, 2필지 이상의 토지를 매각하면서 분할경매에 의하여 일부 토지만 매각되면 나머지 토지가 맹지 등이 되어 값이 현저히 하락하게 될 경우 등 분할경매를 하는 것보다 일괄경매를 하는 것이 당해 물건 전체의 효용을 높이고 그 가액도 현저히 고가로 될 것이 명백히 예측되는 경우 등 여러 개의 부동산의 위치, 형태, 이용관계 등을 고려하여 이를 일괄매수하게 하는 것이 알맞다고 인정되는 경우에는, 일괄경매를 하는 것이 부당하다고 인정되는 특별한 사유가 없는 한 일괄경매의 방법에 의하는 것이 타당하고, 이러한 경우에도 이를 분할경매하는 것은 그 부동산이 유기적 관계에서 갖는 가치를 무시하는 것으로써 재량권의 범위를 넘어 위법한 것이 된다."라고 판시하였다(대법원 2004. 11. 9. 선고 2004마94 결정).

그림 38 일괄매각 된 사례

□	사건번호▲	물건번호 용도	소재지 및 내역	비고	감정평가액▲ 최저매각가격▲ (단위:원)	담당계 매각기일▲ (입찰기간) 진행상태▲
□	서울중앙지방법원 **2014타경33780**	1 상가 오피스텔 근린시설	서울특별시 종로구 사직로8길 4, 301동 지하2층 비205호 (사직동,광화문 풍림스페이스본) [집합건물 철골철근콘크리트구조 973.56m²] 서울특별시 종로구 사직로8길 4, 301동 지하2층 비206호 (사직동,광화문 풍림스페이스본) [집합건물 철골철근콘크리트구조 1033m²] 서울특별시 종로구 사직로8길 4, 301동 지하2층 비207호 (사직동,광화문 풍림스페이스본) [집합건물 철골철근콘크리트구조 160.18m²] 서울특별시 종로구 사직로8길 4, 301동 지하2층 비209호 (사직동,광화문 풍림스페이스본) [집합건물 철골철근콘크리트구조 38.32m²] 서울특별시 종로구 사직로8길 4, 301동 지하2층 비210호 (사직동,광화문 풍림스페이스본) [집합건물 철골철근콘크리트구조 391.78m²] 서울특별시 종로구 사직로8길 4, 301동 지하2층 비211호 (사직동,광화문 풍림스페이스본) [집합건물 철골철근콘크리트구조 386.38m²]	일괄매각	3,573,000,000 2,286,720,000 (64%)	경매21계 2018.08.14 유찰 2회

출처: 법원경매정보(http://www.courtauction.go.kr)

3강 이해관계인

1. 의의

어떤 부동산이 경매되는 경우, 거기에는 많은 이해관계인이 있을 수 있다. 직접 당사자라고 볼 수 있는 경매신청 채권자와 채무자를 비롯하여 물상보증인(채무자가 아닌데도 채무자를 위하여 자기 소유 부동산에 담보를 설정한

자), 임차인, 경매신청 채권자 이외의 채권자, 세금이나 공과금을 받아야 할 기관 등 그 부동산의 매각과 관련하여 이해관계가 있는 사람들이 다수 있다.

예컨대, 임차인은 임차하고 있는 부동산이 매각되면 보증금 회수와 더불어 그 부동산을 임대차 기간까지는 비워주지 않고 계속 이용할 수 있는지가 문제되기 때문에 그 부동산이 언제, 얼마에 매각되느냐는 이해관계가 크게 얽힌 사항인 것이다.

그런데 경매절차에서 이해관계인의 지위는 중요하다. 말하자면 이해관계인에 해당되면 경매절차 규정에 따라 자신의 권리를 행사하여 보호받을 수 있기 때문이다.

즉, 이해관계인은 부동산경매절차와 관련하여 그 부동산에 대한 이해관계를 가진 자로서, 집행법원의 경매절차에 관하여 자기의 권리보호를 위하여 주어진 권리를 행사할 수 있다.

이해관계인의 권리로는 집행에 관한 이의신청권, 부동산에 관한 침해방지신청권, 경매개시결정에 대한 이의신청권, 배당요구신청권 또는 이중경매신청권, 매각기일 등을 통지 받을 수 있는 권리, 매각허가결정에 관한 의견을 진술할 수 있는 권리, 배당기일에 출석하여 배당표에 관한 의견을 진술할 수 있는 권리 등이 있다.

2. 이해관계인의 범위

경매에서 이해관계인은 경매 절차상 여러 권리를 행사할 수 있기 때문에 구체적으로 누가 이해관계인에 해당하느냐가 문제될 수 있다. 그래서 이해관계인의 범위에 관해서 민사집행법상 규정을 두고 있다. 민사집행법상 이해관계인에 해당되지 않는 사람은 매각절차와 사실상 이해관계관계가 있다고 하더라도 이해관계인으로서의 권리를 행사할 자격이 없다.

민사집행법 제90조에서는 경매절차의 이해관계인을 다음 4가지 유형으로 나누어 범위를 정하고 있다.

ⓐ 압류채권자와 집행력 있는 정본에 의하여 배당을 요구한 채권자

ⓑ 채무자 및 소유자

ⓒ 등기부에 기입된 부동산 위의 권리자

ⓓ 부동산 위의 권리자로서 그 권리를 증명한 사람

3. 이해관계인의 경매에 있어서의 대처

1) 경매신청 채권자

경매신청 채권자는 신청 부동산에 대한 경매개시 결정으로 그 부동산이 압류가 되더라도 매각대금이 완납될 때까지는 채무자의 사실적인 이용, 수익의 권능은 박탈되지 아니한다. 따라서 채무자가 부동산의 가격을 감소시키는 행위를 할 수도 있다.

이러한 경우 채권자는 경매의 실효성을 확보하기 위하여 하는 보전처분의 일종으로 부동산의 가격을 감소시키거나 감소시킬 우려가 있는 행위를 하면 법원에 신청해서 매각허가결정이 있을 때까지 그 행위를 하는 사람에 대해 가격감소행위 등을 금지하거나 일정한 행위를 하도록 하는 부동산침해방지조치명령을 신청할 수 있다(민사집행규칙 제44조).

2) 채무자

경매개시결정에 하자가 존재하는 경우, 채무자는 경매개시결정에 대해 이의를 신청할 수 있다.[7] 그런데 경매개시결정에 대해 이의 신청은 강제경매와 임의경매에 있어서 차이가 있다. 경매개시결정에 대한 이의신청을 하려면 매수인이 매각대금을 완납할 때까지 이의신청서를 작성하여 경매를 진행하는 집행법원에 제출하여야 한다.

(1) 강제경매개시결정에 대한 이의신청

강제 경매개시결정에 관한 이의신청은 형식적인 절차상의 하자에 대해서만 허용된다. 채권자의 채권이 존재하지 않는다는 등 실체적 권리관계에 관한 사

7) 물론 경매개시결정에 대한 이의신청은 채무자뿐만 아니라 다른 민사집행법상의 이해관계인도 할 수 있다.

유를 경매개시결정에 대한 이의의 원인으로 주장할 수는 없다.

즉 강제경매절차에서는 경매신청방식의 적법 여부, 대리권의 존재 여부, 매각부동산 표시의 불일치, 집행력 있는 정본의 불일치, 집행채권의 기한미도래 등 경매신청요건의 흠, 경매개시요건의 흠 등 경매개시결정에 관한 형식적인 절차상 하자는 이의사유가 되나, 집행채권의 소멸이나, 집행채권의 선행 가압류에 대한 대항 가능 여부 등 강제경매의 기초가 된 집행권원의 실체적 권리관계에 관한 사유는 이의사유가 되지 못한다(대법원 2010. 5. 14.선고 2010마124 결정 참조).

또한 이러한 강제경매개시결정에 대한 이의사유는 원칙적으로 경매개시결정 전의 것이어야 한다. 따라서 강제경매개시결정 후에 발생한 최저매각가격의 결정, 매각기일의 공고, 통지 등의 위법 등의 절차상 하자는 원칙적으로 경매개시결정에 대한 이의사유가 될 수 없다.

채무자가 실체상의 이유를 들어 다툴 경우에는 이의신청을 하여서는 아니된다. 그 경우에는 민사집행법 제44조에 의해 청구이의의 소를 제기하여 다투어야 한다.

또한 청구이의의 소를 제기한 후에는 반드시 본안재판부로부터 집행정지결정을 받아 그 정본을 집행법원에 제출하여 매각절차를 정지시켜야 경매의 진행으로 인한 불측의 피해를 방지할 수 있다.

〔서식 2〕

강제경매개시결정에 대한 이의신청

사건번호
신청인(채무자)
　　○시　○구　○동　○번지
피신청인(채권자)
　　○시　○구　○동　○번지

신　　청　　취　　지

위 사건에 관하여 　　년 　　월 　　일 귀원이 행한 강제경매개시결정은 이를 취소한다. 피신청인의 본건 강제경매신청은 이를 기각한다.
라는 재판을 구함.

신 청 이 유

1. 채권자인 피신청인은 채무자인 신청인과의 사이의 ○ ○지방법원 ○ 호 ○ ○ 청구사건의 집행력 있는 판결정본에 기하여 ○○○○년 ○월 ○일 귀원에 강제경매신청을 하여, ○○○○년 ○월 ○일 위 개시결정이 되어, 이 결정이 ○○○○년 ○월 ○일 채무자인 신청인에게 송달되었습니다.
2. 그런데 위 강제집행의 전제인 위 채무명의는 신청인에게는 송달되지 않은 것으로서 그 송달 전에 위 개시결정을 한 것은 집행개시 요건의 흠결이 있음에도 불구하고 행한 위법한 것이므로 본건 이의를 신청하는 바입니다.

○○○○년 　　○월 　　○일

위 신청인(채무자) 　　　　(인)

연락처(☎)

지방법원 　　　　귀중

☞유의사항

1) 이해관계인은 매각대금을 완납할 때까지 법원에 개시결정에 대한 이의신청을 할 수 있고 이의사유는 집행법원이 준수하여야 할 경매절차상의 형식적 하자로서 개시결정전의 것이어야 함이 원칙이나, 채무명의의 존재는 집행속행요건이기도 하므로, 그 실효와 같은 사유는 그 후에 발생한 것이라도 무방합니다.
2) 신청서에는 1,000원의 인지를 붙여 1통을 집행법원에 제출하고, 이의재판정본 송달료를(2회분) 납부하여야 합니다.

(2) 임의경매개시결정에 대한 이의신청

임의경매개시결정에 대한 이의신청 사유는 강제경매개시결정에 대한 이의와는 달리 절차상의 하자뿐만 아니라 실체상의 하자도 이의사유로 주장할 수 있다.

판례에 의하면, 부동산의 임의경매에 있어서는 강제경매와는 달리 경매의 기본이 되는 저당권이 존재하는 여부는 경매개시결정에 대한 이의사유가 됨은 물론 경락허가결정에 대한 항고사유도 될 수 있다(대법원 1991. 1. 21.선고 90마946 결정).

따라서 임의경매에서는 경매의 기본이 되는 저당권의 부존재, 무효, 피담보 채권의 불성립, 무효 또는 변제, 변제공탁 등에 의한 소멸, 피담보채권의 이행기 미도래 또는 이행기의 유예 등을 이유로 경매개시결정에 대해 이의신청을 할 수 있다.

3) 임차인

임차인은 임차권 등기나 전세권등기를 하고 있지 않는 한, 등기부에 기입된 부동산 위의 권리자가 아니다. 다만, 경매 부동산 위의 권리자에 불과하다. 따라서 임차인이 민사집행법상 이해관계인이 되려면 경매 부동산 위의 권리자로서 권리를 가지고 있음을 증명하여만 이해관계인이 될 수 있다.

또한 임차인은 권리신고를 하여 이해관계인이 되더라도 매각대금에서 배당을 받으려면 배당요구를 하여야 한다.

그러나 임차인이 이러한 내용을 잘 알지 못하는 경우가 많기 때문에 법원에서는 임차인에게 그러한 내용에 대한 통지를 하여 준다.

통지를 받은 임차인은 실무상 권리신고 및 배당요구서를 작성하여 제출한다.

〔서식 3〕

권리신고 겸 배당요구신청서

사건번호　　　타경　　부동산강제(임의)경매
채 권 자
채 무 자
소 유 자

본인은 이 사건 경매절차에서 임대보증금을 우선변제받기 위하여 아래와 같이 권리신고 겸 배당요구를 하오니 매각대금에서 우선배당을 하여 주시기 바랍니다.

아 래

1. 계 약 일 : . . .
2. 계약당사자 : 임대인(소유자) ○ ○ ○
   임 차 인 ○ ○ ○
3. 임대차기간 : . . .부터 . . . 까지(년 간)
4. 임대보증금 : 전세 원
   보증금 원에 월세
5. 임차 부분 : 전부(방 칸), 일부(층 방 칸)
   (※ 뒷면에 임차부분을 특정한 내부구조도를 그려주시기 바랍니다)
6. 주택인도일(입주한 날) : . . .
7. 주민등록전입신고일 : . . .
8. 확 정 일 자 유무 : □ 유(. . .), □ 무
9. 전세권(주택임차권)등기 유무 : □ 유(. . .), □ 무

〔첨부서류〕

1. 임대차계약서 사본 1통
2. 주민등록등본 1통

년 월 일

권리신고 겸 배당요구자 (인)

연락처(☎)

지방법원 귀중

제 4 장

부동산 경매 기록과 보는 방법

제4장

부동산 경매 기록과 보는 방법

1강 경매기록과 열람

[그림 39]는 수원지방법원에서 경매가 진행되었던 사건으로 대지와 도로가 일괄매각 되는 물건이다. 그런데 이 부동산의 매각공고를 보면, 제시외 건물이 있고, 법정지상권이 성립하는지 알 수 없고, 유치권이 성립하는지도 역시 알 수 없는 것으로 기재되어 있다.

도대체 이 부동산이 어떤 것인지, 제시외 건물이니, 법정지상권, 유치권이니 하는 것이 무엇인지 나아가 그러한 개념을 안다고 하더라도 그 성립 여부가 명확하지 않다고 하는데, 그에 대한 정확한 판단을 어떻게 하여야 할 것인가?

그림 39 대지와 도로 경매(2017타경510842)

2017타경510842	1	기타	경기도 용인시 처인구 원삼면 죽능리 26-36 [상세내역] 대 907㎡	354,660,000	1.일괄매각. 매각에서 제외되는 제시외 건물 있음. 제시외 건물을 위한 법정지상권 성립 여부 불명. 2.유명근이 2017. 11. 23. 유치권신고(공사대금:30,000,000원)를 하였으나 그 성립여부는 불분명함.
			경기도 용인시 처인구 원삼면 죽능리 26-37 [상세내역] 도로 80㎡	121,648,000	

출처: 법원경매정보(http://www.courtauction.go.kr)

물론 여기에는 최종적으로 법적 판단을 하여야 하지만, 그러한 판단을 하기 위해서는 사실관계에 관한 정확한 자료가 필요하다.

그런데 경매사건에서 사실관계를 파악할 수 있는 가장 좋은 자료는 바로 경매기록이다.

우리가 통상 경매기록이라고 부르는 것에는 경매사건 목록과 집행기록이 있다. 그런데 원래 경매기록이라고 함은 집행기록을 말하는 것이다.

경매사건 목록에 있는 중요한 자료는 매각물건명세서, 현황조사보고서 및 평가서, 기일내역 및 문건송달 내역 등이다. 경매사건목록은 매각기일 1주일 전에 경매계에 비치하고, 매각기일 당일에는 입찰법정 열람대에 비치해서 매수에 관심있는 사람들은 누구나 열람할 수 있도록 하고 있다.

다만, 법원은 상당하다고 인정하는 때에는 매각물건명세서, 현황조사보고서 및 평가서 등의 기재내용을 전자통신매체로 공시함으로써 그 사본의 비치에 갈음할 수 있다(민사집행규칙 제55조).

[그림 40]부터 [그림 42]까지는 2017타경510842 경매사건에 대하여 전자통신매체로 경매목록을 공시한 것이다. [그림 40]에는 사건 기본내역, 기일 및 문건송달 내역, 배당요구 및 종기 내역, 항고내역에 관한 정보를 제공하고 있다.

그림 40 사건내역(2017타경510842)

검색조건 법원 : 수원지방법원 | 사건번호 : 2017타경510842

사건내역 | 기일내역 | 문건/송달내역 　 인쇄 | < 이전

사건기본내역

사건번호	2017타경510842 [전자]	사건명	부동산강제경매
접수일자	2017.09.15	개시결정일자	2017.09.19
담당계	경매3계 전화 : (031)210-1263(구내:1263) (민사집행법 제90조, 제268조 및 부동산등에 대한 경매절차 처리지침 제53조제1항에 따라, 경매절차의 이해관계인이 아닌 일반인에게는 법원경매정보 홈페이지에 기재된 내용 외에는 정보의 제공이 제한될 수 있습니다.)		
청구금액	1,064,142,857원	사건항고/정지여부	
종국결과	미종국	종국일자	

현황조사서 | 감정평가서 | 관심사건등록

배당요구종기내역

목록번호	소재지	배당요구종기일
1	경기도 용인시 처인구 원삼면 죽능리 26-36	2017.12.01
2	경기도 용인시 처인구 원삼면 죽능리 26-37	2017.12.01
3	경기도 용인시 처인구 원삼면 죽능리 산27-35	2017.12.01

항고내역

물건번호	항고제기자	항고접수일자	항고		재항고		확정여부
		접수결과	사건번호	항고결과	사건번호	재항고결과	
검색결과가 없습니다.							

출처: 법원경매정보(http://www.courtauction.go.kr)

[그림 41]에서는 물건내역으로 물건에 대한 상세조회를 할 수 있고, 관련사건에 대한 정보를 제공하고 있다.

그림 41 물건내역(2017타경510842)

관련사건내역

관련법원	관련사건번호	관련사건구분
서울남부지방법원	2015가합109844	판결정본

물건내역

물건번호	1 (물건상세조회 / 매각물건명세서)	물건용도	기타	감정평가액 (최저매각가격)	354,660,000원 (121,648,000원)		
물건비고	1.일괄매각. 매각에서 제외되는 제시외 건물 있음, 제시외 건물을 위한 법정지상권 성립 여부 불명. 2.유명근이 2017. 11. 23. 유치권신고(공사대금:30,000,000원)를 하였으나 그 성립여부는 불분명함.						
목록1	경기도 용인시 처인구 원삼면 죽능리 26-36			목록구분	토지	비고	미종국
목록2	경기도 용인시 처인구 원삼면 죽능리 26-37			목록구분	토지	비고	미종국
물건상태	매각준비 -> **매각공고**						
기일정보	2018.08.23			최근입찰결과	2018.07.05 유찰		

물건번호	2 (물건상세조회 / 매각물건명세서)	물건용도	임야	감정평가액	55,174,000원		
목록3	경기도 용인시 처인구 원삼면 죽능리 산27-35			목록구분	토지	비고	미종국
물건상태	매각준비 -> 매각공고 -> 매각 -> **매각허가결정**						
기일정보				최근입찰결과	2018.07.05 매각(43,333,000원) 2018.07.12 최고가매각허가결정		

: 등기기록 열람

출처: 법원경매정보(http://www.courtauction.go.kr)

[그림 42]에서는 물건 목록 및 당사자 내역에 대한 정보를 제공하고 있다.

그림 42 목록 및 당사자내역(2017타경510842)

목록내역

목록번호	소재지	목록구분	비고
1	경기도 용인시 처인구 원삼면 죽능리 26-36	토지	미종국
2	경기도 용인시 처인구 원삼면 죽능리 26-37	토지	미종국
3	경기도 용인시 처인구 원삼면 죽능리 산27-35	토지	미종국

당사자내역

당사자구분	당사자명	당사자구분	당사자명
채권자	은O기	채무자겸소유자	장O애
임차인	유명근(마운틴캠핑장)	근저당권자	강서농업협동조합
가압류권자	은O기	압류권자	강서세무서
교부권자	국민건강보험공단홍천지사	교부권자	강서세무서
교부권자	용인시	지상권자	강서농업협동조합
배당요구권자	김선순	배당요구권자	권태형
배당요구권자	김순덕	배당요구권자	김현태
배당요구권자	배영석	배당요구권자	엄순옥
배당요구권자	김영창	배당요구권자	김은화
배당요구권자	김순예	배당요구권자	뉴욕지에프주식회사
배당요구권자	구덕희	유치권자	유명근

현황조사서 | 감정평가서 | 관심사건등록 | 인쇄 | < 이전

출처: 법원경매정보(http://www.courtauction.go.kr)

이와같이 경매사건 목록은 누구나 온라인으로도 볼 수 있고, 이를 통하여 경매물건에 대한 정보를 얻을 수 있다.

그러나 보다 상세한 정보를 알고자 한다면, 당해 경매사건 전체에 대한 기록인 집행기록을 봐야 한다. 집행기록에는 경매사건 목록에 있는 자료를 포함하여, 경매신청에서부터 매각기일까지 경매진행 과정에서 접수된 모든 서류는 물론 매각 후 배당이 행하여지기까지에 추가로 접수된 서류들이 총 망라되어 편철되어 있다.

예컨대, 각 채권자들의 권리신고 및 배당요구 내역, 임대차계약서, 유치권신고서, 당해 경매와 관련된 각종 소송진행 내역, 불허가신청 내역, 입찰자가 제

출한 입찰표 등이 모두 편철되어 있다.

따라서 매수신청을 하려는 사람은 이미 온라인에 공시된 정보와 다른 내용이나 기타 당해 물건의 입찰에 있어서 유의할 사항을 집행기록을 통하여 분석해 볼 수 있고, 낙찰 후에는 경매절차상의 하자나 권리상의 중대한 하자 등 매각불허가신청 사유 등을 발견하기 위한 자료로 활용할 수 있다.

그러나 경매사건 목록과 달리 집행기록은 누구나 열람할 수 있는 것이 아니라, 열람할 수 있는 자격에 일정한 제한을 가하고 있다.

민사집행법 제9조에서는 집행기록열람 · 등본부여에 대해, 집행관은 이해관계 있는 사람이 신청하면 집행기록을 볼 수 있도록 허가하고, 기록에 있는 서류의 등본을 교부하여야 한다고 규정한다.

따라서 집행기록은 이해관계인이 열람할 수 있다. 다만, 실무에서는 민사집행법상의 이해관계인 외에도 집행기록을 열람할 수 있는 사람의 범위를 더 넓게 인정하고 있다.

이에 대해서는 부동산등에 대한 경매절차 처리지침 제53조에서 규정하고 있다.

표 9 부동산등에 대한 경매절차 처리지침

제53조(경매기록의 열람 · 복사)

① 경매절차상의 이해관계인(민사집행법 제90조, 제268조) 외의 사람으로서 경매기록에 대한 열람 · 복사를 신청할 수 있는 이해관계인의 범위는 다음과 같다.

1. 파산관재인이 집행당사자가 된 경우의 파산자인 채무자와 소유자
2. 최고가매수신고인과 차순위매수신고인, 매수인, 자기가 적법한 최고가 매수신고인 또는 차순위매수신고인임을 주장하는 사람으로서 매수신고시 제공한 보증을 찾아가지 아니한 매수신고인
3. 민법 · 상법, 그 밖의 법률에 의하여 우선변제청구권이 있는 배당요구채권자
4. 대항요건을 구비하지 못한 임차인으로서 현황조사보고서에 표시되어 있는 사람
5. 건물을 매각하는 경우의 그 대지 소유자, 대지를 매각하는 경우의 그 지상 건물 소유자
6. 가압류채권자, 가처분채권자(점유이전금지가처분 채권자를 포함한다)
7. 「부도공공건설임대주택 임차인 보호를 위한 특별법」의 규정에 의하여 부도임대주택의 임차인대표회의 또는 임차인 등으로부터 부도임대주택의 매입을 요청받은 주택매입사업시행자

② 경매기록에 대한 열람 · 복사를 신청하는 사람은 제1항 각호에 규정된 이해관계인

에 해당된다는 사실을 소명하여야 한다. 다만, 이해관계인에 해당한다는 사실이 기록상 분명한 때에는 그러하지 아니하다.
③ 경매기록에 대한 복사청구를 하는 때에는 경매기록 전체에 대한 복사청구를 하여서는 아니되고 경매기록 중 복사할 부분을 특정하여야 한다.

이와같이 집행기록을 열람할 수 있는 이해관계인의 범위가 비교적 넓게 인정되고 있지만, 정작 열람이 필요하다고 볼 수 있는 매수신청 희망자에게는 허용되고 있지 않다.

매수신청 희망자에게 열람을 허용하지 않고 있는 이유는 집행기록의 훼손 내지 내용 변조의 가능성 때문이라고 볼 수 있다.

그러나 지금은 모든 문서를 pdf로 만들어서 보관, 공시할 수 있고, 변동 사항에 대해서도 바로 바로 쉽게 입력할 수 있기 때문에, 훼손 등을 이유로 열람하지 못하도록 하는 것은 역시 법원의 권위주의적 발상이라고 볼 수 있다.[8)]

2강 현황조사서, 매각물건명세서

1. 현황조사서

1) 의의

법원은 경매개시결정 후 바로 집행관에게 부동산의 현상, 점유관계, 차임 또는 보증금의 액수, 그 밖의 현황에 관하여 조사하도록 명령(민사집행법 제85조 제1항)하는데, 현황조사명령에 따라 법원 소속 집행관이 직접 현장을 방문해 조사한 내용이 기재된 문서이다.

실무에서는 경매개시결정등기 촉탁과 동시에 조사명령을 발한다. 경매개시결정등기가 이루어지기 전에 조사에 착수되면 채무자가 매각부동산을 타인에

8) 현행 민사집행법이 시행(2002.7.1.)되기 전에는 민사집행기록은 누구나 열람할 수 있었다. 다만, 집행기록은 매각기일 당일에 한하여 입찰법정에 비치하여 두고 열람할 수 있도록 허용했었다.

게 처분할 염려가 있으므로 같은 법원의 등기과에 경매개시결정등기를 촉탁하는 경우라면 모르되 그렇지 않는 한 경매개시결정등기를 촉탁한 2~3일 뒤에 조사명령을 발한다.

현황조사명령에 따라 집행관이 보고서를 제출하는 기간은 2주간이다.

2) 조사사항

현황조사에 있어서 조사할 사항은 부동산의 현상, 점유관계, 차임 또는 보증금의 액수, 그 밖의 현황이다. 그러나 이는 예시에 불과하고 매각조건의 결정, 최저매각가격의 결정 및 인도명령의 허부의 판단 등을 함에 필요한 부동산에 관한 사실관계 및 권리관계 전반에 걸친 것이 곧 여기서 말하는 현황으로서 모두 조사할 사항이라고 볼 수 있다.

그림 43 현황조사서(2018타경611)

현황조사서

인쇄

법원	인천지방법원	명령회차	1 회

현황조사내역 | 부동산표시목록

기본정보

- **사건번호 :** 2018타경611 부동산임의경매
- **조사일시 :** 2018년01월15일15시35분 2018년01월16일12시24분

부동산 임대차 정보

번호	소재지	임대차관계
1	인천광역시 남구 수봉남로17번길 37-6, 2층202호 (용현동,성신빌라)	1명

사진정보 : 전경도 4건 (사진보기)

부동산의 현황 및 점유관계 조사서

1. 부동산의 점유관계

소재지	1. 인천광역시 남구 수봉남로17번길 37-6, 2층202호 (용현동,성신빌라)
점유관계	임차인(별지)점유
기타	- 본건 현황조사차 현장에 임한 바, 폐문부재로 이해관계인을 만날 수 없어 상세한 점유 및 임대차관계는 알 수 없으나, 전입세대열람 결과 임차인이 점유하는 것으로 추정됨. - 본건 주소지내 전입세대 열람내역,주민등록등본 첨부. - 본건 배당 권리신고에 관한 `안내장`을 현관에 부착하여 고지함.

2. 부동산의 현황

- 본건 매각부동산은 용현동에 소재한 `용현시장` 동측 인근에 위치한, 4층 다세대주택인 성신빌라 가동 2층 202호로, 각 층 3세대로 구성되어 있으며, 인근 주변은 빌라 및 다세대주택 등이 밀집한 지역임.
- 본건 매각부동산 건물 외벽에 `성신빌라 가`로 표식되어 있음.
- 우편함에 수신인 오용환 명의의 우편물 발견됨.

출처: 법원경매정보(http://www.courtauction.go.kr)

그림 44 현황조사서(2018타경611)

● 임대차관계조사서

1. 임차 목적물의 용도 및 임대차 계약등의 내용

[소재지] 1. 인천광역시 남구 수봉남로17번길 37-6, 2층202호 (용현동,성신빌라)				
1	점유인	박O화	당사자구분	임차인
	점유부분		용도	주거
	점유기간			
	보증(전세)금		차임	
	전입일자	2013.02.22	확정일자	

2. 기타

- 본건 조사서의 조사내용은 전입세대열람 및 주민등록등본에 의한 조사사항임.
- 본건 임차관계를 위하여 임차인의 권리신고에 관한 '알리는 말씀'을 현관에 부착하여 고지하였음.

출처: 법원경매정보(http://www.courtauction.go.kr)

3) 현황조사서 보는 방법

현황조사서에는 부동산의 현황과 점유관계, 임대차 관계에 관한 조사 내용이 담겨있다. 그러나 [그림 43]과 [그림 44]에서 보듯이 집행관이 현황조사를 위해 현장에 방문하였으나 폐문부재인 경우에는 이해관계인을 만날 수 없어 자세한 점유관계 등을 파악하기 어렵다.

그런 경우에는 전입세대 열람이나 주민등록등본 등에 의하여 조사한 내용을 기재하게 되는데, 실무에서 보면 실제 점유자와 전입된 자가 일치하지 않는 경우도 적지 않다.

그런데 누가 점유자인지, 점유자가 임차인인지 여부, 언제부터 점유하고 있었는지 등은 경매부동산의 매수인이 경매 부동산을 인도받고자 할 때 중요한 사항이다. 또한 임차인의 보증금 인수 여부, 유치권의 성립 여부 등의 판단에 있어서도 중요한 사항이다.

따라서 현황조사서는 폐문부재 등으로 인한 조사에 한계가 있기 때문에 자세한 사항은 매수신청 희망자가 관리사무소에 문의한다든가 주변에 탐문하는 등 스스로 발로 뛰어 조사해야 하는 경우도 있다.

2. 매각물건명세서

1) 의의

매각물건명세서란 집행법원이 매수신청자들에게 권리분석에 등에 관한 정보를 제공하기 위하여 작성한 자료이다. 따라서 경매 부동산의 권리분석에 대한 중요한 지표는 거의 대부분 매각물건명세서에 나와 있다.

2) 매각물건명세서의 기재사항

법원은 ⓐ 부동산 표시, ⓑ 부동산의 점유자와 점유의 권원, 점유할 수 있는 기간, 차임 또는 보증금에 관한 관계인의 진술, ⓒ 등기된 부동산에 대한 권리 또는 가처분으로서 매각으로 효력을 잃지 아니하는 것, ⓓ 매각에 따라 설정된 것으로 보게 되는 지상권의 개요에 관한 사항을 적은 매각물건명세서를 작성하여야 한다(민사집행법 제105조 제1항).

3) 매각물건명세서의 정정과 변경

매각물건명세서에 기재된 내용에 잘못이 있거나 변동이 있는 경우, 비치 · 열람 후에라도 경매집행 법원은 직권으로 정정할 수 있다. 다만, 정정 내용은 명백하게 하여야 한다.

만약 매각기일 1주일 이전에 정정이 행하여진 경우에는 정해진 기일대로 매각절차를 진행한다. 그러나 매각물건명세서 사본이 비치된 이후에 정정이 행하여지고, 변경된 내용이 매수인의 인수부담으로 작용하는 등 권리관계에 영향을 주는 사항이라면 매각기일을 변경하여야 한다.

4) 매각물건명세서의 열람과 비치

매각물건명세서가 작성되면 집행법원은 그 사본을 만들어 현황조사보고서, 감정평가서 사본과 함께 일반인들이 쉽게 열람할 수 있도록 경매계 사무실 등 적당한 장소에 비치하여야 한다.

매각물건명세서 사본은 매각기일마다 그 1주일 전까지 비치하되, 각 매각기일까지 계속 비치하여야 하며, 비치기간 중에는 누구라도 집무시간 내에 자유롭게 열람할 수 있다.

5) 작성과 비치의 하자 등

매각물건명세서는 권리분석의 중요한 자료이기 때문에 작성에 중대한 하자가 있는 때에는 매가허가에 대한 이의 및 매각허가 결정에 대한 즉시항고의 사유가 된다. 매각물건명세서를 비치하지 않았거나 또는 비치기간을 지키지 않은 경우에도 마찬가지이다.

매각물건명세서 작성은 집행법원의 의무사항이기 때문에 이에 위반한 경우에는 국가배상책임이 인정된다.[9]

6) 매각물건명세서 보는 법

충남 보령시에 소재하는 준공되지 않은 건물이 경매에 나왔다. 토지는 매각에서 제외되고 건물만 경매가 되는 사건이다. 이 경매 물건의 매각물건명세서를 보면 [그림 45]와 같다.

---

9) 집행법원은 매각대상 부동산에 관한 이해관계인이나 그 현황조사를 실시한 집행관 등으로부터 제출된 자료를 기초로 매각대상 부동산의 현황과 권리관계를 되도록 정확히 파악하여 이를 매각물건명세서에 기재하여야 하고, 만일 경매절차의 특성이나 집행법원이 가지는 기능의 한계 등으로 인하여 매각대상 부동산의 현황이나 관리관계를 정확히 파악하는 것이 곤란한 경우에는 그 부동산의 현황이나 권리관계가 불분명하다는 취지를 매각물건명세서에 그대로 기재함으로써 매수신청인 스스로의 판단과 책임하에 매각대상 부동산의 매수신고가격이 결정될 수 있도록 하여야 한다.
그럼에도 집행법원이나 경매담당 공무원이 위와 같은 직무상의 의무를 위반하여 매각물건명세서에 매각대상 부동산의 현황과 권리관계에 관한 사항을 제출된 자료와 다르게 작성하거나 불분명한 사항에 관하여 잘못된 정보를 제공함으로써 매수인의 매수신고가격 결정에 영향을 미쳐 매수인으로 하여금 불측의 손해를 입게 하였다면, 국가는 이로 인하여 매수인에게 발생한 손해에 대한 배상책임을 진다(대법원 2010.06.24. 선고 2009다40790 판결).

그림 45 건물만의 매각(2017타경4464)

● 물건기본정보

인쇄 | < 이전

사건번호	2017타경4464	물건번호	1	물건종류	기타
감정평가액	2,089,393,500원	최저매각가격	1,462,576,000원	입찰방법	기일입찰
매각기일	2018.08.14 10:00 경매법정				
물건비고	건물만의 매각임, 현황조사보고서와 감정평가서상 미완공, 미준공의 건축물로 현재 내부공사 진행중이라고 함, 등기사항증명서상 건축법상 사용승인 받지 않은 건물임				
목록1 소재지	(숙박시설) 충청남도 보령시 신흑동 2223-5				
담당	대전지방법원 홍성지원 l 경매2계				

사건접수	2017.08.02	경매개시일	2017.08.03
배당요구종기	2017.10.27	청구금액	268,904,109원

전경도<21> 관련사진<10>

매각물건명세서 | 현황조사서 | 감정평가서 | 사건상세조회 | 관심물건등록

출처: 법원경매정보(http://www.courtauction.go.kr)

그림 46 매각물건명세서(2017타경4464)

대전지방법원 홍성지원

2017타경4464

매각물건명세서

사 건	2017타경4464 부동산강제경매 2017타경17606(중복)	매각 물건번호	1	작성 일자	2018.05.29	담임법관 (사법보좌관)	심상용
부동산 및 감정평가액 최저매각가격의 표시	별지기재와 같음	최선순위 설정	2017.7.11.근저당권			배당요구종기	2017.10.27

부동산의 점유자와 점유의 권원, 점유할 수 있는 기간, 차임 또는 보증금에 관한 관계인의 진술 및 임차인이 있는 경우 배당요구 여부와 그 일자, 전입신고일자 또는 사업자등록신청일자와 확정일자의 유무와 그 일자

점유자 성명	점유 부분	정보출처 구분	점유의 권원	임대차기간 (점유기간)	보증금	차임	전입신고 일자, 사업자등록 신청일자	확정일자	배당 요구여부 (배당요구일자)
유0준		현황조사	미확인전 입자 점유자				2016.12.21		

<비고>
유광준:충남 보령시 머드로 167에 전입되어 있음

※ 최선순위 설정일자보다 대항요건을 먼저 갖춘 주택·상가건물 임차인의 임차보증금은 매수인에게 인수되는 경우가 발생 할 수 있고, 대항력과 우선변제권이 있는 주택·상가건물 임차인이 배당요구를 하였으나 보증금 전액에 관하여 배당을 받지 아니한 경우에는 배당받지 못한 잔액이 매수인에게 인수되게 됨을 주의하시기 바랍니다.

등기된 부동산에 관한 권리 또는 가처분으로 매각으로 그 효력이 소멸되지 아니하는 것

갑구 순위 3번 소유권이전청구권 가등기(2017. 5. 16. 등기)는 말소되지 않고 매수인이 인수함. 만약 가등기된 매매예약이 완결되는 경우에는 매수인이 소유권을 상실하게 됨

매각에 따라 설정된 것으로 보는 지상권의 개요

비고란

건물만의 매각임, 현황조사보고서와 감정평가서상 미완공, 미준공의 건축물로 현재 내부공사 진행중이라고 함, 등기사항증명서상 건축법상 사용승인 받지 않은 건물임

주1 : 매각목적물에서 제외되는 미등기건물 등이 있을 경우에는 그 취지를 명확히 기재한다.
2 : 매각으로 소멸되는 가등기담보권, 가압류, 전세권의 등기일자가 최선순위 저당권등기일자보다 빠른 경우에는 그 등기일자를 기재한다.

출처: 법원경매정보(http://www.courtauction.go.kr)

매각물건명세서에서 가장 중요한 사항은 최선순위 설정이다. 여기서는 2017. 7. 11.자 근저당권이 최선순위로 설정된 권리이다. 이는 권리분석을 하는데 있어 매우 중요하다.[10)]

다음에는 임차인의 전입일자와 배당요구 종기일을 보아야 한다. 배당요구를 하여야만 배당을 받을 수 있는 채권자(예컨대, 주택임차인)는 배당요구 종기일까지 배당요구를 안하면 배당을 못 받기 때문이다. 배당을 못 받는 경우에는 그 부담이 매수인에게 전가 될 수도 있기 때문이다.

또 다음에는 등기된 부동산에 대한 권리 또는 가처분으로서 매각으로 효력을 잃지 아니하는 것이 있는지를 봐야 한다.

이 물건에서는 최선순위 근저당권보다 선순위인 소유권이전청구권 가등기가 있고, 이 가등기는 매각으로 소멸되지 않고 매수인에게 그대로 인수될 수 있고, 그 경우 매수인이 소유권을 상실하게 됨을 경고하고 있다.

다음에는 매각에 따라 설정된 것으로 보게 되는 지상권의 개요에 관한 사항을 보아야 하는데, 이 부분은 기재가 없다. 그러나 이 부분에 기재가 없더라도 본 물건이 건물만 매각되는 것이기 때문에 사실 땅에 대한 사용권 등의 권리가 있는지는 매우 중요한 문제이다. 토지에 대한 사용권이 없는 건물이면 그 건물은 철거 대상이 될 수 있기 때문이다.

다음에는 비고란을 본다. 비고란에는 미 완성, 미 준공 건물임이 기재되어 있다. 따라서 미 준공의 이유가 이유가 무엇인지, 또 건물의 완성, 준공까지 가능한지, 이를 위한 비용과 시간이 얼마나 걸리는지 등을 검토해봐야 한다.

3강 감정평가서

1. 의의

부동산경매를 집행하는 법원은 경매부동산을 얼마에 팔 것인지를 결정하여

10) 권리분석 방법에 대해서는 후술한다.

야 한다. 그런데 이와같이 얼마에 팔 것인지를 결정함에 있어 법원에서는 그 부동산의 가치나 시세 등을 잘 모르기 때문에 전문가의 감정을 거쳐 매매가격을 정하게 된다.

감정평가서는 법원의 평가명령에 따라 감정인이 그 부동산을 감정평가하여 감정가를 정하고 감정가를 산출하는 데 필요한 자료와 기준을 제시한 보고서이다.

2. 감정평가명령

집행법원에서는 경매하는 부동산의 최저매각가격을 결정하기 위하여 적당한 자를 감정인으로 선임하여 부동산을 평가시켜야 한다. 평가명령은 임의경매에 있어는 경매개시결정일부터 3일 안에, 강제경매에 있어서는 등기필증 접수일부터 3일 안에 하여야 한다. 선임된 감정인은 원칙적으로 2주 이내에 감정평가서를 제출하여야 한다.

3. 감정평가대상

감정평가의 대상은 매각부동산 및 매수인이 그 부동산과 함께 취득할 모든 물건 및 권리에 미친다.

매수인이 취득할 경매 물건의 물적 범위는 경매게시결정에 따른 압류의 효력이 미치는 물적 범위와 일치한다고 볼 수 있다.

매각부동산은 평가명령에 특정하여 표시하지만, 매각부동산의 구성부분은 물론이고, 천연과실, 종물 등도 평가 대상이다.

4. 감정평가서의 기재사항과 비치

1) 감정평가서의 기재사항

감정평가서에는 다음 사항이 기재되어야 하고, 부동산의 모습과 그 주변의

환경을 알 수 있는 도면 · 사진 등을 첨부하여야 한다(민사집행규칙 제51조).

① 사건의 표시
② 부동산의 표시
③ 부동산의 평가액과 평가일
④ 부동산이 있는 곳의 환경
⑤ 평가의 목적이 토지인 경우에는 지적, 법령에서 정한 규제 또는 제한의 유무와 그 내용 및 공시지가, 그 밖에 평가에 참고가 된 사항
⑥ 평가의 목적이 건물인 경우에는 그 종류 · 구조 · 평면적, 그 밖에 추정되는 잔존 내구연수 등 평가에 참고가 된 사항
⑦ 평가액 산출의 과정
⑧ 그 밖에 법원이 명한 사항

2) 감정평가서의 비치

법원은 감정평가서 사본도 물건명세서 사본과 함께 일반인이 열람할 수 있도록 비치하여야 한다. 다만, 법원은 상당하다고 인정하는 때에는 평가서의 기재내용을 전자통신매체로 공시함으로써 그 사본의 비치에 갈음할 수 있다.

5. 최저매각가격의 결정

법원은 감정인의 평가액을 참작하여 최저매각가격을 정한다(민사집행법 제97조 제1항). 감정인의 평가액을 그대로 최저매가가격으로 정하여야 하는 것은 아니지만, 감정인의 평가액을 증감하여 최저매각가격을 정함에는 그럴만한 합리적인 이유가 있어야 한다.

실무에서도 원칙적으로 감정인의 평가액을 그대로 최저매각가격으로 정하고 있는 것이 통례이다.

최저매각가격이란 경매부동산을 그 이상의 가격으로만 매수할 수 있는 기준가격을 말하며 그 이하의 매수가격에는 매각허가가 되지 아니한다(대법원 1967. 9. 26. 자 67마796 결정).

6. 감정평가서의 구성과 보는 방법

감정평가서는 표지, (구분건물)감정평가표, 감정평가액의 산출근거 및 결정의견, (구분건물)감정평가명세표, (구분건물)감정평가요항표, 위치도, 내부구조도, 사진용지로 구성되어 있다.

그림 47 감정평가서 표지(2014타경3369)[11]

감 정 평 가 서

건 명	이성덕 외 1명 소유물건 (2014타경3369)
의 뢰 인	서울중앙지방법원 사법보좌관 김태현
감정평가서번호	JK18051613

이 감정평가서는 감정평가 의뢰목적 외의 목적에 사용하거나 타인(의뢰인 또는 담보감정평가 확인은행이 아닌 자)이 사용할 수 없을 뿐 아니라 복사, 개작(改作), 전재(轉載)할 수 없으며 이로 인한 결과에 대하여 감정평가업자는 책임을 지지 않습니다.

감정평가사사무소 준경

감정평가사사무소 준경

출처: 법원경매정보(http://www.courtauction.go.kr)

11) 이 아파트는 2014년 경매에 나와 최고가매수신고인이 있었으나, 2017. 9. 26.에 매각불허가 되었다. 따라서 다시 감정평가를 행한 것이다.

그림 48 감정평가표(2014타경3369)

(구분건물)감정평가표

이 감정평가서는 감정평가에 관한 법규를 준수하고 감정평가이론에 따라 성실하고 공정하게 작성하였기에 서명날인합니다.

감 정 평 가 사 이 경 아 (인)

감정평가액	일십사억사천만원정 (₩1,440,000,000.-)			
의 뢰 인	서울중앙지방법원 사법보좌관 김태현	감정평가목적	법원경매	
채 무 자	-	제 출 처	경매6계	
소유자 (대상업체명)	이0덕 외 1명 (2014타경3369(2))	기 준 가 치	시장가치	
		감정평가조건	-	
목 록 표 시 근 거	귀 제시목록, 등기사항전부증명서 등	기 준 시 점	조 사 기 간	작 성 일
		2015.06.24	2015.06.16~2015.06.24	2015.06.25

	공부(의뢰)		사정		감정평가액	
	종 류	면적(㎡) 또는 수량	종 류	면적(㎡) 또는 수량	단 가	금 액
감정평가 내용	구분건물	1개호	구분건물	1개호	-	1,440,000,000
		이	하	여	백	
	합 계					₩1,440,000,000

감정평가액의 산출근거 및 결정의견

"별 지 참 조"

출처: 법원경매정보(http://www.courtauction.go.kr)

감정평가액의 산출근거 및 결정의견은 감정평가 개요, 거래사례비교법에 의한 시산가격, 참고가격 자료, 감정평가액 결정의견으로 구성되어 있다. 감정평가액의 산출근거 및 결정의견에서는 감정평가가 행하여진 시점이 언제인가를 잘 봐야 한다. 감정평가서에는 기준시점이 언제인지를 기재하고 있다.

부동산가격은 시점에 따라 변동되기 때문에 경매물건을 감정평가 할 시점에서는 부동산가격이 급등한 고점이었는지 아니면 그 반대인지를 알아야 현재

시점에서 볼 때는 그 부동산이 높게 평가된 것인지 아니면 낮게 평가된 것인지를 판단할 수 있다.

이는 입찰을 할 때 매수가격을 얼마로 하는 것이 적정한지를 판단하는 중요한 자료가 될 수 있다.

그림 49 감정평가액의 산출근거 및 결정의견(2014타경3369)

감정평가액의 산출근거 및 결정의견

Ⅰ. 감정평가개요

1. 감정평가목적

본건은 서울특별시 강남구 도곡동 소재 "숙명여자고등학교" 남서측 인근에 위치하는 대림아크로빌 제비동 제21층 제2105호에 대한 서울중앙지방법원의 경매목적을 위한 감정평가임.

2. 대상물건의 개요

<table>
<tr><td>소재지</td><td colspan="4">서울특별시 강남구 도곡동 467-6
[도로명주소: 서울특별시 강남구 언주로30길 13]</td></tr>
<tr><td>용도지역</td><td colspan="2">일반상업지역</td><td>대지권면적(㎡)</td><td>14,000.4</td></tr>
<tr><td>건물명, 동, 호수</td><td colspan="4">대림아크로빌 제비동 제21층 제2105호</td></tr>
<tr><td>구 조</td><td colspan="4">철골철근콘크리트조 평슬래브지붕</td></tr>
<tr><td>용 도</td><td colspan="2">아파트 및 판매시설</td><td>사용승인일</td><td>1999.11.26</td></tr>
<tr><td>규 모</td><td colspan="2">2개동, 490세대</td><td>층 수</td><td>지하6층/지상46층</td></tr>
<tr><td rowspan="2">본 건
(제2105호)</td><td>이용상황</td><td>전유면적(㎡)</td><td>공용면적(㎡)</td><td>대지권면적</td></tr>
<tr><td>아파트</td><td>146.754</td><td>143.188</td><td>19.871</td></tr>
<tr><td>설비현황</td><td colspan="4">위생 및 급·배수설비, 승강기설비, 소화설비, 난방설비, 도시가스설비 등</td></tr>
</table>

3. 기준가치 및 감정평가조건

1) 본건은 『감정평가에 관한 규칙』 제5조 제1항의 "시장가치"를 기준으로 감정평가 하였음.

2) 별도의 감정평가조건은 없음.

출처: 법원경매정보(http://www.courtauction.go.kr)

감정평가명세표에서는 감정평가를 한 물건의 범위가 어떻게 되고, 각 물건마다의 평가액이 얼마인지를 잘 봐야 한다. 경매 대상 부동산은 특히 건물인 경우에는 대지도 같이 매각되는지, 부속건물도 포함되는지, 이른바 종물도 포함되는지 및 어떤 것이 종물에 해당되는지를 파악하는 것이 중요하다. 이로 인해 매수인이 경매로 취득하는 부동산의 소유권의 범위가 어디까지 미치는지가 결정되기 때문이다.

그림 50 감정평가명세표(2014타경3369)

(구분건물)감정평가명세표

일련번호	소재지	지 번	지 목 및 용 도	용도지역 및 구 조	면 적 (㎡) 공 부	사 정	감정평가액	비 고
가				(내) 철골철근 콘크리트조 제21층 제2105호	146.754	146.754	1,440,000,000	공용 면적 포함
				1. 소유권대지권	19.871 14,000.4㎡ 14,000.4	19.871		
						토지 · 건물 토 지 : 건 물 :	배분내역 1,008,000,000 432,000,000	
	합 계						₩1,440,000,000.-	
			이	하	여	백		

출처: 법원경매정보(http://www.courtauction.go.kr)

본 경매 물건에서는 아파트라는 건물이 경매되지만, 아파트의 소유권뿐만 아니라 그 종된 권리인 대지권도 같이 매각되는 것이다. 감정평가명세표를 보면, 건물 가격은 4억3,200만원, 토지 가격은 10억500만원으로 평가하고 있다.

그런데 우리가 어떤 경매 부동산에서는 그 부동산과 밀접한 연관관계에 있으나, 일단 경매대상에서 제외되는 물건이 있다. 그런데 이렇게 경매대상에서 제외되는 물건에 대해서도 매수인이 경매부동산을 매수하는 경우, 소유권을 취득할 수 있는지를 명확하게 판단하기 어려운 경우도 있다.

이런 경우에는 일응 감정평가서명세표를 보고 판단할 수 있다. 즉 감정평가명세표에서 그러한 제시외 물건들에 대해서도 명시하여 평가에 포함하고, 그 가격을 모두 합산하여 감정평가액을 산출하고 있다면, 그러한 제시외 물건들에 대해서도 매수인이 원칙적으로 소유권을 취득할 수 있다.

감정평가 요항표는 경매물건의 위치 및 주위환경, 교통상황, 건물의 구조, 이용상태, 설비내역, 토지의 형상 및 이용상태, 인접도로 상태 등, 토지이용계획 및 제한상태, 공부와의 차이, 기타 참고사항(임대관계 및 기타)을 조사하여 정리한 것이다.

말하자면, 경매물건의 입지 및 물적 상태에 관한 조사를 해서 작성한 내용이다. 특히 교통, 도로, 토지에 이용제한, 공부와의 상이점 등은 그 부동산의 가치를 결정하는 중요한 요소들이기 때문에 감정평가요항표에 기재된 내용을 잘 숙지하고, 현장을 답사하여 확인할 필요가 있다.

그림 51 감정평가요항표(2014타경3369)

(구분건물)감정평가요항표

Page : 1

(1) 위치 및 주위환경 (2) 교통상황 (3) 건물의 구조 (4) 이용상태
(5) 설비내역 (6) 토지의 형상 및 이용상태 (7) 인접 도로상태 등
(8) 토지이용계획 및 제한상태 (9) 공부와의 차이 (10) 기타참고사항(임대관계 및 기타)

(1) 위치 및 주위환경

본건은 서울특별시 강남구 도곡동 소재 "숙명여자고등학교" 남서측 인근에 위치하며, 본건 인근은 아파트단지, 상업용 및 업무용시설, 근린생활시설 등이 혼재하는 지역으로 주변환경은 보통임.

(2) 교통상황

본건 소재 건물까지 차량출입이 가능하고, 인근에 버스정류장 및 지하철 3호선·분당선 "도곡역"이 소재하는 등 대중교통사정은 보통임.

(3) 건물의 구조

철골철근콘크리트조 평슬래브지붕 46층건 중 제21층 제2105호로서,
(사용승인일: 1999.11.26)
외벽: 알루미늄판넬 및 석재붙임 등 마감,
내벽: 벽지 등 마감,
바닥: 바닥재 깔기 및 타일 등 마감,
창호: 시스템 창호 등임.

(4) 이용상태

아파트(방3, 욕실2, 거실, 주방/식당, 드레스룸, 발코니 등)로 이용중임.

(5) 설비내역

위생 및 급·배수설비, 화재탐지 및 경보설비, 도시가스설비, 중앙난방설비, 승강기설비, 지하주차장 등이 되어 있음.

출처: 법원경매정보(http://www.courtauction.go.kr)

그림 52 위치도(2014타경3369)

위 치 도

Page : 1

소 재 지	서울특별시 강남구 도곡동 467-6 대림아크로빌 제비동 제21층 제2105호

출처: 법원경매정보(http://www.courtauction.go.kr)

그림 53 내부구조도(2014타경3369)

내 부 구 조 도

Page : 1

소 재 지	서울특별시 강남구 도곡동 467-6 대림아크로빌 제비동 제21층 제2105호

<축척없음>

< 호별배치도 >

< 내부구조도 >

출처: 법원경매정보(http://www.courtauction.go.kr)

그림 54 사진용지(2014타경3369)

사 진 용 지

Page : 1

본건 전경1

출처: 법원경매정보(http://www.courtauction.go.kr)

제5장

부동산경매로 매수하는 방법

1강 매수를 위한 준비

2강 매수신청 하기

3강 매수인 결정

제5장

부동산경매로 매수하는 방법

1강 매수를 위한 준비

1. 매각방법에 따른 준비

1) 법원의 경매 물건 매각방법

경매물건의 매각은 집행법원이 정한 매각방법에 따른다.

매각방법에는 ⓐ 매각기일에 하는 호가경매, ⓑ 매각기일에 입찰 및 개찰하게 하는 기일입찰, ⓒ 입찰기간 내에 입찰하게 하여 매각기일에 개찰하는 기간입찰의 세 가지 방법으로 한다(민사집행법 제103조).

따라서 경매로 물건을 매수하고자 하는 사람은 법원이 기일입찰에 의하는지, 기간입찰에 의하는지, 호가경매에 의하는지 따라 필요한 준비를 하여야 한다.

2) 호가경매

(1) 의의

과거에는 동산뿐만 부동산도 호가 방식으로 경매 물건을 매각하였다. 그러나 호가방식은 경매에 참가하는 사람과 매수가격이 모두 공개되기 때문에 경매브로커 등에 의한 담합내지 불공정 경쟁이 발생할 가능성이 있다.

따라서 부동산경매의 경우에는 호가 방식이 적합하지 않다는 문제가 제기되었고, 이에 따라 부동산의 매각은 입찰방식으로 변경되었다. 그러나 동산 경매인 경우에는 동산이라는 특수성 때문에 호가방식이 오히려 더 적합하다고 인정되어 현재도 호가방식에 의하고 있다.

호가방식에 의한 경매는 가전제품이나 집기류 등의 동산뿐만 아니라 골프회원권, 특허권 등의 경매에도 이용된다.

그림 55 동산매각공고(2017본103)

동산매각공고

검색조건 집행관사무소 : 서울중앙지방법원 | 사건번호 : 2017본3103

인쇄 < 이전

사건기본내역

사건번호	2017본3103	담당집행관	7부 장동준
관할집행관사무소	서울중앙지방법원		

매각정보

사전열람	사전열람사항이 없습니다.		
매각날짜	2018.08.23 10:00부터	매각장소	서울특별시 서초구 서초대로12길 20-15, 2층 (방배동)
공고유형	일반	매각장소유형	가정집
감정평가액	1,160,000원	최저매각가격	1,160,000원
비고			

※ 매각날짜와 정확한 매각시간은 집행관사무실(02-533-6850~2)로 확인하시기 바랍니다.

※ 아래의 물품 전체를 일괄매각 합니다.(물품별로 각각 매각하지는 않습니다.)

매각물품

번호	압류목록	수량	규격	감정가	물품항목	비고
1	스탠드김치냉장고 (디오스)	1 (대)		350,000원	가전/생활용품	
2	냉장고 (대우)	1 (대)		100,000원	가전/생활용품	
3	세탁기 (삼성)	1 (대)		30,000원	가전/생활용품	
4	노트북 (삼성)	1 (대)		300,000원	컴퓨터/전기/통신기계	안방
5	컴퓨터 (조립)	1 (조)		130,000원	컴퓨터/전기/통신기계	
6	피아노 (영창)	1 (대)		250,000원	사무/가구	작은방

[총 6건] 1 페이지당 10

출처: 법원경매정보(http://www.courtauction.go.kr)

(2) 동산경매의 특징

동산경매는 미리 정한 일시 장소에서 집행관이 매각조건을 정하여 이를 고지하고, 매각할 압류물에 대하여 매수의 신청을 최고하여 개시하고 최고가매수인을 매수인으로 고지한 다음, 매각대금과 납부와 동시에 매각하는 동산을 매수인에게 인도함으로써 종결한다.

매각장소는 그 동산이 소재하는 장소이다. 따라서 동산 경매에 참가하기 위해서는 각 물건별 매각장소에 직접 방문하여야 한다.

위 [그림 55] 동산매각(2017본103) 장소는 가정집이다. 그러나 채무자로부터 매각할 동산을 명도받아 물류센터 등에 보관하고 있는 경우에는 경매는 집행법원의 집행관실에서 실시한다(아래 [그림 56]).

동산경매는 경매할 물건 별로 1개씩 매각하지 않고, 전체를 일괄매각한다. 예컨대, 물건목록이 진열장, 냉장고, 김치냉장고, 세탁기, TV인 경우 물건별로 따로 매각하지 않고 전체를 일괄하여 매각한다.

그림 56 동산매각공고(2018본1804)

동산매각공고

검색조건 집행관사무소 : 서울중앙지방법원 | 사건번호 : 2018본1804

사건기본내역 인쇄 < 이전

사건번호	2018본1804	담당집행관	7부 장동준
관할집행관사무소	서울중앙지방법원		

매각정보

사전열람	사전열람사항이 없습니다.		
매각날짜	2018.08.21 16:00부터	매각장소	서울특별시 서초구 서초중앙로 157 서울중앙지방법원 집행관실 7부 (서초동)
공고유형	일반	매각장소유형	
감정평가액	2,220,000원	최저매각가격	2,220,000원
비고	이 물건은 명도후 매각하는 것으로 광명물류(경기 구리시 벌말로 60(토평동), 031-566-0086)에 보관되어 있음.		

※ 매각날짜와 정확한 매각시간은 집행관사무실(02-533-6850~2)로 확인하시기 바랍니다.
※ 아래의 물품 전체를 일괄매각 합니다.(물품별로 각각 매각하지는 않습니다.)

매각물품

번호	압류목록	수량	규격	감정가	물품항목	비고
1	티브이	1 (대외 43점)		2,220,000원	가전/생활용품	

[총 1건] 1 페이지당 10

출처: 법원경매정보(http://www.courtauction.go.kr)

동산경매에서도 채무자는 적법한 매수인이 될 자격이 없다. 다만, 민사집행법 제190조의 규정에 따라 부부공유 유체동산을 압류한 경우에 배우자는 매각기일에 출석하여 우선매수 신고할 수 있다.

(3) 동산경매 절차

동산 경매의 매각방식은 경매기일에 매수신청의 액을 서로 올려가는 방법으로 실시하며, 매수신청은 말로 한다(호가방식).

매수신청의 가액이 지나치게 낮은 때에는 집행관은 경우에 따라 매각을 거부할 수도 있으며, 부동산경매와 달리 특별매각조건으로 보증금보관을 정하니 않는 이상 매수신청시에 보증금을 집행관에게 보관시킬 필요는 없다.

동산경매에 있어서는 부동산경매와는 달리, 대금지급과 물건을 인도할 날을 매각기일과 다른 날로 정한 경우를 제외하고는 매각기일에 매각허가와 대금지급, 물건의 인도가 모두 행하여진다.

대금지급은 매수가 허가된 때에는 그 기일이 마감되기 전에 매각대금을 지급한다. 다만, 집행관은 매각가격이 고액으로 예상되는 때에는 호가경매기일부터 1주 안의 날을 대금지급기일로 정할 수 있고, 이 경우 집행관은 매수신고의 보증금액과 그 제공방법 및 대금지급일을 공고한다.

목적물 인도는 대금지급이 완료되면 집행관은 대금과 서로 상환으로 매각물을 매수인에게 인도한다. 매수인은 매각물을 인도받는 그 시점에 바로 소유권을 취득한다.

3) 입찰방식

(1) 기일입찰

집행관이 법원의 입찰명령에 의하여 실시하는 특정 일시의 매각기일에 입찰장소에서 입찰자에게 봉함한 입찰표에 입찰가격을 기재하여 제출하게 한다. 호가방식과 달리 누가 얼마로 매수하는지를 다른 매수신고인들은 알 수 없다.

일정 시간을 정하여 입찰을 마감한 후에 그 중에서 최고가의 신고를 한 자를 최고가매수신고인으로 정한 다음 매각결정기일에서 매각허가결정을 하는 방법이다.

현재 전국의 모든 법원에서 경매 부동산 매각시 통상적으로 행하는 방식이다.

(2) 기간입찰

일정한 입찰기간을 정하여 그 기간 내에 입찰표를 직접 또는 우편으로 법원에 제출하게 하면서 법원이 정한 보증금을 일률적으로 법원의 은행 계좌에 납입한 뒤(따라서 보증금액은 모든 매수 신청인에게 동일함) 그 입금표를 입찰표에 첨부하게 하거나 또는 지급보증위탁계약체결증명서를 첨부하게 하며, 입찰기간 종료 후 일정한 날짜 안에 별도로 정한 개찰기일에 개찰을 실시하여 최고가매수신고인을 정한 다음 매각결정기일에서 매각허가결정을 하는 방법이다.

기간입찰의 입찰기간은 1주 이상, 1월 이하의 범위 안에서 정하고, 매각기일은 입찰기간이 끝날 뒤 1주 안의 날로 정한다.

기간입찰에 참여하려면 입찰기간 안에 입찰표를 집행관에게 직접 제출, 집행관을 수취인으로 해서 등기우편으로 우송하는데, 기간입찰의 경우, 연두색 용지로 된 "기간입찰표"를 작성하여야 한다.

기간입찰의 경우, 매수신청보증금을 내는 방법은 2가지이다. 입금증명서나 보증서를 제출한다. 입금증명서는 입찰기간 동안 법원보관금 취급은행에 매수신청보증금을 납부한 뒤 발급받은 보관금영수필통지서를 법원에 비치된 입금증명서 양식에 붙여서 보내는 것이다.

보증서 제출은 서울보증보험에 일정액의 보증료 지불한 뒤 발급받은 보증보험증권을 보내는 것이다.

그러나 기간입찰은 공매의 온비드 입찰과 같은 온라인 방식이 아니기 때문에 번거로운 점이 있어서 실무에서는 잘 이용되고 있지 않다.

2. 매수자격

1) 매수자격 제한

법원의 경매에는 누구나 참여하여 부동산을 매수할 수 있는 것이 원칙이다.

그러나 예외적으로 매수할 기회를 인정하는 것이 오히려 불공정하거나 매각장소의 질서유지를 위해 필요한 경우 등에는 사실상 매수하지 못하도록 제한을 하고 있다.

채무자, 매각절차에 관여한 집행관, 매각 부동산을 평가한 감정인(감정평가법인이 감정인인 때에는 그 감정평가법인 또는 소속 감정평가사)은 매수신청을 할 수 없다(민사집행규칙 제59조). 재매각절차에서 전의 매수인도 매수신청을 할 수 없다.

부동산을 매수할 자격이 없는 사람은 본인뿐만 아니라, 다른 사람을 내세워 매수신고를 하는 것도 허용되지 않는다.

행위능력이 제한되는 미성년자 등도 경매부동산을 취득할 수는 있다. 그러나 본인이 직접 매수신청을 할 수 있는 자격은 없기 때문에, 대리인을 통하여 본인의 이름으로 매수신청을 대리하도록 해야 한다.

2) 매각장소의 질서유지를 위한

매각장소의 질서를 유지하기 위하여 집행관은 ⓐ 다른 사람의 매수신청을 방해한 사람, ⓑ 부당하게 다른 사람과 담합하거나 그 밖에 매각의 적정한 실시를 방해한 사람, ⓒ그러한 행위를 교사한 사람, ⓓ 민사집행절차에서의 매각에 관하여 형법 제136조 · 제137조 · 제140조 · 제140조의2 · 제142조 · 제315조 및 제323조 내지 제327조에 규정된 죄로 유죄판결을 받고 그 판결확정일부터 2년이 지나지 아니한 사람 가운데 어느 하나에 해당한다고 인정되는 사람에 대하여는 매각장소에 들어오지 못하도록 하거나 매각장소에서 내보내거나 매수의 신청을 하지 못하도록 할 수 있다(민사집행법 제108조).

3) 제한의 효과

만약 ⓐ 최고가매수신고인이 부동산을 매수할 능력이나 자격이 없는 때, ⓑ 부동산을 매수할 자격이 없는 사람이 최고가매수신고인을 내세워 매수신고를 한 때, ⓒ 최고가매수신고인, 그 대리인 또는 최고가매수신고인을 내세워 매수신고를 한 사람이 민사집행법 제108조 각호 가운데 어느 하나에 해당되는 때에는 매각허가에 대한 이의신청 사유가 된다.

3. 준비물

매수신청을 하고자 하는 경우에는 신분증과 인장을 준비하여야 한다. 인장은 인감도장이 아니어도 상관없다.

대리인이 대리를 하는 경우에는 본인이 인감도장이 찍힌 위임장(입찰표 서식 뒷면에 인쇄되어 있음)과 본인의 인감증명서(「본인서명사실 확인 등에 관한 법률」에 따라「인감증명법」에 의한 인감증명을 갈음하여 사용할 수 있는 본인서명사실확인서와 전자본인서명확인서의 발급증을 포함한다.), 대리인의 신분증과 인장을 준비하여야 한다. 예컨대, 미성년자를 대리하여 법정대리인이 입찰하는 경우에는 가족관계증명서를 준비하여야 한다. 법인의 대표자 등이 입찰하는 경우에는 법인등기사항증명서가 필요하다.

또 매수신청을 할 때에는 최저매각가격의 10%에 해당하는 입찰보증금을 준비하여야 한다. 부동산에 대한 매수신고를 할 때에는 해당금액을 은행에서 1장의 수표로 발급받아 미리 준비하는 것이 바람직하다.

다만, 법원은 상당하다고 인정하는 때에는 입찰보증금액을 달리 정할 수 있다. 매수인이 매각대금을 납부하지 않아 재매각 되는 경우에는 실무에서는 입찰보증금을 20%로 정하고 있다.

2강 매수신청 하기

1. 입찰표 작성

1) 개요

기일입찰에서 입찰은 매각기일에 입찰표를 작성하여 집행관에게 제출하는

방법으로 한다.[12)]

입찰표에는 사건번호와 부동산의 표시, 입찰자의 이름과 주소, 대리인을 통하여 입찰을 하는 때에는 대리인의 이름과 주소, 입찰가격을 적어야 한다. 입찰가격은 일정한 금액으로 표시하여야 하며, 다른 입찰가격에 대한 비례로 표시하지 못한다.

법인인 입찰자는 대표자의 자격을 증명하는 문서를 집행관에게 제출하여야 한다. 입찰자의 대리인은 대리권을 증명하는 문서를 집행관에게 제출하여야 한다.

집행관은 매수신청인의 자격흠결로 인한 분쟁이 생기지 않도록 하기 위하여 입찰할 때, 주민등록증, 그 밖의 신분을 증명하는 서면이나 대리권을 증명하는 서면에 의하여 매수신청인이 본인인지 여부, 행위능력 또는 정당한 대리권이 있는지 여부를 확인한다.

입찰표는 입찰법정에 비치돼 있다. 다만, 서울중앙지방법원의 경우 입찰할 때 입찰법정 중앙의 경매진행 직원으로부터 입찰봉투와 입찰표를 받도록 하고 있다.

2) 입찰표 작성요령

입찰하는 경매물건의 사건번호를 기재한다. 만약 물건번호가 있는 경우에는 물건번호도 기재하여야 한다. [그림 57] 2018타경2638 사건은 사건번호는 한 개이지만 2개의 논을 각각 매각하는 것이다. 따라서 만약 매각하는 논 2필지를 모두 매수하고자 하는 경우에는 입찰표는 물건마다 별도의 용지를 사용하고, 물건번호(1, 2)를 기재하여야 한다.

---

12) 경매 입찰은 기간입찰제도의 불편성 등의 이유로 거의 실시되지 않고 있어 여기서는 기일입찰 중심으로 기술한다.

그림 57 2018타경2638 사건

2018타경2638	1	전답	경기도 화성시 봉담읍 수영리 508 [상세내역] 답 1593m²	195,939,000 195,939,000	농지취득자격증명 요함(미제출시 보증금 미반환)
	2	전답	경기도 화성시 봉담읍 수영리 509 [상세내역] 답 1230m²	142,680,000 142,680,000	농지취득자격증명 요함(미제출시 보증금 미반환)

출처: 법원경매정보(http://www.courtauction.go.kr)

〔서식 4〕 기일입찰표

〔전산양식 A3360〕 기일입찰표(흰색) 용지규격 210mm×297mm(A4용지)

(앞면)

기 일 입 찰 표

지방법원 집행관 귀하 입찰기일 : 년 월 일

사건번호	타경 호			물건번호	※물건번호가 여러개 있는 경우에는 꼭 기재
입찰자	본인	성 명	㊞	전화번호	
		주민(사업자)등록번호		법인등록번호	
		주 소			
	대리인	성 명	㊞	본인과의관계	
		주민등록번호		전화번호	−
		주 소			

입찰가격	천억	백억	십억	억	천만	백만	십만	만	천	백	십	일	원

보증금액	백억	십억	억	천만	백만	십만	만	천	백	십	일	원

보증의 제공방법 □ 현금·자기앞수표 □ 보증서	보증을 반환 받았습니다. 입찰자 ㊞

주의사항.

1. 입찰표는 물건마다 별도의 용지를 사용하십시오, 다만, 일괄입찰시에는 1매의 용지를 사용하십시오.
2. 한 사건에서 입찰물건이 여러개 있고 그 물건들이 개별적으로 입찰에 부쳐진 경우에는 사건번호외에 물건번호를 기재하십시오.
3. 입찰자가 법인인 경우에는 본인의 성명란에 법인의 명칭과 대표자의 지위 및 성명을, 주민등록란에는 입찰자가 개인인 경우에는 주민등록번호를, 법인인 경우에는 사업자등록번호를 기재하고, 대표자의 자격을 증명하는 서면(법인의 등기사항증명서)을 제출하여야 합니다.
4. 주소는 주민등록상의 주소를, 법인은 등기부상의 본점소재지를 기재하시고, 신분확인상 필요하오니 주민등록증을 꼭 지참하십시오.
5. 입찰가격은 수정할 수 없으므로, 수정을 요하는 때에는 새 용지를 사용하십시오.
6. 대리인이 입찰하는 때에는 입찰자란에 본인과 대리인의 인적사항 및 본인과의 관계 등을 모두 기재하는 외에 본인의 위임장(입찰표 뒷면을 사용)과 인감증명을 제출하십시오.
7. 위임장, 인감증명 및 자격증명서는 이 입찰표에 첨부하십시오.
8. 일단 제출된 입찰표는 취소, 변경이나 교환이 불가능합니다.
9. 공동으로 입찰하는 경우에는 공동입찰신고서를 입찰표와 함께 제출하되, 입찰표의 본인란에는 "별첨 공동입찰자목록 기재와 같음"이라고 기재한 다음, 입찰표와 공동입찰신고서 사이에는 공동입찰자 전원이 간인 하십시오.
10. 입찰자 본인 또는 대리인 누구나 보증을 반환 받을 수 있습니다.
11. 보증의 제공방법(현금·자기앞수표 또는 보증서)중 하나를 선택하여 ☑표를 기재하십시오.

(뒷면)

위 임 장

대리인	성 명		직업	
	주민등록번호	-	전화번호	
	주 소			

위 사람을 대리인으로 정하고 다음 사항을 위임함.

다 음

지방법원 타경 호 부동산

경매사건에 관한 입찰행위 일체

본인1	성 명	인감인	직 업	
	주민등록번호	-	전 화 번 호	
	주 소			
본인2	성 명	인감인	직 업	
	주민등록번호	-	전 화 번 호	
	주 소			
본인3	성 명	인감인	직 업	
	주민등록번호	-	전 화 번 호	
	주 소			

* 본인의 인감 증명서 첨부

* 본인이 법인인 경우에는 주민등록번호란에 사업자등록번호를 기재

지방법원 귀중

입찰자를 기재하고 대리인인 경우에는 본인과 대리인의 관계를 기재한다.

입찰가격은 해당 단위에 아라비아 숫자로 정확하게 기재한다.

보증의 제공방법은 입찰 보증금을 무엇으로 내는 것인지를 체크하는 것이다. 일반적으로 자기앞 수표로 제출하기 때문에 현금 · 자기앞수표에 체크한다.

3) 공동입찰

과거에는 공동입찰을 하려면 공동입찰자 상호간의 관계를 기재하여 공동입찰 허가를 받아야 했다. 그러나 이제는 누구나 자유롭게 신고만 하면 공동입찰을 할 수 있다. 공동입찰을 하는 숫자에도 제한이 없다.

다만, 2인 이상이 공동으로 입찰하는 경우에는 공동입찰신고서([서식 5])를 입찰표와 함께 제출한다.

입찰표의 본인란에는 "별첨 공동입찰자목록 기재와 같음"이라고 기재한 다음, 입찰표와 공동입찰신고서 사이에는 공동입찰자 전원이 간인한다. 별첨 공동입찰자목록([서식 6])에는 공동입찰자 각자의 지분을 분명하게 표시하여야 한다.

[서식 5] 공동입찰신고서
[전산양식 A3364]

공 동 입 찰 신 고 서

법원 집행관 귀하

사건번호 20 타경 호
물건번호
공동입찰자 별지 목록과 같음

위 사건에 관하여 공동입찰을 신고합니다.

20 년 월 일

신청인 외 인(별지목록 기재와 같음)

※ 1. 공동입찰을 하는 때에는 입찰표에 각자의 지분을 분명하게 표시하여야 합니다.
2. 별지 공동입찰자 목록과 사이에 공동입찰자 전원이 간인하십시오.

용지규격 210mm×297mm(A4용지)

[서식 6] 공동입찰신고서
[전산양식 A3365]

공 동 입 찰 자 목 록

번호	성 명	주 소		지분
		주민등록번호	전화번호	
	(인)			
		-		
	(인)			
		-		
	(인)			
		-		
	(인)			
		-		
	(인)			
		-		
	(인)			
		-		
	(인)			
		-		
	(인)			
		-		
	(인)			
		-		
	(인)			
		-		

용지규격 210mm×297mm(A4용지)

2. 입찰표 제출

1) 입찰보증금 봉투

준비한 입찰보증금은 입찰보증금 봉투에 넣고 봉인한다. 입찰보증금 봉투에도 사건번호(물건번호가 있는 경우 물건번호도 기재)를 기재하고, 날인한다. 입찰봉투 뒷면에도 날인하는 곳이 3군데 있으므로 여기에도 날인한다.

그림 58 입찰보증금봉투(앞면)

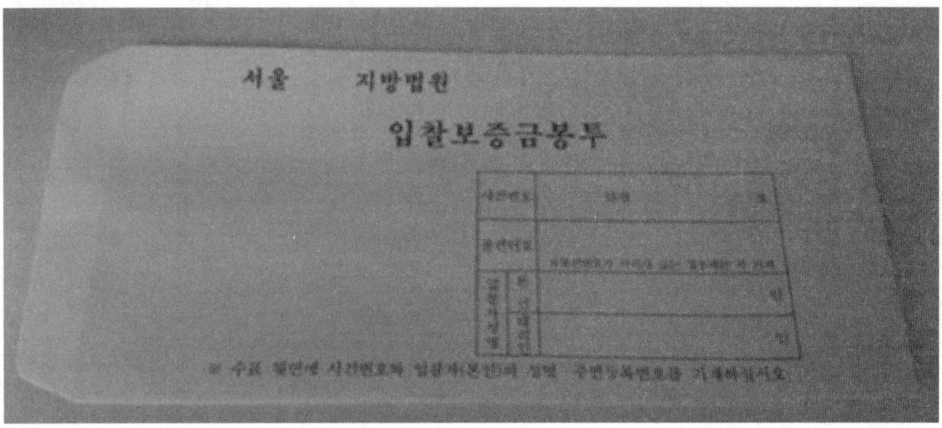

그림 59 입찰보증금봉투(뒷면)

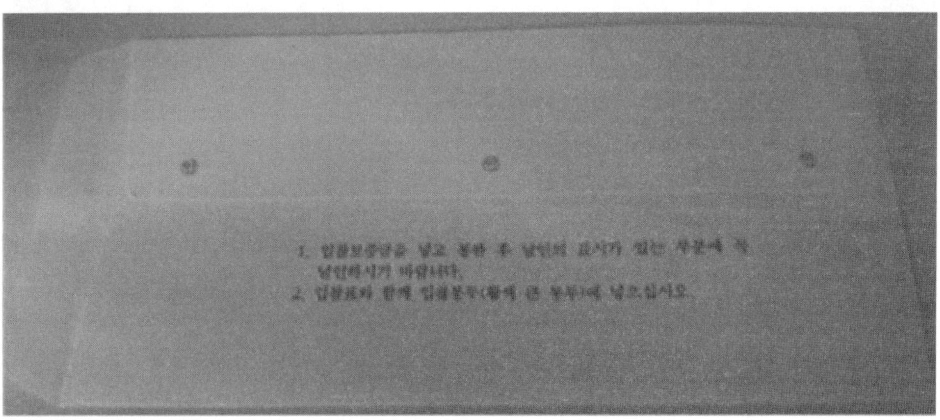

2) 입찰봉투

작성한 입찰표와 입찰보증금봉투는 입찰봉투(황색 큰 봉투)에 넣는다. 입찰봉투에도 사건 번호를 기재하고 날인한다. 입찰봉투의 뒷면에도 3군데 날인하는 곳이 있으므로 여기에 날인하여야 한다. 입찰봉투의 접는 부분을 접어 스테이플러로 찍어 봉인한다.

봉인한 입찰봉투를 제출할 때는 신분증을 제시하여 확인받는다. 신분증 확인후 입찰봉투에 있는 입찰자용 수취증에 집행관의 날인을 받은 수취증을 받게 된다. 입찰자용 수취증은 잘 보관하여야 한다. 입찰자가 최고가 매수신고인이 안된 경우에 입찰보증금을 반환받을 때 필요하기 때문이다.

그림 60 입찰봉투(앞면)

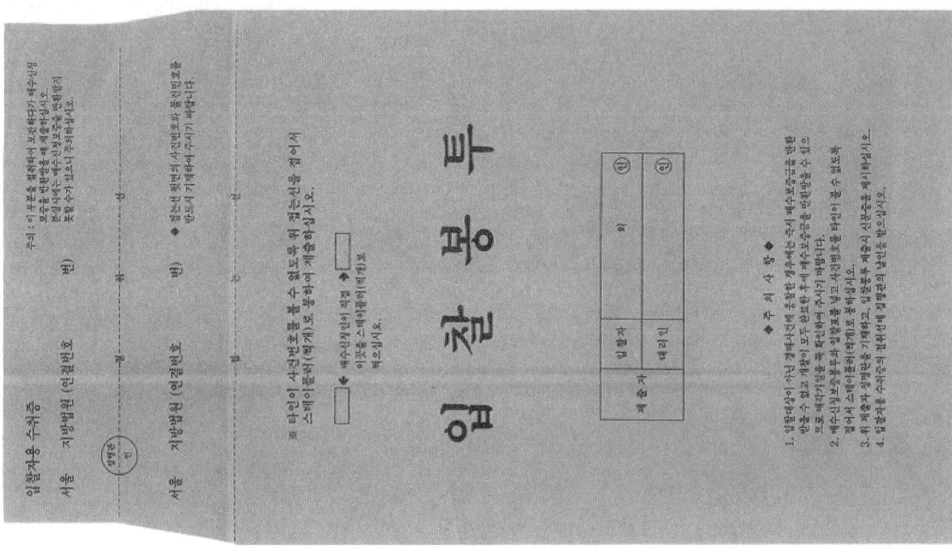

그림 61 입찰봉투(뒷면)

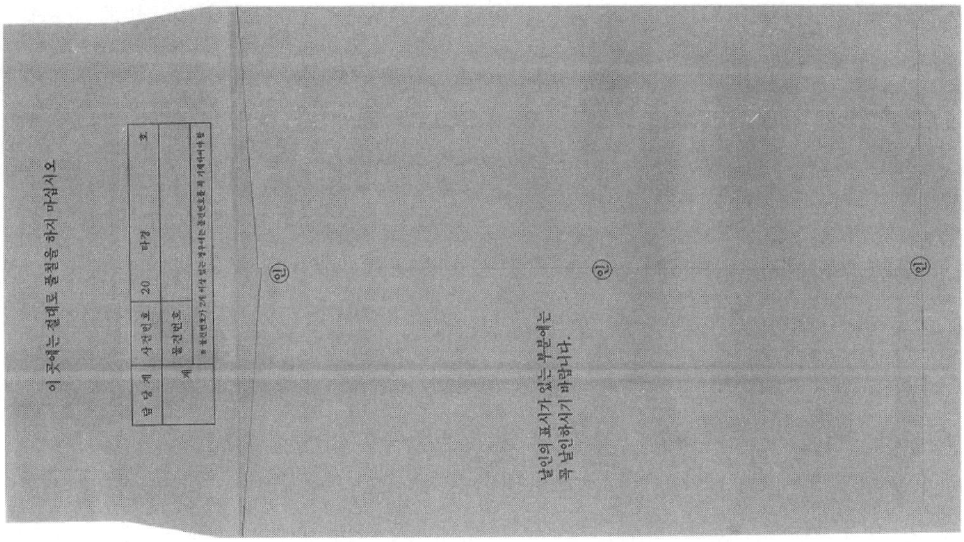

3강 매수인 결정

1. 입찰마감과 개찰

입찰은 입찰의 개시를 알리는 종을 울린 후 집행관이 입찰표의 제출을 최고하고 입찰마감시각과 개찰시각을 고지함으로써 시작한다. 입찰이 개시될 때, 작성한 입찰봉투를 제출하여야 한다.

입찰은 당일 경매에 나온 물건별로 진행하는 것이 아니라 당일 경매물건 전부에 대하여 한꺼번에 진행한다.

입찰은 입찰의 마감을 알리는 종을 울린 후 집행관이 이를 선언함으로써 마감한다. 다만, 입찰표의 제출을 최고한 후 1시간이 지나지 아니하면 입찰을 마감하지 못한다.

입찰이 마감되면 개찰을 준비한다. 입찰자가 있는 물건에 대하여 사건번호별로 정리한다. 매각기일에 입찰자가 없는 물건은 유찰된 것이다.

집행관은 제출된 기일입찰표의 기재에 흠이 있는 경우에 기일입찰표의 유 · 무효처리기준에 의하여 기일입찰표의 유 · 무효를 판단한다.

입찰표를 개봉할 때에는 집행관이 입찰을 한 사람을 참여시킨다. 입찰을 한 사람이 아무도 참여하지 아니하는 때에는 적당하다고 인정하는 사람을 참여시켜야 한다.

집행관이 입찰표를 개봉할 때에는 입찰목적물, 입찰자의 이름 및 입찰가격을 불러야 한다.

2. 최고가 매수신고인

매수신청보증은 최고의 가격으로 입찰한 사람의 것만 정하여진 보증금액에 해당하는 여부를 확인한다.

입금증명서상 입금액이 정하여진 보증금액에 미달하거나 보증서가 무효사유에 해당하는 경우에는 그 입찰자의 입찰을 무효로 하고, 차순위의 가격으로 입찰한 사람의 매수신청보증을 확인한다.

입찰에 문제가 없으면 최고의 가격으로 입찰한 사람을 최고가매수신고인으로 한다.

다만, 최고의 가격으로 입찰한 사람이 두 사람 이상일 경우에는 그 입찰자들만을 상대로 기일입찰의 방법으로 추가입찰을 실시한다.

추가입찰의 자격이 있는 사람 모두가 추가입찰에 응하지 아니하거나 또는 종전 입찰가격보다 낮은 가격으로 입찰한 때에는 그들 중에서 추첨에 의하여 최고가매수신고인을 정한다.

이 경우에도 두 사람 이상이 다시 최고의 가격으로 입찰한 때에는 그들 중에서 추첨에 의하여 최고가매수신고인을 정한다.

이 때 입찰자 중 출석하지 아니한 사람 또는 추첨을 하지 아니한 사람이 있는 경우에는 법원사무관등 상당하다고 인정되는 사람으로 하여금 대신 추첨하게 된다.

입찰절차의 종결을 고지한 때에는 최고가매수신고인 및 차순위매수신고인

외의 입찰자는 입찰자용 수취증을 교부하고 기일입찰봉투의 연결번호 및 간인과의 일치여부를 대조받고, 아울러 주민등록증을 제시하여 입찰보증금 제출자 본인인지 여부를 확인 받은 후 매수신청보증을 즉시 반환받는다. 반환받을 때에는 입찰자는 기일입찰표 하단의 영수증란에 서명 또는 날인을 하여야 한다.

제6장

경매법정 견학 및 입찰시 주의사항

1강 경매법정 견학

2강 입찰할 때 주의할 사항

3강 공유자 우선매수신고 및 차순위신고

제6장

경매법정 견학 및 입찰시 주의사항

1강 경매법정 견학

부동산경매의 입찰이 행하여지는 경매법정[13]에는 부동산을 매수신청하지 않는 사람이라고 하더라도 법정에 입장할 수 있고, 또 참관할 수 있다. 법원에 따라서 입장할 때, 검색대에서 가방 등을 검색하는 경우도 있지만(예컨대, 서울중앙지방법원), 출입에 대한 특별한 제한은 하지 않는다.

부동산경매에 관해서 열심히 공부를 하더라도 실제 입찰이 어떻게 행하여지는지 보기 위해 견학을 하는 것이 좋다. 이는 나중에 실전 경매를 위해서 좋은 경험이 될 수 있기 때문이다.

견학을 할 때에는 매각일시와 장소를 사전에 파악해 두어야 한다. 또 미리 매각공고 된 물건 중에 관심있는 물건을 선정하여 분석하고, 당일 그 물건에 대한 경매결과가 어떻게 되는지도 지켜보는 것이 바람직하다.

13) 여기서 경매법정이라고 하지만, 경매만 전담하는 경매법원이 독립하여 있는 것은 아니다.

그림 62 서울중앙지법원 경매법정 안내판

그림 63 서울중앙지법원 경매법정(4별관) 안내판

법정은 원래 재판이 열리는 엄숙한 곳이다. 그러나 입찰이 행하여지는 경매법정은 일반 법정과는 달리 엄숙한 분위기는 아니다. 경매가 과열될 때에는 매수신청하는 사람들 등으로 입추의 여지가 없는 경우도 있다. 그러나 경매법정도 법정이므로 허가를 받지 않으면, 사진 촬영 등이 금지된다.

그림 64 서울서부지법 경매법정 내부

경매법정에는 게시판이 있다. 당일 매각되는 물건과 취소, 정지, 변경된 물건에 대해서는 그 정보를 게시판에 공고하여 알리고 있다. 따라서 게시판을 통하여 매수신청하고자 하는 부동산이 그대로 매각되는지를 확인하여야 한다. [그림 65]는 서울중앙지법 경매법정의 복도 게시판에 공시한 내용이다.

그림 65 서울중앙지법 복도 게시판

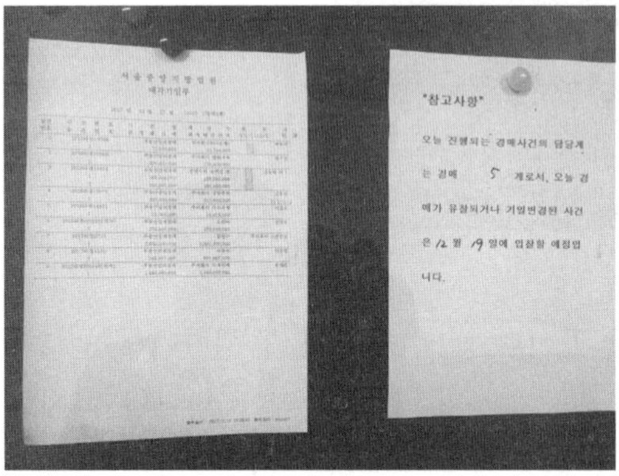

경매법정에 가면, 여러 부류의 사람들을 만나게 된다. 매수신청 희망자, 채권자, 채무자, 배당요구를 한 임차인 등의 이해관계인과 경매를 배우려고 견학

하러 온 사람 등이다. 그런데 여러 부류의 사람들 중에 빼 놓을 수 없는 사람이 경매정보제공업체에서 나온 경매정보지를 파는 사람과 경매결과를 취재하는 사람, 매각잔대금 대출을 알선하는 사람, 법무사 사무소 직원 등이다.

그림 66 경매정보제공업체의 정보지 홍보(수원지방법원)

그림 67 매각잔금대출 등의 홍보(수원지방법원)

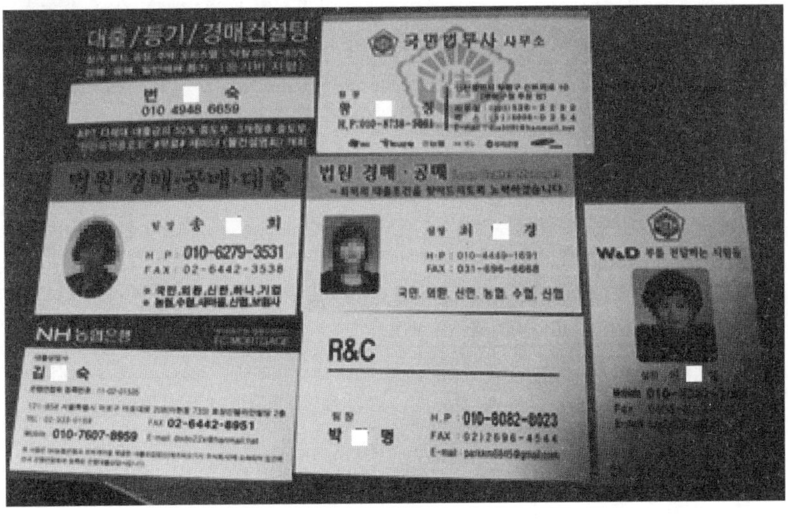

2강 입찰할 때 주의할 사항

1. 집행관의 입찰 등에 관한 주의 사항 고지

경매 부동산을 매수신청하기 위해 입찰에 참가하는 경우에는 먼저 입찰사항, 입찰방법 및 주의사항을 잘 알아야 실수를 하지 않는다. 물론 입찰이 시작되기 전에 집행관은 주의사항 등을 고지하여 준다. 집행관이 고지하는 사항은 부동산등에 대한 경매절차처리 지침〈표 10〉에서 정하고 있다.

표 10 집행관이 고지하는 사항

부동산등에 대한 경매절차처리 지침 제31조

1. 매각사건의 번호, 사건명, 당사자(채권자, 채무자, 소유자), 매각물건의 개요 및 최저매각가격
2. 일괄매각결정이 있는 사건의 경우에는 일괄매각한다는 취지와 각 물건의 합계액
3. 매각사건목록 및 매각물건명세서의 비치 또는 게시장소
4. 기일입찰표의 기재방법 및 기일입찰표는 입찰표 기재대, 그 밖에 다른 사람이 엿보지 못하는 장소에서 적으라는 것
5. 현금(또는 자기앞수표)에 의한 매수신청보증은 매수신청보증봉투(흰색 작은 봉투)에 넣어 1차로 봉하고 날인한 다음 필요사항을 적은 기일입찰표와 함께 기일입찰봉투(황색 큰 봉투)에 넣어 다시 봉하여 날인한 후 입찰자용 수취증 절취선상에 집행관의 날인을 받고 집행관의 면전에서 입찰자용 수취증을 떼어 내 따로 보관하고 기일입찰봉투를 입찰함에 투입하라는 것, 보증서에 의한 매수신청보증은 보증서를 매수신청보증봉투(흰색 작은 봉투)에 넣지 않고 기일입찰표와 함께 기일입찰봉투(황색 큰 봉투)에 함께 넣어 봉하여 날인한 후 입찰자용 수취증 절취선상에 집행관의 날인을 받고 집행관의 면전에서 입찰자용 수취증을 떼어 내 따로 보관하고 기일입찰봉투를 입찰함에 투입하라는 것 및 매수신청보증은 법원이 달리 정하지 아니한 이상 최저매각가격의 1/10에 해당하는 금전, 은행법의 규정에 따른 금융기관이 발행한 자기앞수표로서 지급제시기간이 끝나는 날까지 5일 이상의 기간이 남아 있는 것, 은행등이 매수신청을 하려는 사람을 위하여 일정액의 금전을 법원의 최고에 따라 지급한다는 취지의 기한의 정함이 없는 지급보증위탁계약이 매수신청을 하려는 사람과 은행등 사이에 맺어진 사실을 증명하는 문서이어야 한다는 것

6. 기일입찰표의 취소, 변경, 교환은 허용되지 아니한다는 것
7. 입찰자는 같은 물건에 관하여 동시에 다른 입찰자의 대리인이 될 수 없으며, 한 사람이 공동입찰자의 대리인이 되는 경우 외에는 두 사람 이상의 다른 입찰자의 대리인으로 될 수 없다는 것 및 이에 위반한 입찰은 무효라는 것
8. 공동입찰을 하는 때에는 기일입찰표에 각자의 지분을 분명하게 표시하여야 한다는 것
9. 입찰을 마감한 후에는 매수신청을 받지 않는다는 것
10. 개찰할 때에는 입찰자가 참석하여야 하며, 참석하지 아니한 경우에는 법원사무관등 상당하다고 인정되는 사람을 대신 참석하게 하고 개찰한다는 것
11. 제34조에 규정된 최고가매수신고인등의 결정절차의 요지
12. 공유자는 집행관이 매각기일을 종결한다는 고지를 하기 전까지 매수신청보증을 제공하고 우선매수신고를 할 수 있으며, 우선매수신고에 따라 차순위매수인으로 간주되는 최고가매수신고인은 매각기일이 종결되기 전까지 그 지위를 포기할 수 있다는 것
13. 최고가매수신고인 및 차순위매수신고인 외의 입찰자에게는 입찰절차의 종료 즉시 매수신청보증을 반환하므로 입찰자용수취증과 주민등록증을 갖고 반환신청 하라는 것
14. 이상의 주의사항을 장내에 게재하여 놓았으므로 잘 읽고 부주의로 인한 불이익을 받지 말라는 것

2. 첨부서류 등에 흠이 있는 경우

입찰을 할 때에는 미리 첨부서류 등을 준비하여야 하나, 준비하지 못하거나 준비한 경우에도 흠이 있는 경우가 있다. 이런 경우에 개찰에 포함시킬 것인지의 여부에 대해서는 부동산등에 대한 경매절차처리 지침에서 정하고 있다(별지 2).

〔별지 2〕

첨부서류 등에 흠이 있는 경우의 처리기준

번호	흠결사항	처리기준	비고
1	입금증명서 또는 보증서, 법인등기사항증명서, 가족관계증명서, 공동입찰자목록이 같은 입찰봉투에 함께 봉함되지 않고 별도로 제출된 경우	①직접제출 : 접수하지 않는다.	입찰봉투에 넣어 제출하도록 한다.
		②우편제출 : 접수는 하되, 개찰에는 포함시키지 않는다.	클립 등으로 입찰봉투에 편철하고, 입찰봉투와 접수부에 그 취지를 부기한다.

2	입금증명서 또는 보증서, 법인등기사항증명서, 가족관계증명서, 공동입찰자목록이 누락된 경우	개찰에 포함시키지 않는다.	
3	주민등록표등·초본이 누락되거나 발행일이 입찰기간 만료일 전 6월을 초과하는 경우	개찰에 포함시킨다.	
4	대표자나 관리인의 자격 또는 대리인의 권한을 증명하는 서면으로서 관공서에서 작성하는 증명서, 대리위임장 및 인감증명서가 누락되거나 발행일이 입찰기간 만료일 전 6월을 초과하는 경우	개찰에 포함시키지 않는다.	

※ 설립 중인 회사인 경우에는 발기인, 대표자, 준비행위 등의 소명자료를, 법인 아닌 사단이나 재단의 경우에는 정관 기타의 규약, 대표자 또는 관리인임을 증명하는 서면 등의 소명자료를 제출하여야 한다.

3. 입찰표 흠결사항에 대한 처리 기준

입찰표에는 사건번호를 비롯하여 입찰가격, 입찰보증금 등에 이르기까지 기재할 사항이 여러 가지가 있고, 날인도 하여야 한다. 그런데 이러한 사항이 일부 누락되거나 잘못 적은 경우에 이를 어떻게 처리할 것인지가 문제된다. 즉 그런 경우 입찰의 유·무효에 대한 판단기준이 문제되는데, 이에 관해서도 부동산등에 대한 경매절차처리 지침에서 정하고 있다(별지 3).

〔별지 3〕

기일입찰표의 유·무효 처리기준

번호	흠결사항	처리기준
1	입찰기일을 적지 아니하거나 잘못 적은 경우	입찰봉투의 기재에 의하여 그 매각기일의 것임을 특정할 수 있으면 개찰에 포함시킨다.

2	사건번호를 적지 아니한 경우	입찰봉투, 매수신청보증봉투, 위임장 등 첨부서류의 기재에 의하여 사건번호를 특정할 수 있으면 개찰에 포함시킨다.
3	매각물건이 여러 개인데, 물건번호를 적지 아니한 경우	개찰에서 제외한다. 다만, 물건의 지번 · 건물의 호수 등을 적거나 입찰봉투에 기재가 있어 매수신청 목적물을 특정할 수 있으면 개찰에 포함시킨다.
4	입찰자 본인 또는 대리인의 이름을 적지 아니한 경우	개찰에서 제외한다. 다만, 고무인 · 인장 등이 선명하여 용이하게 판독할 수 있거나, 대리인의 이름만 기재되어 있으나 위임장 · 인감증명서에 본인의 기재가 있는 경우에는 개찰에 포함시킨다.
5	입찰자 본인과 대리인의 주소 · 이름이 함께 적혀 있지만(이름 아래 날인이 있는 경우 포함) 위임장이 붙어 있지 아니한 경우	개찰에서 제외한다.
6	입찰자 본인의 주소 · 이름이 적혀 있고 위임장이 붙어 있지만, 대리인의 주소 · 이름이 적혀 있지 않은 경우	개찰에서 제외한다.
7	위임장이 붙어 있고 대리인의 주소 · 이름이 적혀 있으나 입찰자 본인의 주소 · 이름이 적혀 있지 아니한 경우	개찰에서 제외한다.
8	한 사건에서 동일인이 입찰자 본인인 동시에 다른 사람의 대리인이거나, 동일인이 2인 이상의 대리인을 겸하는 경우	쌍방의 입찰을 개찰에서 제외한다.
9	입찰자 본인 또는 대리인의 주소나 이름이 위임장 기재와 다른 경우	이름이 다른 경우에는 개찰에서 제외한다. 다만, 이름이 같고 주소만 다른 경우에는 개찰에 포함시킨다.
10	입찰자가 법인인 경우 대표자의 이름을 적지 아니한 경우(날인만 있는 경우도 포함)	개찰에서 제외한다. 다만, 법인등기사항증명서로 그 자리에서 자격을 확인할 수 있거나, 고무인 · 인장 등이 선명하며 용이하게 판독할 수 있는 경우에는 개찰에 포함시킨다.

<table>
<tr><td>11</td><td>입찰자 본인 또는 대리인의 이름 다음에 날인이 없는 경우</td><td>개찰에 포함시킨다.</td></tr>
<tr><td>12</td><td>입찰가격의 기재를 정정한 경우</td><td>정정인 날인 여부를 불문하고, 개찰에서 제외한다.</td></tr>
<tr><td>13</td><td>입찰가격의 기재가 불명확한 경우(예, 5와 8, 7과 9, 0과 6 등)</td><td>개찰에서 제외한다.</td></tr>
<tr><td>14</td><td>보증금액의 기재가 없거나 그 기재된 보증금액이 매수신청보증과 다른 경우</td><td rowspan="2">매수신청보증봉투 또는 보증서에 의해 정하여진 매수신청보증 이상의 보증제공이 확인되는 경우에는 개찰에 포함시킨다.</td></tr>
<tr><td>15</td><td>보증금액을 정정하고 정정인이 없는 경우</td></tr>
<tr><td>16</td><td>하나의 물건에 대하여 같은 사람이 여러 장의 입찰표 또는 입찰봉투를 제출한 경우</td><td>입찰표 모두를 개찰에서 제외한다.</td></tr>
<tr><td>17</td><td>보증의 제공방법에 관한 기재가 없거나 기간입찰표를 작성 · 제출한 경우</td><td>개찰에 포함시킨다.</td></tr>
<tr><td>18</td><td>위임장은 붙어 있으나 위임장이 사문서로서 인감증명서가 붙어 있지 아니한 경우, 위임장과 인감증명서의 인영이 틀린 경우</td><td>개찰에서 제외한다.</td></tr>
</table>

4. 입찰가격 오기와 매각불허가 여부

입찰표를 작성할 때, 본인이 매수하고자 하는 가격을 입찰가격란에 정확하게 기재하여야 한다. 입찰가격란에는 숫자 단위가 1단위부터 천억 단위까지 있고, 해당 단위 란에 아라비아 숫자로 표기를 하여야 한다.

그러나 경매 초보자이거나 아니면 시간에 쫓겨 숫자 단위를 잘못 기재하는 황당한 실수로 엄청난 해프닝이 발생하고, 언론에 보도되어 가십거리로 회자되는 사례도 있다.

경북 구미시 산동리 임야 약 1455평에 대해서 최저매각가격 4,089만 500원으로, 13명이 입찰했는데 입찰자 가운데 한 사람이 1억9,380만 원을 기재한다는 것이 0을 하나 더붙여 19억3,800만원을 써서 최고가 매수신고인이 되었다. 이 때문에 낙찰가율 4739.14%에 매각되는 해프닝이 발생하였다.

이에 대하여 최고가 매수신고인이 매각불허가신청을 하였으나, 법원에서는 받아주지 않고 매각허가를 하였다. 이로 인해 매수인은 결국 잔금을 납부하지 않고 매수를 포기하였으며, 이미 낸 입찰보증금은 돌려받을 수 없었다.

이후에 진행된 매각절차에서 이 임야는 2억1,800만원에 매각되어 종결되었다.

그림 68 입찰가격 기재 실수(2005타경1383)

물건번호	1				
사건번호	2005-1383 강제	물건용도	임야	조회수	오늘 1 전체 17
감정평가액	40,893,500원	채권자	근로복지공단	개시결정일	2005.02.19
최저경매가	(100%) 40,893,500원	채무자	가나엠티(주)	감정기일	2005.03.02
입찰보증금	(20%) 8,178,700원	소유자	가나엠티(주)	배당종기일	2005.04.20
청구금액	63,115,340원	유찰횟수	0회	차기예정일	배당
경매대상	토지 매각	건물총면적		토지총면적	4811㎡(1455.33평)

그림 69 입찰가격 기재 실수(2005타경1383)

소 재 지	면적(단위:m^2)	경매진행결과	임차관계	등기부상권리관계
(730-853) 경북 구미시 산동면 신당리 22-5		낙찰 2005.04.25 213,000,000 (520.87%) 응찰 54명 낙찰 2005.06.22 1,938,000,000 (4,739.14%) 응찰 13명 낙찰 2005.08.25 218,000,000 (533.09%) 응찰 9명 ■ 종국 결과 ■ 배당 2005.10.31	•임차무-소유자사용 배당종기일 2005.04.20 ■ 관할동사무소 ■ 산동면사무소 산동면 적림리 91 ☎ 054-480-5807	• 토지등기 소 유 가나엠티(주) 1995.10.13 근 저 신용보증 2004.01.29 5억 압 류 국민건강보험 2004.03.18 압 류 국민연금 2004.06.01 가 압 근로복지공단 2004.09.03 6311만5340 압 류 구미시 2004.10.29 강 제 근로복지공단 2005.02.19 ★등기내용문제없음 청구액 63,115,340
■ 감정평가서 요약 ■ · 우항동마을동측인근 · 중소규모공장,농가주택 · 농경지형성 · 인근차량출입가 · 대중교통보통 · 부정형/북측하향경사 · 맹지나인접지경유출입가 · 자연녹지지역 ■ 부동산 규제사항 ■ 토지거래허가지역	임 야 · 4811 (1455.33평) 표준공시 8,000 감정지가 8,500 감정기관 동아감정			

그럼 이렇게 입찰가격에 0을 하나 더 붙여 황당한 실수를 하여 원하지 않는 최고가매수신고인이 된 경우, 입찰보증금을 몰수당하지 않기 위하여 매각불허가를 주장할 때 법원에서는 입찰자의 실수 탓으로 돌리고 원칙대로 허가를 해야 할 것인가?

이런 사례 중에는 객관적으로 봐도 명백하고 황당한 실수임이 인정되는 경우, 법원에 따라서는 매각불허가 결정을 해 준 사례도 있다.

예컨대, 울산지방법원의 경매 5계에서 진행한 감정가 5,000만원의 남구 야음동 도산아파트 20.3평형은 5,850억원에 낙찰돼 낙찰가율이 117만%에 이르기도 했는데, 다행히 매각불허가 결정을 하였다([그림 70]).[14]

---

14) 울산지방법원에서 몇 건 입찰가격 기재 실수의 역사적 해프닝이 발생하였다. 가장 기록적인 사건은 2006년 8월 8일 울산지방법원 경매6계에서 입찰한 울산 남구 무거동 소재 우성빌라 46.33평 경매사건이다. 이 물건은 감정가 1억1,500만원이지만, 무려 1조1,500억원에 낙찰돼서 감정가 대비 낙찰가율은 100만%에 달했다. 이는 입찰자가 입찰가 기재란 마지막 칸에 한글로 '만' 자를 써낸 것이 문제가 됐다. 원래 입찰가 기재란에는 금액 단위가 '원' 이어서 숫자만 기재하면 되지만, 이 입찰자는 '115,000,000(원)' 으로 써야 할 것

그림 70 울산지법 2005타경36207

사진	매각기일 용도	물건기본내역	감정가 최저가	상태	조회수
	2006.09.28	울산5계 **2005-36207** 울산 남구 야음동 [재매각] 건물 66㎡ (20평)[20.3평형] | 토지 46㎡ (14평)	50,000,000 50,000,000	(100%)	391

출처: 지지옥션(http://www.ggi.co.kr)

이러한 입찰가격 기재를 실수하는 황당한 사건이 전국에서 각 법원마다 심심치 않게 발생하자 결국 그런 경우 입찰자의 딱한 실수를 인정하고, 매각불허가 결정을 해줘서 입찰보증금을 몰수 당하지 않도록 해줘야 하는지가 문제되었고, 이와 관련하여 결국 판례를 남기게 되었다. [그림 71]은 용인시 보정구에 있는 죽현마을 동원로얄듀크 아파트가 경매에 나온 사건이다. 최초의 감정가는 9억5,000만 원이다.15)

그림 71 수원지법 2008타경1032

아모스리치옥션	매각기일 : 2010-10-14 10:30 (목)	수원지방법원 경매5계 2008타경1032

소재지	경기도 용인시 기흥구 보정동 1271 죽현마을 동원로얄듀크 311동 21층 2105호				사건접수 2008-01-08
물건종별	아파트	채권자	주식회사국민은행	감정가	750,000,000원
매각대상	토지 및 건물일괄매각	채무자	송O신	최저가	(64%) 480,000,000원
토지면적	0.00m² (0.00평)	소유자	송O신	보증금	(10%) 48,000,000원
건물면적	125.50m² (37.96평)	배당종기일	2008-04-10	청구금액	486,519,740원
입찰방법	기일입찰	개시결정	2008-01-08	다음로드뷰	사진더보기

기일현황 입찰24일전

NO	매각기일	최저입찰가	결과
5	2010-07-23	750,000,000	유찰
6	2010-09-03	600,000,000	유찰
7	2010-10-14	480,000,000	매각
낙찰가 : 586,130,000원			
낙찰률 : 78%			

출처: 아모스리치옥션(http://www.amosauction.com)

을 '115,000,000만(원)'으로 써낸 것이다. 이에 대해서 법원에서는 매각불허가신청을 받아 줘서 이 입찰자는 보증금을 몰수당하지 않았다.

15) [그림 71]에서는 감정가가 7억5,000만 원으로 기재되어 있으나, 이는 9억5,000만 원의 오기로 보인다.

이 아파트에 대한 경매 진행 결과 3번 유찰된 후, 제4회 매각기일에서 최저매각가격은 4억 8,640만 원이었다. 이 날 총 16명이 입찰하였는데, 입찰자 조모씨가 53억2,800만 원을 써 내서 최고가 매수신고인이 되었다. 5억3,200만 원을 입찰가격으로 기재하려 하였는데 실수로 '0'을 하나 더 기재하였던 것이다.

이에 대하여 매각불허가 신청을 하였고, 사법보좌관은 입찰가격에 중대한 오기를 한 것으로 보인다는 이유로 매각불허가 결정을 하였고, 수원지법에서도 매각불허가결정을 인가하였다.

그러나 이에 대하여 채무자와 근저당권자 등의 이해관계인들이 불복하여 항고하였다.

그림 72 수원지법 2008타경1032의 매각진행 결과

회차	매각기일	최저매각금액	결과
신건	2008-10-23	950,000,000원	유찰
2차	2008-11-27	760,000,000원	유찰
3차	2009-01-09	608,000,000원	유찰
4차	2009-02-19	486,400,000원	변경
4차	2009-03-11	486,400,000원	매각
조 o 구/입찰16명/매각5,328,000,000원(710%)			
	2009-03-18	매각결정기일	불허가
4차	2010-04-20	486,400,000원	변경
4차	2010-05-28	486,400,000원	변경
신건	2010-07-23	750,000,000원	유찰
2차	2010-09-03	600,000,000원	유찰
3차	2010-10-14	480,000,000원	매각
김 o순외1/입찰5명/매각586,130,000원(78%)			

출처: 다음 카페

http://cafe.daum.net/learnauction/9diH/34?q=2008%ED%83%80%EA%B2%BD1032

대법원에서는 매수인이 착오로 입찰가격을 높게 기재했더라도 매각불허가를 할 수 없다고 판단하였다.

민사집행법에 의한 부동산 경매절차에서는 민사집행법 제121조 각 호 및 제124조 제1항에 규정된 사유가 아닌 이상 매각을 불허할 수 없고, 최고가매수신고인이 착오로 자신이 본래 기재하려고 한 입찰가격보다 높은 가격을 기재하였다는 사유는 민사집행법 제121조 각 호 및 제124조 제1항의 어디에도 해당한다고 볼 수 없으므로, 결국 그러한 사유로는 매각을 불허할 수 없다(대법원 2010. 2. 16. 자 2009마2252 결정).

3강 공유자 우선매수신고 및 차순위신고

1. 공유자우선매수제도

1) 의의

부동산의 공유자는 공유물 전체를 이용 · 관리하는 데 있어서 다른 공유자와 협의하여야 하고(민법 제265조), 그밖에 다른 공유자와 인적인 유대관계를 유지할 필요가 있다.

이런 점을 고려하여 공유 지분이 경매로 매각되는 경우, 공유지분의 매각으로 인하여 새로운 사람이 공유자로 되는 것보다는 기존의 공유자에게 우선권을 부여하여 그 공유지분을 매수할 수 있는 기회를 주는 것이 타당하다.

민사집행법에서는 공유자에게 우선매수권을 인정하여 공유자는 매각기일까지 매수신청의 보증을 제공하고 최고매수신고가격과 같은 가격으로 채무자의 지분을 우선매수 하겠다는 신고를 할 수 있다(민사집행법 제140조 1항).

그림 73 부동산 공유지분 경매 물건

사진	매각기일 용도	물건기본내역	감정가 최저가	상태	조회수	추가정보
	2016.10.20 40일전	중앙7계 2016-101403 서울 강남구 삼성동 [토지별도등기 지분매각] 건물 54㎡ (16평) | 토지 25㎡ (8평)	475,000,000 380,000,000	(80%)	220 (유찰1회)	· 세대조사 · 특수권리분석 - 별도등기

출처: 지지옥션(http://www.ggi.co.kr)

그림 74 공유자 우선매수권 행사

사건내역 | 기일내역 | 문건/송달내역 | 인쇄 | < 이전

● 문건처리내역

접수일	접수내역	결과
2016.04.01	채권자 소송대리인 법무법인수성,김익환,문제철,박경석 보정서 제출	
2016.04.08	채권자 소송대리인 법무법인수성,문제철 보정서 제출	
2016.04.12	등기소 서울중앙지방법원 등기국 등기필증 제출	
2016.04.21	채권자 소송대리인 법무법인수성,문제철 보정명령에 관한 의견서 제출	
2016.04.22	감정인 서초감정평가사사무소 감정서 제출	
2016.04.25	집행관 국정식 현황조사보고서 제출	
2016.04.25	기타 박문도 감정평가서 제출	
2016.04.28	교부권자 국민건강보험공단 강남동부지사 교부청구서 제출	
2016.04.29	교부권자 국민건강보험공단강남동부지사 교부청구서 제출	
2016.06.15	교부권자 국민건강보험공단강남동부지사 교부청구서 제출	
2016.06.29	가처분권자 양지영 배당요구신청 제출	
2016.06.30	채권자 소송대리인 법무법인수성,김익환,문제철 채권계산서 제출	
2016.06.30	채권자 소송대리인 법무법인수성,김익환,문제철 배당요구신청서 제출	
2016.07.07	압류권자 서울특별시강남구 교부청구서 제출	
2016.08.03	교부권자 서울특별시 교부청구서 제출	
2016.08.23	공유자 이OO 공유자우선매수신고서 제출	
2016.09.08	집행관 권태원 기일입찰조서 제출	

출처: 법원경매정보(http://www.courtauction.go.kr)

2) 공유자우선매수권의 제한

그러나 공유자우선매수권은 공유물분할경매, 일괄매각 경매에서 일부 부동산 소유자인 경우, 구분소유적 공유관계에 있는 자, 아파트와 같은 집합건물에서 구분소유자의 대지권으로 그 부지에 공유지분으로 등기한 경우에는 제한된다.

또한 공유지분 전체가 매각되는 경우에도 제한된다. 공유지분전체가 매각되는 경우에는 경매기입등기(압류)이후에 일부지분을 취득한 지분권자는 압류후 소유권을 취득한 자에 해당하기 때문에 공유자우선매수청구권을 행사할 수 없다.

이러한 공유자우선매수권 자체의 제한 외에도 경매실무에서는 행사상의 제한을 가하고 있다. 공유자가 공유자우선매수권을 남용하여 낙찰가를 부당히 낮추는 사례가 있기 때문에 이를 경계하기 위하여 우선매수신청을 할 수 있는 기회를 1회로 제한하는 것이다.

그림 75 공유자우선매수권 행사의 제한

서울중앙지방법원 **2015타경9814**	1 임야	서울특별시 서초구 원지동 산72 [토지 임야 77163㎡ 12분의 2 한재호 지분 전부]	. 공유자 우선매수신청은 한 번에 한함. . 감정평가액은 전체를 기준으로 한 단가를 적용하되 지분에 상응하는 매각이며 입목 등은 임지에 포함하여 평가하였고, 본건 지상에 소유자 미상의 축사 및 창고 등은 제외한 금액임 . 본건 지상에 매각에서 제외되는 소유자 미상의 축사 및 창고 등으로 이용중인 비닐하우스의 경우 법정지상권 성립 여지 있음.	1,337,492,000 438,270,000 (32%)	경매5계 2016.09.13 유찰 5회

출처: 법원경매정보(http://www.courtauction.go.kr)

그림 76 당사자 내역(공유자)

● 목록내역

목록번호	소재지	목록구분	비고
1	서울특별시 서초구 원지동 산72	토지	미종국

● 당사자내역

당사자구분	당사자명	당사자구분	당사자명
채권자	강대원	채무자겸소유자	한 호
공유자	김 순	공유자	박 남
공유자	신 정	공유자	신 주
공유자	이 록	공유자	이 민
공유자	이 영	공유자	이 원
공유자	이 달	공유자	이 향
공유자	이 관	공유자	이 윤
공유자	전 수	공유자	전 수
공유자	전 표	공유자	전 수
공유자	전 수	공유자	조 형
공유자	황 봉	공유자	기획재정부
교부권자	성북세무서	교부권자	용산세무서
교부권자	서울특별시서초구	교부권자	남대문세무서
점유자	서	점유자	윤 윤
점유자	조 범(본건 공유자)		

출처: 법원경매정보(http://www.courtauction.go.kr)

3) 공유자우선매수권의 행사

공유자의 우선매수의 신고는 집행관이 매각기일을 종결한다는 고지를 하기 전까지 할 수 있다(민사집행규칙 제76조 1항).

공유자는 매각기일 전에 미리 매각을 실시할 집행관 또는 집행법원에 매수신청 보증을 제공하고 최고매수신고가격과 같은 가격으로 우선매수권을 행사하겠다는 신고를 함으로써 우선매수권을 행사할 수도 있다.

그러나 미리 우선매수권을 행사하였다고 하여도 매각기일 종결의 고지 전까지 보증을 제공하지 않으면 우선매수권행사의 효력이 발생하지 않는다. 만약 매각기일 전에 우선매수신고가 들어 온 경우, 실무에서는 경매기록 표지에 공유자의 우선매수신청이 있다는 취지를 적어 둠으로써 집행관이 매각절차시에 이를 간과하지 않도록 하고 있다.

4) 공유자우선매수권 행사의 효과

공유자가 우선매수신고를 한 경우 법원은 최고가매수신고가 있더라도 그 공유자에게 매각을 허가하여야 한다. 여러 사람의 공유자가 우선매수 하겠다는 신고를 한 경우에는 특별한 협의가 없으면 공유지분의 비율에 따라 채무자의 지분을 매수하게 한다.

공유자가 우선매수신고를 하였으나 다른 매수신고인이 없는 때에는 최저매각가격을 최고가매수신고가격으로 본다.

공유자가 우선매수신고를 하였으나, 다른 매수신고인이 없는 때에는 최저매각가격을 최고매수신고가격으로 보아(민사집행규칙 제76조 2항), 우선매수를 인정한다. 원래 최고가 매수신고인이 없는 때에는 최저매각가격을 상당히 낮추어 새 매각기일을 진행하게 된다. 그러나 그것보다는 공유자가 최저매각가격으로 매수하는 것이 경매의 당사자나 이해관계인에게 유리하기 때문이다.

공유자가 우선매수신고를 한 경우, 최고가매수신고인은 절차상 차순위매수신고인으로 취급한다. 공유자의 우선매수신고에 따라 최고가매수신고인은 자신을 차순위매수신고인으로 취급하여 달라는 신고나 의사표시 없이 바로 위 규정에 따라 차순위매수신고인이 된다. 즉, 이 경우 최고가매수신고인은 자신의 의사와 관계 없이 우연한 사정에 따라 최고가매수신고인이 되지 못하게 될 뿐만 아니라, 나아가 차순위매수신고인이 되어 매수신청의 보증도 돌려받지 못하는 불합리한 지위에 있게 된다.

따라서 이 경우 차순위매수신고인의 지위를 갖는 최고가매수신고인은 집행관이 매각기일을 종결한다는 고지를 하기 전까지 차순위매수신고인의 지위를 포기할 수 있다.[16)]

16) 차순위매수신고인의 지위가 유동적인 상태에 놓이는 것은 절차의 안정을 위하여 바람직하지 아니하므로, 그 포기의 의사표시는 집행관이 매각기일을 종결한다는 고지를 하기 전까

2. 차순위매수신고제도

1) 의의

입찰에서 최고가매수신고인을 결정하고 입찰을 종결하는 때에는 집행관은 "○○○호 사건에 관한 최고가매수신고인은 매수가격 ○○○원을 신고한 ○○(주소)에 사는 ○○○(이름)입니다.

차순위매수신고를 할 사람은 신고하십시오"하고 차순위매수신고를 최고한 후, 차순위매수신고가 있으면 차순위매수신고인을 정하여 "차순위매수신고인은 매수가격 ○○○원을 신고한 ○○(주소)에 사는 ○○○(이름)입니다"라고 한 다음, "이로써 ○○○호 사건의 입찰절차가 종결되었습니다"라고 고지한다.

최고가매수신고인이 매각대금납부를 게을리 한 경우에는 재매각절차를 되풀이한다면 절차지연과 비용낭비를 초래할 수 있다. 따라서 이런 결과를 피하기 위하여 최고가매수신고인이 매수를 포기하거나 대금을 납부하지 않는 경우에는 매수할 후보를 미리 정하는 것이 차순위매수신고제도이다. 차순위매수신고제도를 도입함으로써 재매각 절차를 거치지 아니하고 당해 매각절차를 속행할 수 있다(민사집행법 제114조).

2) 요건

차순위매수신고는 그 신고액이 최고가매수신고액에서 그 보증액을 뺀 금액을 넘는 때에만 할 수 있다(민사집행법 제114조 2항).

차순위매수신고는 입찰에서 2등을 한 사람만 할 수 있는 것은 아니며, 차순위 매수신고의 조건만 갖추면 누구든지 할 수 있다. 차순위 매수신고액+입찰보증금이 최고가 매수신고인의 매수신고액(입찰금액)보다 크다면 순위에 관계없이 누구나 할 수 있다.

예컨대, [그림 77]의 부동산경매에 〈표 11〉과 같이 4명이 입찰하였다. 그렇다면 만약 구로구 K가 최고가매수신고인이나 매각대금을 납부하지 않고 포기

지로 제한하고 있는 것이다.

하면 법원에서는 이미 K씨의 보증금 1,600만원을 배당금으로 확보한 것이다. 그런데 K씨가 2억 원에 매수신고 하였으므로 1억 8천4백만 원(2억-1,600만=1억 8천4백만) 이상으로 매수신고한 L씨와 P씨가 차순위매수신고를 할 자격이 있는 것이다.

만약 L과 P가 다같이 차순위매수신고를 한 경우에는 차순위매수신고인은 1명만 가능하기 때문에 2인 이상이 차순위 매수신고를 하면 그 중 가장 높은 가격을 쓴 사람에게 그 지위를 부여하여 L씨에게 그 지위가 부여되는 것이다.

그림 77 서울중앙지법 2015타경15406

서울중앙지방법원 2015타경15406	2 연립주택 다세대 빌라	서울특별시 동작구 사당동 1005-22 2층202호 [집합건물 철근콘크리트구조 32.16㎡]		200,000,000 160,000,000 (80%)	경매1계 2016.09.20 유찰 1회

출처: 법원경매정보(http://www.courtauction.go.kr)

표 11 2015타경15406 입찰예시

입찰자	매수신고가격	매수신청보증	순위	비고
구로구 K	2억	1,600만	1등	최고가매수신고인
서초구 L	1억 9천만	1,600만	2등	
마포구 P	1억 8천500만	1,600만	3등	
종로구 J	1억 7천만	1,600만	4등	

즉, 만약 차순위매수신고를 한 사람이 둘 이상인 때에는 입찰할 때 신고한 매수가격이 높은 사람을 차순위매수신고인으로 정한다. 신고한 매수가격이 같은 때에는 추첨으로 차순위매수신고인을 정한다(민사집행법 제115조 2항).

3) 차순위매수신고인의 지위

차순위매수신고는 한번 하면 임의로 철회할 수 없다. 차순위매수신고인은 입찰보증금을 반환받지 못하며, 경매가 취하되거나 최고가매수인이 대금을 모두 지급한 때에야 비로소 매수의 책임을 벗게 되고, 자신의 매수신청 보증을 돌려 줄 것을 요구할 수 있다(민사집행법 제142조 6항).

매수신고가 있은 뒤 채권자가 경매신청을 취하하는 경우에는 최고가매수신고인 또는 매수인 뿐만 아니라 차순위매수신고인의 동의도 받아야 그 효력이 생긴다(민사집행법 제93조 2항).

최고가매수신고인이 매각대금을 납부하지 아니할 경우에는 다시 재매각을 실시하지 않고, 바로 차순위매수신고인에게 매각허가결정을 한다. 단순히 최고가매수인에게 매각허가불허가결정이 있었다고 해서 최고가매수신고인에 대신하여 차순위매수신고인에게 매각허가결정을 해서는 안된다.17)

만약, 최고가 매수신고인과 차순위 매수신고인 모두가 잔금을 납부하지 않아 재매각 절차가 진행되면, 재매각기일 3일전까지 최고가 매수신고인과 차순위 매수신고인 중 먼저 매각대금을 납부한 매수인이 소유권을 취득한다.

---

17) 대법원 2011.02.15. 자 2010마1793 결정: 부동산에 대한 강제경매절차에 있어서 최고가매수신고인에 대한 매각이 불허된 경우에는 민사집행법 제114조 소정의 차순위매수신고제도에 의한 차순위매수신고인이 있다고 하더라도 그에 대하여 매각허가결정을 하여서는 안 되고, 새로 매각을 실시하여야 한다. 매수인이 대금을 지급하지 아니한 경우에 차순위매수신고인에 대하여 매각을 허가할 것인지를 결정하도록 규정한 같은 법 제137조 제1항의 취지는, 매수인이 대금을 지급하지 않음으로써 매각대금의 일부가 되는 매수신청의 보증금과 차순위매수신고인의 매수신고액의 합이 최고가매수신고인의 매수신청액을 초과하므로(같은 법 제114조 제2항 참조) 재매각을 실시하지 아니하고 당해 매각절차를 속행할 수 있도록 한다는 데 있다고 볼 것이다. 그런데 최고가매수신고인에 대한 매각불허가가 있는 경우에는 그 매수신청의 보증금이 매각대금에 포함되지 아니하므로, 그와 같은 취지를 여기에 적용할 수 없는 것이다.

제7장

부동산에 관한 권리와 등기사항증명서 보는 방법

1강 부동산에 관한 권리가 무엇인가요?

2강 등기사항증명서는 어디서 볼 수 있나요?

3강 등기사항증명서는 어떻게 판독해요?

제7장

부동산에 관한 권리와 등기사항 증명서 보는 방법

1강 부동산에 관한 권리가 무엇인가요?

1. 권리의 이해

1) 채권

우리가 재산권을 가지고 있다고 할 때, 재산권은 경제적 가치가 있는 이익의 보호를 목적으로 하며 금전으로 평가될 수 있는 권리의 총칭으로서, 물권·채권·무체재산권 등이 이에 속한다.

그런데 채권은 특정인에 대하여 특정의 행위(급부)를 청구할 수 있는 권리이다. 즉, 작위(예컨대, 물건의 인도나 사무의 처리) 또는 부작위(예컨대, 건축금지)의 이행을 청구할 수 있다.

채권은 특정인에 대한 권리이기 때문에 그 효력이 원칙적으로 특정인인 채무자에게만 미치며(상대권), 그 채무자에게 특정한 행위의 요구만을 할 수 있는 권리(청구권)이다.

예컨대, 매도인 을과 매수인 갑이 을 소유 주택에 대한 매매계약을 체결한 경우, 을은 갑에 대하여 매매대금을 청구할 수 있는 채권을 갖는다.

소유권을 취득한 갑에게 주택을 담보로 A은행이 1억 원을 대출한 경우, A은행은 소비대차에 의한 금전채권을 갖는다. 갑이 인테리어업자 B에게 인테리어 공사를 시킨 경우에는 B는 도급에 기한 공사비 채권을 가지며, 갑이 주택을 C

에게 보증금 1억 원에 세를 놓은 경우, C는 주택을 사용 · 수익할 수 있는 권리와 임대차 종료시 보증금반환 채권을 갖는다.

2) 물권

물권이란 특정한 물건을 직접적, 배타적으로 지배하는 것을 내용으로 하는 권리이다.

예컨대, 을이 소유자인 주택(부동산)을 갑이 매수하여 매매대금을 지급하고 소유권을 이전 받은 경우, 갑은 이 주택을 사용 · 수익 · 처분할 수 있는 소유권과 주택을 지배할 수 있는 점유권을 갖게 된다.

소유권자가 된 갑이 만약 이 주택을 담보로 A은행에서 대출을 받은 경우, A은행은 채무자가 빚을 갚지 않았을 때에는 갑의 행위를 기다리지 않고 담보로 잡은 주택을 경매로 처분하여 대출금을 우선변제 받을 수 있는 권리인 저당권(근저당권)을 가지게 된다.

갑이 인테리어업자 B에게 인테리어 공사를 하고 공사비를 주지 않아 B가 공사비를 받을 때까지 주택을 점유하는 경우, 인테리어업자 B는 갑이 공사비를 줄 때까지 이 주택을 점유하며 주택의 반환을 거절 할 수 있는 유치권을 갖게 된다.

갑이 만약 이 주택을 C에게 보증금 1억원에 전세를 주고 전세권 설정을 한 경우에는 C는 전세의 존속기간 동안 주택을 사용하고 전세금을 반환 받기 위해 주택을 경매하여 우선변제 받을 수 있는 전세권을 갖게 된다.

3) 물권법정주의와 물권의 종류

(1) 물권법정주의

물권은 채권보다 상대적으로 힘이 쎈 권리이기 때문에 당사자가 합의에 의하여 새로운 종류의 물권을 만들어내지 못하도록 하고 있다. 부동산에 대한 물권은 원칙적으로 등기를 하여 제3자가 알 수 있도록 공시를 하여야 하는데, 그 종류가 너무 많아지면 공시하기가 어렵기 때문이다.

따라서 우리 민법에서는 물권은 법률 또는 관습법에 의하는 외에는 임의로 창설하지 못한다고 하는 물권법정주의를 채택하고 있다(민법 제185조).

(2) 물권의 종류

물권의 종류는 관점에 따라 여러 가지로 분류할 수 있다. 발생원인과 법적 근거에 따라 민법상의 물권, 관습법상의 물권, 민법 외의 기타 법률상의 물권으로 나눌 수 있다.

물권은 민법상의 물권만 있는 것이 아니라 민법 외에 상법이나 공장 및 광업재단저당법 등에에 의한 물권도 존재한다. 예컨대, 공장에 속하는 일정한 기업용 재산으로 구성되는 일단의 기업재산인 공장재단이 소유권과 저당권의 목적이 되기도 한다. 따라서 이러한 특별법에 의해 물권을 가지고 있는 자가 물권의 대상인 공장이나 선박 등에 대한 경매를 신청하여 공장이나 선박 등이 경매에 나오는 것이다.

그림 78 공장 경매

수원지방법원 **2016타경5114** 2015타경45122 (중복) 2017타경9526 (병합)	1 기타	경기도 화성시 팔탄면 율암리 506 [토지 공장용지 995m²] 경기도 화성시 팔탄면 율암리 506 [건물 철골조 샌드위치판넬지붕 2층 공장 1층 560m² 2층 560m²] 경기도 화성시 팔탄면 율암리 506-6 [토지 공장용지 728m²] 경기도 화성시 팔탄면 율암리 506-6 [건물 철골조 샌드위치판넬지붕 2층 공장 1층 280m² 2층 280m²] 경기도 화성시 팔탄면 율암리 506-7 [토지 도로 267m²] 경기도 화성시 팔탄면 율암리 506-8 [토지 창고용지 1242m²] 경기도 화성시 팔탄면 율암리 506-8 [건물 철골조 샌드위치 판넬지붕 단층 창고시설 444m² 철골조 샌드위치 판넬지붕 단층 제2종 근린생활시설 49m²] 경기도 화성시 팔탄면 율암리 506-9 [토지 공장용지 997m²] 경기도 화성시 팔탄면 율암리 506-9 [건물 철골조 슬라브지붕 단층공장 492.48m²] 경기도 화성시 팔탄면 율암리 506-10 [토지 도로 16m² 공장 및 광업재단법 제6조 목록 있음.] 경기도 화성시 팔탄면 율암리 509-8 [토지 대 40m²]	1. 일괄매각. 제시외 건물 및 기계 · 기구 목록 포함(AIR PRESS외 64점은 소재불명임). 2. 목록8. 지상에 매각외 컨테이너 1동(사무실)이 소재함. 3. 목록11. 지상에 수변전시설이 소재함. 4. 2016.05.09.자 유치권신고인 이희정(한성분체)으로부터 공사대금채권 금 40,000,000원을 위하여 본건 건물 전부에 관하여 유치권이 있다는 신고가 있으나 그 성립 여부는 불분명함. 5. 2016.05.09.자 유치권신고인 포엘주식회사로부터 공사대금채권 금 34,100,000원을 위하여 본건 건물 전부에 관하여 유치권이 있다는 신고가 있으나 그 성립 여부는 불분명함. 6. 경매신청채권자로부터 2018.03.20.자 이희정(한성분체)과 포엘주식회사에 대한 유치권배제신청서가 제출됨. 7. 재매각임. 특별매각조건 매수보증금 30%.	2,808,502,200 963,316,000 (34%)	경매4계 2018.08.21 유찰 3회

출처: 법원경매정보(http://www.courtauction.go.kr)

물권의 권리 내용이 그 객체에 대한 사용·수익을 목적으로 하는 것인지, 담보가치를 지배하는 것을 목적으로 것인지에 따라 용익물권과 담보물권으로 나눌 수 있다.

그림 79 법적 근거 등에 의한 물권의 분류(1)

물권의 종류			물권의 내용
민법	점유권		정당하게 지배할 수 있는 권리와 관계없이 물건을 사실상 지배하여 점유하고 있는 상태의 권리
	소유권		물건을 사용·수익·처분할 수 있는 권리
	용익물권	지상권	타인 소유 토지에 건물 기타 공작물 등을 소유하기 위해 토지를 사용하는 권리
		지역권	일정한 목적을 위하여 타인의 토지를 자기 토지의 편익에 이용하는 권리
		전세권	전세금을 지급하고 타인의 부동산을 용도에 따라 사용·수익한 후 전세금을 우선변제 받을 수 있는 권리
	담보물권	저당권	채권자가 채무자 또는 제3자로부터 담보물의 점유를 이전받지 않고도 담보로 제공한 부동산으로부터 우선변제를 받을 수 있는 권리
		유치권	타인의 물건을 점유하는 자가 그 물건에 관하여 생긴 채권의 변제를 받을 때까지 그 물건을 유치함으로써 채무자의 변제를 간접적으로 강제하는 권리
		질권	채권자가 채무자의 변제를 받을 때까지 채권의 담보로서 채무자 또는 제3자로부터 받은 물건을 유치하고 변제가 없는 때에는 그 물건의 가액에서 우선변제를 받을 수 있는 권리

그림 80 법적 근거 등에 의한 물권의 분류(2)

물권의 종류		물권의 내용
관습법	관습법상 법정지상권	동일인의 소유에 속한 대지와 그 지상건물이 매매 등의 원인으로 각각 소유자가 달라진 경우 그 건물을 철거한다는 특약이 없는 한 건물소유자가 대지 위에 가지는 권리
	분묘기지권	타인의 토지에 분묘를 설치한 자가 그 분묘를 소유하기 위하여 분묘기지 부분의 타인 소유 토지를 사용할 수 있는 지상권에 유사한 권리
상법상 물권		상사유치권, 상사질권, 주식질권, 선박저당권, 선박채권자의 우선특권 등
특별법상 물권		입목저당권, 공장저당권, 공장재단저당권, 광업재단저당권, 농지저당권,자동차저당권, 항공기저당권, 중기저당권, 가등기담보권, 양도담보권, 광업권, 어업권 등

또한 물권이 성립하는 대상이 부동산이냐 동산이냐에 따라 부동산물권과 동산물권으로 나눌 수 있다.

부동산 물권의 공시방법은 등기이고, 동산 물권의 공시방법은 인도(점유)이다. 다만, 동산 물권 중 등기나 등록으로 공시되는 것도 있다(예컨대, 총톤수

20톤 이상 선박과 100톤 이상 부선은 등기, 자동차 · 항공기 · 건설기계는 등록).

표 12 부동산 물권과 동산 물권

부동산 물권	동산 물권
점유권, 소유권, 지상권, 지역권, 전세권, 유치권, 저당권	점유권, 소유권, 유치권, 질권

4) 물권과 채권의 비교

물권과 채권은 그 내용과 성질상의 차이로 인해 상호 비교될 수 있다.

동일한 물건 위에 물권과 채권이 같이 존재하는 경우에는 그 효력은 물권이 원칙적으로 우선한다. 그러나 특별히 채권을 보호하기 위하여 법률에서 예외를 인정하고 있는 경우에 한해서는 채권이 물권보다 우선하는 경우도 있다.

예컨대, 갑의 토지를 을이 임대차를 하여 사용하고 있는 경우에 만약 매매나 경매에 의하여 갑의 토지 소유권이 A에게 넘어갔다면, 을은 임차인으로서 A는 새로운 소유권자로서 다같이 그 토지에 대한 사용권이 있지만, 을은 임차인으로 채권을 가지고 있는 것이고, A는 소유권자로서 물권을 가지고 있는 것이다.

따라서 이 경우 원칙적으로 A의 사용권이 을의 사용권보다 우선하기 때문에 을은 A에 대해서는 자기의 토지에 대한 사용권을 주장할 수 없는 것이다.

표 13 물권과 채권의 비교

물권	채권
물권법정주의	계약자유원칙(임의창설)
강행법규성	임의법규성
대물권(객체: 물건)	대인권(객체: 특정인의 행위)
배타성(양립 불가, 동일 물권이 하나의 물건에 복수성립 불가, 저당권 등은 예외)	배타성 없음
지배권	채권 간에는 채권자 평등원칙
물권 상호간 순위(성립 순위 원칙)	물권과 채권 상호 간에는 물권 우선 원칙

2강 등기사항증명서는 어디서 볼 수 있나요?

1. 부동산등기와 권리

1) 부동산의 권리와 공시

부동산에 관한 물권은 물권을 가지고 있는 자와 그 내용을 제3자 등에게 알리기 위하여 등기를 하게 하고 등기부에 공시하는 것이 원칙이다. 그러나 물권의 성질과 내용상 모든 부동산 물권이 모두 등기될 수 있는 것은 아니다. 등기할 수 없는 부동산물권도 존재한다.

또한 부동산에 관한 물권만 등기할 수 있는 것이 원칙이나 채권도 예외적으로 등기할 수 있으며, 채권이 등기되는 경우에는 물권과 동일한 지위를 갖는다. 예컨대, 부동산을 임대차하고 임차인이 임차권을 등기하면 그 임차권은 성질상은 채권이지만 등기된 때부터 물권과 동일한 효력을 갖는다.

2) 등기할 수 있는 권리와 등기할 수 없는 권리

(1) 등기할 수 있는 권리

등기할 수 있는 권리(등기능력 있는 권리)는 부동산 소유권, 지상권, 지역권, 전세권, 저당권, 권리질권, 채권담보권, 임차권 등이다.

또한 그러한 권리의 보존, 이전, 설정, 변경, 처분의 제한 또는 소멸에 대하여 등기할 수 있다(부동산등기법제3조)

채권담보권인 가등기담보와 양도담보도 등기할 수 있으며, 소유권에 관한 등기와 관련해서 구분건물인 경우 대지권도 등기할 수 있다.

그 밖에도 부기등기로 부동산의 환매특약이 있는 경우에는 매수인이 지급한 대금, 매매비용, 환매기간에 대하여 등기할 수 있다(환매특약이 등기된 경우 환매할 수 있는 권리를 환매권이라고 한다).

부동산물권 변동을 목적으로 하는 청구권에 대해서는 가등기를 할 수 있다(부동산등기법 제88조).

(2) 등기할 수 없는 권리

법정지상권, 분묘기지권, 특수 지역권, 점유권, 유치권, 채석권, 온천권, 광업권, 토지의 정착물에 대한 권리 등은 등기능력이 없는 권리이다.

지상권은 토지소유자가 이용자가 합의하여 지상권설정등기를 함으로써 성립하는 물권이다. 그러나 법정지상권은 당사자의 합의 없이 법률 또는 관습상 인정되는 물권이기 때문에 등기 없이도 성립된다.

분묘기지권은 타인의 토지 위에 분묘를 소유하기 위해 분묘의 기지부분의 토지를 사용할 것을 내용으로 하는 권리로 관습상 인정되는 지상권 유사의 물권을 말한다. 따라서 분묘기지권은 일정 요건만 갖추면 관습상 인정되는 권리이기 때문에 등기를 요하지 않는 것이다. 전통적으로 임야에는 많은 분묘가 설치되어 있기 때문에 분묘기지권이 문제되는 경우가 많이 있다.

그림 81 임야와 분묘

(3) 등기의무

부동산 물권 중 등기할 의무가 있는 권리는 소유권이다.

부동산의 소유권이전을 내용으로 하는 계약을 체결한 자는 일정 기간 내에 소유권이전등기를 신청하여야 하며, 소유권보존등기가 되어 있지 아니한 부동산에 대하여 소유권이전을 내용으로 하는 계약을 체결한 자도 일정 기간 내에 소유권보존등기를 신청할 의무가 있다(부동산등기 특별조치법 제2조).

조세부과를 면하려 하거나 다른 시점간의 가격변동에 따른 이득을 얻으려 하거나 소유권등 권리변동을 규제하는 법령의 제한을 회피할 목적으로 등기를 안 한 경우에는 3년 이하의 징역이나 1억원 이하의 벌금에 처한다.

2. 등기부와 등기사항증명서

1) 등기부

등기부란 전산정보처리조직에 의하여 입력·처리된 등기정보자료를 대법원 규칙으로 정하는 바에 따라 편성하여 해당 등기소에 비치되어 있는 토지, 건물의 등기를 하는 공적인 장부를 말한다.

부동산에 관한 등기부에는 토지등기부와 건물등기부가 있으며, 그 외에도 특별법상 입목등기부, 공장재단 등기부, 광업재단 등기부, 선박등기부 등이 있다.

등기부는 1필의 토지 또는 1개의 건물에 관하여 1개의 등기기록으로 구성한다. 1개의 등기기록은 부동산 고유번호, 표제부, 갑구, 을구로 구성되어 있다. 구분건물에 대하여는 전유부분마다 부동산의 고유번호를 부여한다.

2) 등기사항증명서

등기사항증명서는 등기부에 기록되어 있는 사항을 증명하는 서류를 의미한다. 등기부는 법원 등기소에 비치된 공적 장부이고, 등기사항증명서는 등기부의 기록 사항을 증명하는 서류이다. 과거에는 등기부 등본이란 용어를 사용하였지만, 현재는 등기사항증명서라고 한다.

등기사항증명서에는 〈표 14〉와 같이 6가지 종류가 있다.

표 14 등기사항증명서의 종류

1. 등기사항전부증명서(말소사항 포함)
2. 등기사항전부증명서(현재 유효사항)
3. 등기사항일부증명서(특정인 지분)
4. 등기사항일부증명서(현재 소유현황)
5. 등기사항일부증명서(지분취득 이력)
6. 그 밖에 대법원예규로 정하는 증명서

*폐쇄한 등기기록 및 대법원예규로 정하는 등기기록에 대하여는 등기사항전부증명서(말소사항 포함)로 한정(부동산등기규칙 제29조)

3. 등기사항증명서의 열람과 발급

등기부는 부동산에 관한 권리를 등기하고 이를 공시하는 것이므로 누구나 열람이 가능하다. 또한 누구나, 어느 등기소에든지 등기기록의 열람 및 등기기록에 대한 등기사항증명서의 교부를 청구할 수 있다.

다만, 등기기록의 부속서류에 대해서는 이해관계 있는 부분에 한하여 열람청구할 수 있다(부동산등기법 제19조).

그러나 등기사항증명서를 무료로 이용할 수 있는 것은 아니며, 수수료를 내고 등기기록에 기록되어 있는 사항의 전부나 일부에 대한 열람과 이를 증명하는 등기사항증명서의 발급을 청구할 수 있다.

2002년부터 전국 모든 등기소가 전산화와 부동산등기시스템 구축을 완료하여 전국 법원의 등기과, 등기소에서 전산시스템에 의하여 부동산등사항증명서 발급이 가능하다.[18]

또한 인터넷을 이용하여 편리하게 열람 및 발급신청을 할 수 있다.

2007년부터 인터넷등기소(www.iros.go.kr) 서비스가 개시된 이래, 어디서든 인터넷을 통하여 등기정보의 발급 및 열람이 가능해졌다.

부동산경매를 하려면 경매 대상 부동산에 대한 권리관계를 잘 분석해야 하기 때문에 등기사항증명서를 열람하여 권리관계를 정확하게 파악할 필요가 있다.

인터넷상에서 등기사항증명서를 열람하고 발급받으려면 법원인터넷 등기소에 접속하여야 한다.

18) 전국 법원과 등기소에 500여 대의 무인 발급기와 지방자치단체에 있는 약 1,300여 대의 무인 발급기가 설치되어 있다.

그림 82 인터넷등기소 홈

출처: 대법원 인터넷등기소(http://www.iros.go.kr/PMainJ.jsp)

그림 83 인터넷등기소 로그인 화면

출처: 대법원 인터넷등기소(http://www.iros.go.kr/PMainJ.jsp)

그림 84 등기열람 · 발급 안내

이용하시기 전 확인하세요!

❶ **등기 열람/발급서비스** 이용시 이용약관에 동의한 것으로 간주합니다.

❷ 등기 열람/발급서비스 중 발급서비스를 통하여 발급한 등기사항증명서는 법적 효력이 있으나, 열람서비스 출력물은 법적인 효력이 없습니다.

❸ 서비스 이용은 회원과 비회원 모두 가능하나, 다음과 같은 결제방식의 차이가 있습니다.

- **로그인한 회원의 경우**
  - 여러 개의 등기사항증명서를 한 번에 결제할 수 있습니다.
- **비회원 또는 로그인하지 않은 회원**
  - 등기사항증명서를 각 1건만 결제할 수 있습니다.

❹ 비회원 및 로그인을 하지 않은 회원은 전화번호와 비밀번호를 사용하여 서비스를 이용할 수 있습니다.

❺ 회원이 로그인하지 않은 상태에서 발급받거나 열람한 내역은 회원의 발급 및 열람내역으로 통합되지 않습니다.

❻ 등기사항증명서 열람시 최초 열람시각으로 부터 1시간 이내에 언제든 재열람 가능합니다.

출처: 대법원 인터넷등기소(http://www.iros.go.kr/PMainJ.jsp)

3강 등기사항증명서는 어떻게 판독해요?

1. 경매물건 검색

경매물건을 검색하여 보니, 아파트가 감정가 8억9,000만 원인데 유찰되어 반값인 약 4억5,000만 원까지 가격이 떨어졌다. 일단 관심의 대상이 아닐 수 없다.

그림 85 경매물건 검색

법원/사건번호	용도	소재지	비고	감정평가액/최저경매가	담당/매각기일/진행
서울중앙지방법원 2014타경22735 2014타경22728 (병합)	1 상가 오피스텔 근린시설	서울특별시 중구 신당동 214-1 1층 103호 [집합건물 철근콘크리트조 4㎡ 갑구 1번 이종욱 지분 4분의 1 전부]	건물만 매각, 최저매각가격은 건물만의 평가액임.	32,250,000 / 32,250,000 (100%)	경매9계 2016.09.06 신건
서울중앙지방법원 2014타경31470	1 연립주택	서울특별시 관악구 신림동 10-13 1층 104호 [집합건물 철근콘크리트조 83.14㎡ 지하1층 29.81㎡]		370,000,000 / 296,000,000 (80%)	경매5계 2016.09.13 유찰 1회
서울중앙지방법원 2015타경848	1 상가 오피스텔 근린시설	서울특별시 관악구 신림로 340, 1층 140호 (신림동,르네상스복합쇼핑몰) [집합건물 철골철근콘크리트구조 4.30㎡]		115,000,000 / 9,878,000 (8%)	경매9계 2016.09.06 유찰 11회
서울중앙지방법원 2015타경1247	1 아파트	서울특별시 동작구 흑석한강로 27, 114동 5층 501호 (흑석동,흑석한강푸르지오) [집합건물 철근콘크리트구조 115.84㎡]	울구 1번 전세권설정등기(2014.7.16.등기)는 말소되지 않고, 매수인에게 인수됨. 특별매각조건 매수보증금 20%	890,000,000 / 455,680,000 (51%)	경매5계 2016.09.13 유찰 3회
서울중앙지방법원 2015타경3618	1 대지	서울특별시 중구 남창동 46-32 [토지 대 90.6㎡ 갑구 35번 오선자 지분 90.6분의 0.98 전부]	토지 지분만의 매각	22,148,000 / 9,071,000 (40%)	경매9계 2016.09.06 유찰 4회

출처: 법원경매정보(http://www.courtauction.go.kr)

그러나 이 아파트의 사건내역을 보면, 최고가 매각허가결정이 행하여졌으나, 대금납부가 이루어지지 않아 재매각 된 것으로 보여진다. 매각 잔대금을 납부하지 않으면 입찰보증금을 몰수당하게 되는데 그 이유가 무엇인지를 분석해보자.

그림 86 서울 중앙지법 2015타경1247

◎ 사건기본내역

사건번호	2015타경1247	사건명	부동산강제경매
접수일자	2015.01.14	개시결정일자	2015.01.15
담당계	경매5계 전화 : 530-1817(구내:1817)		
청구금액	473,880,338원	사건항고/정지여부	
종국결과	미종국	종국일자	

현황조사서 | 감정평가서 | 관심사건등록

◎ 배당요구종기내역

목록번호	소재지	배당요구종기일
1	서울특별시 동작구 흑석한강로 27, 114동 5층 501호 (흑석동,흑석한강푸르지오)	2015.03.31

◎ 항고내역

물건번호	항고제기자	항고접수일자	항고		재항고		확정여부
		접수결과	사건번호	항고결과	사건번호	재항고결과	
검색결과가 없습니다.							

◎ 물건내역

물건번호	1 ▸ 물건상세조회 ▸ 매각물건명세서	물건용도	아파트	감정평가액 (최저매각가격)	890,000,000원 (455,680,000원)		
물건비고	을구 1번 전세권설정등기(2014.7.16.등기)는 말소되지 않고, 매수인에게 인수됨. 특별매각조건 매수보증금 20%						
목록1	서울특별시 동작구 흑석한강로 27, 114동 5층 501호 (흑석동,흑석한강푸르지오)			목록구분	집합건물	비고	미종국
물건상태	매각준비 -> 매각공고						
기일정보	2016.09.13			최근입찰결과	2016.06.28 매각(550,050,000원) 2016.07.05 최고가매각허가결정		

: 등기기록 열람

◎ 목록내역

목록번호	소재지	목록구분	비고
1	서울특별시 동작구 흑석한강로 27, 114동 5층 501호 (흑석동,흑석한강푸르지오)	집합건물	미종국

◎ 당사자내역

당사자구분	당사자명	당사자구분	당사자명
채권자	주식회사토마토2저축은행파산관재인예금보험공사	채무자겸소유자	김
임차인	박	전세권자	박
가처분권자	주식회사토마토2저축은행의파산관재인예금보험공사		

출처: 법원경매정보(http://www.courtauction.go.kr)

2. 등기사항증명서의 구성

1) 등기사항증명서의 양식

부동산등기사항증명서(과거에는 부동산등기부 등 · 초본)는 1998년부터 2003년까지 진행된 등기업무 전산화사업에 따라 세로양식에서 가로양식으로 변경됐다. 그러나 대법원은 2018년 7월 6일부터 부동산등기사항증명서를 가로양식에서 다시 세로양식으로 변경했다.

등기사항증명서 페이지에 더 많은 내용을 담을 수 있어 종이를 절약할 수 있는데다 수수료도 절감하기 위한 취지이다.

또한 가족관계증명서 등 다른 증명서는 모두 세로양식인데, 부동산등기사항증명서만 가로양식이어서 보기 불편하다는 의견이 있었다.

특히 다른 문서와 함께 합철돼 있을 때 부동산등기사항증명서를 보기 위해 문서 전체를 가로로 돌려서 봐야 하는 불편이 뒤따랐기 때문이다.

2) 표제부

표제부에는 토지나 건물의 소재지, 용도, 구조 등이 기재되어 있다.

아파트와 같은 집합건물의 경우, 등기사항전부증명서의 표제부에는 해당 건물의 대지권, 전유부분 표시, 대지권 비율 등을 표시하고 있다. 아파트 등 집합 건물은 전체 건물(예컨대, 흑석 한강푸르지오 제114동)에 대한 표제부와 구분된 개개의 건물(예컨대, 제5층 제501호))에 대한 표제부가 따로 있다.

표제부를 통해서 목적물이 몇 층 건물이고 어느 토지 위에 위치하고 있으며, 각호의 전용면적, 건물내역, 대지권의 비율이 얼마인지를 알 수 있다.

토지는 소재지와 지번, 지목, 면적이 기재된다. 건물은 소재지, 지번, 건평, 층수, 구조, 용도 등이 기재된다.

토지의 분할이나 지목의 변경 또는 건물 구조의 변경이나 증축 등에 의한 면적 변경도 표제부에 기재된다.

그림 87 등기사항전부증명서(표제부)

- 집합건물 -

고유번호 1101-2012-024796

[집합건물] 서울특별시 동작구 흑석동 336 흑석한강푸르지오 제114동 제5층 제501호

【 표 제 부 】 (1동의 건물의 표시)

표시번호	접 수	소재지번,건물명칭 및 번호	건 물 내 역	등기원인 및 기타사항
1	2012년12월24일	서울특별시 동작구 흑석동 336 흑석한강푸르지오 제114동 [도로명주소] 서울특별시 동작구 흑석한강로 27	철근콘크리트구조 (철근)콘크리트지붕 14층 아파트 지1층 68.20㎡ 1층 321.47㎡ 2층 558.25㎡ 3층 558.25㎡ 4층 558.25㎡ 5층 558.25㎡ 6층 558.25㎡ 7층 558.25㎡ 8층 558.25㎡ 9층 558.25㎡ 10층 558.25㎡ 11층 558.25㎡ 12층 558.25㎡ 13층 558.25㎡ 14층 558.25㎡	정비사업시행으로 인하여 등기

(대지권의 목적인 토지의 표시)

표시번호	소 재 지 번	지 목	면 적	등기원인 및 기타사항
1	1. 서울특별시 동작구 흑석동 336	대	41112.2㎡	2012년12월24일

【 표 제 부 】 (전유부분의 건물의 표시)

표시번호	접 수	건 물 번 호	건 물 내 역	등기원인 및 기타사항
1	2012년12월24일	제5층 제501호	철근콘크리트구조 115.84㎡	

3) 갑구

갑구에는 소유권에 관한 사항을 기록한다. 과거 수작업등기부에는 갑구를 순위번호란과 사항란으로만 구분하였으나, 전산등기부에서는 순위번호란, 등기목적란, 접수연월일, 등기원인란, 권리자 및 기타 사항란으로 구성한다.

갑구의 소유권에 관한 사항은 소유권보존등기, 이전등기, 소유권이전청구권 가등기, 변경등기, 경정등기, 소유권의 처분제한 등기 사항이 기재된다. 소유자가 2인 이상인 공유인 경우에는 각 공유자와 공유자의 지분이 기재된다.

처분제한 등기인 압류, 가압류, 가처분과 경매신청, 가등기는 바로 갑구에 기록된다. 환매에 관한 등기도 갑구에 기재된다.

등기관이 부동산거래신고등에 관한 법률에 의하여 계약을 등기원인으로 한 소유권이전등기를 하는 경우에는 거래가액을 갑구의 "권리자 및 기타사항"란에 기록(부동산등기법 제68조)한다.

그림 88 등기사항전부증명서(갑구)

[집합건물] 서울특별시 동작구 흑석동 336 흑석한강푸르지오 제114동 제5층 제501호

(대지권의 표시)			
표시번호	대지권종류	대지권비율	등기원인 및 기타사항
1	1 소유권대지권	41112.2분의 63.5	2012년11월23일 대지권 2012년12월24일

【 갑 구 】 (소유권에 관한 사항)				
순위번호	등 기 목 적	접 수	등 기 원 인	권리자 및 기타사항
1	소유권보존	2012년12월24일 제303446호		소유자 흑석4재정비촉진구역주택재개발정비사업조합 115071-0004568 서울특별시 동작구 흑석동 269-3
2	소유권이전	2013년2월20일 제40158호	2010년3월17일 매매	소유자 김 수 681002-******* ~~서울특별시 강남구 압구정로 321, 33동 1301호(압구정동,한양아파트)~~
2-1	2번등기명의인표시변경	2014년7월16일 제153853호	2013년9월27일 전거	김 수의 주소 서울특별시 강남구 선릉로153길 25, 101동 806호(신사동,로데오현대아파트)
~~3~~	~~소유권이전청구권가등기~~	~~2013년2월20일~~ ~~제40159호~~	~~2013년2월5일~~ ~~매매예약~~	~~가등기권자 이종화 660408-*******~~ ~~서울특별시 강남구 학동로42길 60, 씨동 601호(논현동,현대넥서스빌리트)~~
4	3번가등기말소	2014년7월16일 제153852호	2014년7월16일 해제	
~~5~~	~~소유권이전청구권가등기~~	~~2014년7월16일~~ ~~제153855호~~	~~2014년7월16일~~ ~~매매예약~~	~~가등기권자 아 화 660408-*******~~ ~~서울특별시 강남구 학동로42길 60,씨동 601호(논현동,현대넥서스빌리트)~~
~~5-1~~	~~5번가등기소유권이전청구권가처분~~	~~2014년8월22일~~ ~~제185281호~~	~~2014년8월22일~~ ~~서울중앙지방법원의 가처분결정(2014카합80611)~~	~~피보전권리 사해행위를 원인으로 한 소유권이전청구권가등기 말소등기청구권~~ ~~채권자 주식회사토마토2저축은행의파산관재인 예금보험공사~~ ~~서울특별시 중구 청계천로 30(다동)~~ ~~금지사항 양도, 기타 일체의 처분행위 금지~~

그림 89 등기사항전부증명서(갑구)

[집합건물] 서울특별시 동작구 흑석동 336 흑석한강푸르지오 제114동 제5층 제501호

순위번호	등 기 목 적	접 수	등 기 원 인	권리자 및 기타사항
6	~~강제경매개시결정~~	~~2015년1월15일 제9522호~~	~~2015년1월15일 서울중앙지방법원의 강제경매개시결정(2015타경1247)~~	~~채권자 주식회사도미토2저축은행파산관재인예금보험공사 114671-0021454 서울 중구 청계천로 30 (다동)~~
7	5-1번가처분등기말소			7번가등기말소등기로 인하여 (가처분권자의 동의) 2015년1월21일 등기
8	5번가등기말소	2015년1월21일 제13645호	2015년1월21일 해제	
9	소유권이전	2016년9월20일 제191696호	2016년9월1일 강제경매로 인한 매각	소유자 권 0자 540805-******* 충청남도 태안군 소원면 송의로 676
10	6번강제경매개시결정등기말소	2016년9월20일 제191696호	2016년9월1일 강제경매로 인한 매각	
11	소유권이전	2017년5월31일 제98227호	2016년10월29일 매매	공유자 지분 100분의 34 양 0 희 611115-******* 서울특별시 동작구 현충로 151, 0동 00 호(흑석동, 한강현대아파트) 지분 100분의 33 이 0 현 870420-******* 서울특별시 동작구 현충로 151, 0 동 00 호(흑석동, 한강현대아파트) 지분 100분의 33 이 0 호 901209-******* 서울특별시 동작구 현충로 151, 0 동 00 호(흑석동, 한강현대아파트) 거래가액 금880,000,000원

4) 을구

을구도 그 구성은 갑구와 동일하다. 그러나 을구에는 소유권 이외의 권리에 관한 사항들이 표시된다.

저당권, 전세권, 지역권, 지상권의 설정 및 변경, 이전, 말소 등기가 기재되어 있다. 만약 을구에 기재할 권리관계가 없는 경우에는 을구를 두지 아니한다.

이 흑석동 아파트에는 을구에 전세권이 설정되었다가 말소된 내용이 기재되어 있다.

그림 90 등기사항전부증명서(을구)

【 을 구 】 (소유권 이외의 권리에 관한 사항)				
순위번호	등 기 목 적	접 수	등 기 원 인	권리자 및 기타사항
~~1~~	~~전세권설정~~	~~2014년7월16일 제153854호~~	~~2014년7월9일 설정계약~~	~~전세금 금570,000,000원~~ ~~범 위 전체~~ ~~존속기간 2014년 07월 16일부터 2016년 09월 02일 까지~~ ~~전세권자 박0창 671110-*******~~ ~~서울특별시 서초구 반포대로 275, 128동 1702호(반포동, 래미안퍼스티지)~~
~~1-1~~				~~1번 등기는 건물만에 관한 것임~~ ~~2014년7월16일 부기~~
2	1번전세권설정등기 말소	2017년3월17일 제49000호	2017년3월17일 해지	

-- 이 하 여 백 --

관할등기소 서울중앙지방법원 등기국

3. 등기사항증명서 볼 때 주의할 사항

각 등기한 권리의 순위번호와 접수번호가 언제인지를 잘 파악하여야 한다. 등기한 권리의 상호 효력 순위는 순위번호, 접수번호 순에 의하여 결정되기 때문이다. 갑구와 을구 각각 동일한 구에서 권리의 순위는 순위번호의 순서에 의한다. 그러나 갑구와 을구 상호간 별개의 구 사이에서 권리의 순위는 접수번호에 의하여 결정된다.

특히 갑구의 소유권의 처분 등을 제한하는 가압류나 가처분 등의 등기가 이후에 말소되었는지 파악하고, 그대로 존속하는 경우에는 어떤 원인에 의한 것이지를 해당 법원 사건번호 등를 가지고 검색하여 파악해 볼 필요도 있다.

을구에 설정되는 소유권 이외의 권리, 예컨대 근저당과 같은 경우에 설정 이후 해지에 의하여 말소되었는지 등도 파악해 본다.

또 무엇보다도 중요한 것은 부동산에 관한 권리는 등기사항증명서에 모두 기재되고 나타나는 것이 아니라는 점을 항상 염두에 두어야 한다고 하는 점이다.

제 8 장

낙찰과 매각대금납부 및 소유권취득하기

제8장

낙찰과 매각대금납부 및 소유권 취득하기

1강 매각결정기일

1. 의의

매각결정기일은 집행법원이 매각기일의 종결 후 법원 내에서 매각 허부의 결정에 관하여 이해관계인의 진술을 듣고 직권으로 법정의 이의사유가 있는지 여부를 조사한 후 매각의 허가 또는 불허가결정을 하는 기일이다.

부동산경매에 입찰해서 다른 입찰경쟁자 보다 더 많은 금액으로 매수신고를 하여 최고가매수신고인이 되더라도 바로 매수인의 지위가 되는 것은 아니다.

매수인이 될 수 없는 사람도 있기 때문에 최고가 매수인이 혹시 그런 사람에 해당하는지 등을 따져 봐야한다. 또한 부동산경매에는 이해관계인이 많기 때문에 그들의 입장도 고려하여 이의할 수 있는 기회를 줄 필요도 있다.

그래서 매각기일 외에 매각결정기일을 두게 되는 것이다.

2. 매각결정기일의 지정과 통지

1) 매각결정기일 지정

법원은 직권으로 매각기일과 매각결정기일을 정하여 공고하여야 한다(민사집행법 제104조 제1항).

그림 91 경매부동산 매각공고

법원 경매부동산의 매각 공고

1.매각물건의 표시 및 매각조건
<경매 4계>

사건번호	물건번호	매각물건 소재지 및 면적[㎡]	용도	감정평가액 최저매각가격 [단위:원]	비고
[아파트]					
2015타경 768	1	용산구 이촌로310, 103동 14층1402호 [이촌동,래미안첼리투스] 124.35㎡	아파트	1,700,000,000 1,700,000,000	
2016타경 3641	1	은평구 갈현로11길46, 101동 11층1104호 [구산동,경남아너스빌] 122.77㎡	아파트	410,000,000 410,000,000	
[연립주택/다세대/빌라]					
2015타경 13665	1	마포구 새터산16길24, 3층301호 84.78㎡	다세대	320,000,000 320,000,000	
2015타경 14477	2	은평구 녹번로51, 2층 62.07㎡	다세대	180,000,000 180,000,000	
2016타경 2921	1	마포구 연남동 570-13 5층501호 74.55㎡	다세대	340,000,000 340,000,000	2016타경5913[중복]
2016타경 3634	1	은평구 응암로25길11, 2층202호 [응암동,응암동다세대주택] 59.06㎡	다세대	201,000,000 201,000,000	
2016타경 3993	1	은평구 갈현로17나길4, 1층102호 [구산동,한양아트빌] 60.18㎡	다세대	209,000,000 209,000,000	
2016타경 50388	1	은평구 은평로168-2, 3층 301호 [응암동,양지미라벨] 57.68㎡[갑구4번2분의1나병국지분 전부]	다세대	85,000,000 85,000,000	지분매각

그림 92 경매부동산 매각공고

사건번호	물건번호	매각물건 소재지 및 면적[㎡]	용도	감정평가액 최저매각가격 [단위:원]	비고
[대지/임야/전답]					
2016타경 51060	1	용산구 갈월동 5-7 59.8㎡[갑구11번12558000분의1395338,15번12558000분의149500 동양부동산관리주식회사지분전부]	대	38,986,800 38,986,800	지분매각
	2	동소 5-49 221.8㎡[갑구3번7763000분의876446동양부동산관리주식회사지분전부]	대	132,717,300 132,717,300	지분매각
	3	동소 6-1 419.8㎡[갑구12번44079000분의7346500,16번44079000분의175919동양부동산관리주식회사지분전부]	대	379,697,300 379,697,300	지분매각
[상가/오피스텔,근린시설]					
2015타경 14477	1	은평구 녹번로51, 1층 62.07㎡	근린시설	320,000,000 320,000,000	
2016타경 4231	1	은평구 응암동 733-60 지하층1호 51.91㎡	근린시설	107,000,000 107,000,000	현황주택으로이용중
[자동차,중기]					
2016타경 4804	1	사용본거지:서울 마포구 성미산로28길 23, 201호[연남동, 중앙파크빌] 등록번호:70저1578 차명:스타렉스12인오토 년식:2002	자동차	3,000,000 3,000,000	보관장소:서울마포구연남동255-5 201호

● 공고된 부동산의 면적 표시는 실제와 다소간의 차이가 있을 수 있습니다.

※특별매각조건

① 농지법상 농지취득자격증명을 제출하여야 하는 최고가매수신고인이 매각결정기일까지 농지취득자격증명을 제출하지 아니함으로써 매각이 불허가 될 때에는 매수신청보증금을 반환하지 않고 이를 배당시 매각대금에 산입한다. 불법형질 변경으로 인한 원상복구가 필요한 경우 매수인이 이를 부담할수 있음.

② 공유자가 민사집행법 제140조에 의한 우선매수신고를 한 경우 그 매수신고 후 최초로 진행되는 매각기일에 매수보증금의 미납으로 실효되는 경우 그 공유자는 그 이후 해당 부동산의 매각기일에서는 우선 매수권을 행사할 수 없다. 따라서 당해 기일에 다른 매수신고인이 없는 경우 최저매각가격을 공유자우선 매수신고액으로 본다.

2. 매각기일 : 2016. 6. 30. [화] 10:00
3. 매각결정기일 : 2016. 9. 6. [화] 14:00
4. 매각장소 : 서울서부지방법원 제1001호 법정
5. 매각방법

① 입찰법정에 비치된 기일입찰표에 사건번호, 입찰자의 성명, 주소, 입찰가격, 보증금액 등을 기재하고 날인하여 보증금을 함께 입찰봉투에 넣어 입찰함에 투입하면 됩니다. 매수신청의 방법으로는 최저매각가격의 1할[10퍼센트]에 해당하는 금융기관 발행의 자기앞수표 또는 현금을 준비하거나 지급보증위탁계약을 체결한 문서[일명 보증서]를 준비해야 합니다.

매각결정기일은 매각기일로부터 1주 이내로 정한다(민사집행법 제109조 제1항). 그러나 매각기일로부터 1주 내로 매각결정기일을 정하여 한다는 규정은 훈시규정에 불과하다.[19)]

법원의 매각공고에서는 최초의 매각기일과 매각결정기일을 정하고 있으나([그림 92]), 실무에서는 매각결정기일은 매각기일과 마찬가지로 법원에서 매각명령을 할 때에 4회를 한꺼번에 미리 지정한다([서식 7]).

[서식 7] 매각명령

○ ○ 지 방 법 원

매 각 명 령

ㅇㅇ지방법원 소속 집행관 귀하

사 건 20 타경 부동산강제(임의)경매

별지 기재 부동산에 대하여 아래 매각기일에 이 법원 안에서 기일입찰의 방법으로 매각할 것을 명한다. 다만, 제2회 이후의 매각기일은 선행매각기일 에서 허가할 매수가격의 신고가 없이 매각기일이 최종적으로 마감된 때에 한 하여 실시한다.

기일순번	매각일시	매각결정일시
제1회	20. . .	20. . .
제2회	20. . .	20. . .
제3회	20. . .	20. . .
제4회	20. . .	20. . .

20. . .

판사 0 0 0

19) 훈시규정이란 법률의 규정 중 오로지 법원이나 행정부에 대한 명령의 성질을 가진 규정으로 이를 안지켰다고 해서 그에 대한 법적 효과나 책임이 따르는 것은 아니다.

2) 매각결정기일의 변경

법원은 자유재량에 의하여 매각기일 전에 매각기일과 함께 매각결정기일을 변경하거나 또는 매각실시 후에 매각결정기일만을 변경할 수도 있고 또 매각결정기일을 개시한 후에 연기하는것도 가능하다.

다만, 매각기일을 종결한 뒤에 매각결정기일이 변경된 때에는 법원사무관등은 최고가매수신고인 · 차순위매수신고인 및 이해관계인에게 변경된 기일을 통지하여야 한다. 변경기일의 통지는 집행기록에 표시된 주소지에 등기우편으로 발송하는 방법으로 할 수 있다.

판례에 의하면, 매각결정기일은 매각의 실시에 앞서 지정되어 이해관계인에게 통지되며 일정한 방법으로 공고해야 하나, 매각결정기일을 변경한 때에는 이해관계인에게 통지하면 족하고 변경된 기일을 공고할 필요는 없다고 한다(대결 1966.7.29.자 66마125, 대결 1981.1.19.자 80마96).

3. 매각결정기일에서 이해관계인의 진술

1) 진술권이 있는 이해관계인의 범위

법원은 매각결정기일에 출석한 이해관계인에게 매각허가에 관한 의견을 진술하게 하여야 한다(민사집행법 제120조 제1항). 매각결정기일에서 진술할 수 있는 이해관계인의 범위는 민사집행법 제90조의 이해관계인보다 넓은 개념으로서 제90조가 규정하는 이해관계인뿐만 아니라 최고가매수신고인도 포함한다.

또한 입찰자 중 자기에게 매각을 허가할 것을 구하는 그 외의 매수신고인도 포함된다.

그러나 자기가 최고가매수신고인으로서 매각허가를 받아야 한다고 주장하려는 자는 매수신고시에 제공한 보증을 찾아가지 아니하고 맡겨둔 채로 있어야 하며, 만일 이를 찾아간 경우에는 매각결정기일에 출석하여 의견진술 할 자격을 상실한다.

재매각에서 전의 매수인은 재매각의 매각결정기일에 이의진술권이 없다.

다만, 전의 매수인에 대한 매각대금지급기한의 통지가 부적법함에도 대금미납을 이유로 재매각명령을 한 경우 이와 같은 재매각명령의 위법은 민사집행법 제121조 제1호의 집행을 계속 진행할 수 없는 때에 해당하므로, 전의 매수인은 이를 이유로 재매각명령에 따른 매각결정기일에 이의를 하거나 매각허가결정에 대하여 즉시항고를 할 수 있다(대법원 2001. 6. 4. 자 2000마7550 결정).

2) 진술

이해관계인의 진술은 원칙으로 매각결정기일에 말로 하여야 하나, 진술할 내용을 서면으로 제출하여도 무방하다. 예컨대, 매각허가에 대한 이의를 하고자 진술 내용을 서면으로 제출할 때에는 보통 매각허가에 이의신청서([서식 8])를 작성하여 제출한다.

이해관계인이 매각허가에 관한 의견을 진술할 수 있는 시기는 매각허가가 있을 때까지 즉 매각허가여부의 결정의 선고가 있을 때까지(민사집행법 제120조 제2항)이다. 매각결정기일이 열렸으나 속행기일이 정하여진 경우에는 속행기일에 진술할 수 있다.

이해관계인의 진술에는 매각허가에 대한 이의 및 이에 대한 반대진술이 있으며, 진술인은 진술이유를 증명하는 증거를 제출할 수 있다.

그림 93 법원에서의 진술

출처:dreamstime(https://www.dreamstime.com)

[서식 8] 매각허가에 대한 이의신청서

매각허가에 대한 이의신청서

사건번호
채무자(이의신청인)
　　○시　○구　○동　○번지
채권자(상대방)
　　○시　○구　○동　○번지
　위 사건에 관하여 다음과 같이 이의 신청합니다.

신　청　취　지

별지목록 기재 부동산에 대한 매각은 이를 불허한다.
라는 재판을 구함.

신　청　이　유

년　　월　　일

채무자(이의신청인)　　　　　　　　(인)
연락처(☎)

지방법원　　　　　귀중

☞유의사항
신청서에는 인지를 붙일 필요가 없고, 채권자(상대방)는 특정하지 않을 수도 있으며, 법원은 이 신청에 대하여 결정을 하지 아니할 수도 있습니다.

2강 낙찰 받았는데 못 살 수도 있나요?

1. 매각허가에 대한 이의

1) 의의

매각허가에 대한 이의라 함은 이해관계인이 민사집행법 제121조 소정의 이의사유에 기하여 매각을 허가하여서는 아니된다는 소송법상의 진술을 말한다. 매각허가에 대한 이의사유는 민사집행법 제 121조에 열거된 것에 한정되므로 그 이외의 사유에 기하여 이의를 진술할 수는 없다.

매각허가에 대한 이의는 이의진술자인 이해관계인 자신의 권리에 관한 이유에 의하여야 하고 다른 이해관계인의 권리에 관한 이유로 신청하지 못한다(민사집행법 제122조).

2) 매각허가에 대한 이의신청 사유(민사집행법 제121조)

(1) 강제집행을 허가할 수 없거나 집행을 계속 진행할 수 없을 때(1호)

매각기일 종료 후 매각허가결정선고 전에 집행법원에 집행정지결정정본이 제출된 경우에는 제121조 제1호 후단에 해당하므로 매각불허가결정을 하여야 한다.

그러나 매각허가결정이 있은 뒤에 제출된 경우에는 매수인은 매각대금을 낼 때까지 매각허가결정의 취소신청을 할 수 있다. 이 신청에 관한 결정에 대하여는 즉시항고를 할 수 있다(민사집행규칙 제50조 제2항).

(2) 최고가매수신고인이 부동산을 매수할 능력이나 자격이 없는 때(2호)

(3) 부동산을 매수할 자격이 없는 사람이 최고가매수신고인을 내세워 매수신고를 한 때(3호)

(4) 최고가매수신고인, 그 대리인 또는 최고가매수신고인을 내세워 매수신

고를 한 사람이 민사집행법 제108조 각호 가운데 어느 하나에 해당되는 때(4호)

(5) 최저매각가격의 결정, 일괄매각의 결정 또는 매각물건명세서의 작성에 중대한 흠이 있는 때(5호)

(6) 천재지변, 그 밖에 자기가 책임을 질 수 없는 사유로 부동산이 현저하게 훼손된 사실 또는 부동산에 관한 중대한 권리관계가 변동된 사실이 매각절차의 진행 중에 밝혀진 때(6호)

'천재지변, 그 밖에 자기가 책임을 질 수 없는 사유로 부동산이 현저하게 훼손된 사실 또는 부동산에 관한 중대한 권리관계가 변동된 사실이 경매절차의 진행 중에 밝혀진 때'에는 직권으로 매각을 허가하지 아니한다고 규정하고 있는데, 여기서 말하는 '부동산에 관한 중대한 권리관계의 변동'이라 함은 부동산에 물리적 훼손이 없는 경우라도 선순위 근저당권의 존재로 후순위 처분금지가처분(내지 가등기)이나 대항력 있는 임차권 등이 소멸하거나 또는 부동산에 관하여 유치권이 존재하지 않는 것으로 알고 매수신청을 하여 매각허가결정까지 받았으나 그 이후 선순위 근저당권의 소멸로 인하여 처분금지가처분(내지 가등기)이나 임차권의 대항력이 존속하는 것으로 변경되거나 또는 부동산에 관하여 유치권이 존재하는 사실이 새로 밝혀지는 경우와 같이 매수인이 소유권을 취득하지 못하거나 또는 매각부동산의 부담이 현저히 증가하여 매수인이 인수할 권리가 중대하게 변동되는 경우를 말한다(대법원 2005. 12. 9.자 2005마952 결정 등 참조).

(7) 매각절차에 그 밖의 중대한 잘못이 있는 때(7호)

이해관계인의 이익이 침해되거나 매각절차의 공정성을 해칠 우려가 있는 중대한 절차위반의 사유가 있는 경우이다. 다만, 절차위반이 있더라도 이해관계인의 이익을 침해하는 바 없는 경미한 하자만이 있는 경우에는 이에 해당하지 않는다.

예컨대, 매각기일의 공고를 법률상 규정한 방법에 의하지 아니하거나 민사집행규칙 제56조에 규정한 공고기간(2주전까지 공고)을 두지 아니한 경우와 같은 것이 그 정도가 중대한 때에 해당한다.

입찰할 때, 집행관이 입찰표의 제출을 최고한 뒤 1시간이 지나지 않았는데 입찰을 마감한 경우, 매각기일에서 집행법원이 정하는 금액과 방법에 맞는 보증을 제공하여야만 매각을 허가할 수 있음에도 이에 위반한 경우에도 중대한 하자에 해당한다.

그러나 매각기일의 공고가 법률의 규정에 위반한 경우에도 예컨대, 매각기일 공고사항에 매각기일이나 매각결정기일의 시간의 기재가 누락, 부동산의 표시에 다소 다른 점이 있더라도 동일성을 식별할 수 있는 정도라면 그 하자는 사소한 경우에 해당한다.

2. 매각불허가 사유

1) 이해관계인의 이의가 정당하다고 인정할 때

법원은 매각결정기일에 출석한 이해관계인의 매각허가에 대한 이의가 정당하다고 인정한 경우에는 매각을 허가하지 아니한다(민사집행법 제123조 제1항).

2) 직권으로 매각불허가 할 사유가 있을 때

매각결정기일에 이해관계인의 매각허가에 대한 이의가 없더라도 법원이 직권으로 조사한 결과 민사집행법 제121조에 열거된 이의사유가 있다고 인정되는 때에는 직권으로 매각을 허가하지 아니한다.

다만, 동법 제121조 제2호 또는 제3호의 경우에는 능력 또는 자격의 흠이 제거되지 아니한 때에 한한다. 따라서 매각기일 당시에 존재하였던 최고가매수신고인의 행위능력 또는 부동산취득자격의 흠이 그 후 매각결정허가여부의 재판시까지에 법정대리인의 추인이나 법령이 정한 관청의 증명, 인·허가(예컨대, 농지의 경우 농지취득자격증명)로 말미암아 추후 보완된 경우에는 불허가결정을 하여서는 아니된다.

3) 과잉매각으로 되는 때

여러 개의 부동산을 매각하는 경우에 한 개의 부동산의 매각대금만으로도 모든 채권자의 채권액과 강제집행비용을 변제하기에 충분하다면 다른 부동산의 매각을 허가하여서는 아니된다(민사집행법 제124조 제1항 본문).

과잉매각금지에 관한 민사집행법 제124조는 여러 개의 부동산을 개별매각하는 경우뿐 아니라 일괄매각하는 경우에도 적용된다. 그러나 예외적으로 ⓐ 토지와 그 위의 건물을 일괄매각하는 경우, ⓑ 재산을 분리하여 매각하면 그 경제적 효용이 현저하게 떨어지는 경우, ⓒ 채무자의 동의가 있어 예외적으로 일괄매각을 하는 경우에는 과잉매각금지에 관한 규정이 적용되지 않는다.

4) 판례상 매각불허가사유

(1) 대법원 2014.04.03. 자 2014마62 결정

경매대상토지가 농지법 제2조 제1호의 농지에 해당하여 농지를 취득하는 자가 그 소유권에 관한 등기를 신청할 때에 농지취득자격증명이 필요함에 따라 집행법원이 '최고가매수신고인은 매각결정기일까지 이 사건 경매대상토지에 관한 농지취득자격증명서를 제출할 것'을 특별매각조건으로 정한 경우 최고가매수신고인이 매각결정기일까지 농지취득자격증명을 제출하지 않았다면 이는 민사집행법 제121조 제2호의 매각불허가사유에 해당하고, 최고가매수신고인이 농지취득자격증명서의 발급에 필요한 모든 요건을 갖추었음에도 행정청이 부당히 위 증명서의 발급을 거부하여 이를 제출하지 못한 경우에도 마찬가지다 할 것이다.

(2) 대법원 2011.08.26. 자 2008마637 결정

공유자가 여러 차례 우선매수신고만을 하여 일반인들의 매수신고를 꺼릴 만한 상황을 만들어 놓은 뒤, 다른 매수신고인이 없을 때는 보증금을 납부하지 않는 방법으로 유찰이 되게 하였다가 다른 매수신고인이 나타나면 보증금을 납부하여 자신에게 매각을 허가하도록 하는 것이 민사집행법제121조, 제108조 제2호의 '최고가매수신고인이 매각의 적정한 실시를 방해한 사람'에 해당되는 매각불허가사유에 해당한다.

(3) 대법원 2010.11.30. 자 2010마1291 결정

집행법원이 매각기일 1주 전까지 매각물건명세서 사본을 비치하지 아니하였거나 혹은 중대한 하자가 있는 매각물건명세서 사본을 비치하였다가 매각기일 5일 전에 이를 정정하였음에도 매각기일을 변경하지 아니한 채 그대로 매각절차를 진행하면서 그 정정내용을 일반 매수희망자들에게 따로 고지하지도 아니한 것은 이해관계인의 이익이 침해되거나 매각절차의 공정성을 해칠 우려가 있는 중대한 절차 위반으로서 직권에 의한 매각불허가사유에 해당한다.

(4) 대법원 2010.02.16. 자 2009마2252 결정

민사집행법에 의한 부동산 경매절차에서는 민사집행법 제121조 각 호 및 제124조 제1항에 규정된 사유가 아닌 이상 매각을 불허할 수 없고, 최고가매수신고인이 착오로 자신이 본래 기재하려고 한 입찰가격보다 높은 가격을 기재하였다는 사유는 민사집행법 제121조 각 호 및 제124조 제1항의 어디에도 해당한다고 볼 수 없으므로, 결국 그러한 사유로는 매각을 불허할 수 없다.

5) 매각허가결정의 취소신청

민사집행법 제121조의 매각허가에 대한이의사유 중 제6호(천재지변, 그 밖에 자기가 책임을 질 수 없는 사유로 부동산이 현저하게 훼손된 사실 또는 부동산에 관한 중대한 권리관계가 변동된 사실이 경매절차의 진행중에 밝혀진 때)에서 규정한 사실이 매각허가결정의 확정 뒤에 밝혀진 경우에는 매수인은 대금을 낼 때까지 매각허가결정에 대한 취소신청을 할 수 있다.

3. 매각불허가 이후의 절차

이해관계인의 이의신청이 정당한 것으로 인정되어 매각불허가를 하는 경우, 불허가 이후의 후속 절차내지 조치를 어떻게 할 것인가 문제된다. 불허가 이유가 다시 매각을 진행하기 어려운 종국적 사유라고 볼 수 있는지에 따라 다르다.

1) 종국적 장애에 의한 불허가

불허가가 종국적으로 매각을 불허할 사유에 기한 것이어서 다시 매각을 명할 것이 아니라서 불허가결정이 선고된 경우에는 그 불허가결정이 확정되면 경매신청 자체를 포함한 그 이후의 매각절차는 모두 소멸하여 매각절차는 종결된다.

그러나 실무에서는 통상 이러한 종국적인 사유가 있는 경우 곧바로 그 장애사유에 따라, 취하된 경우에는 별도의 재판이 없이, 그 밖의 사유에 따라서는 매각절차를 취소하여야 하는 경우인지 이미 행한 집행처분까지 취소하여야 하는 경우인지에 따라 경매개시결정을 취소하고 경매신청을 기각하거나 또는 매각절차를 취소한 다음 그 결정정본을 원인증서로 첨부하여 말소촉탁을 하고 있고(민사집행법 제141조), 더 나아가 매각불허가결정을 하지는 않는다.

2) 종국적 장애에 의한 불허가사유가 아닌 경우

불허가 사유가 종국적 사유가 아니고 다시 매각을 명하여야 할 경우(예컨대,민사집행법 제121조 2호 내지 7호의 이의사유가 있는 경우 또는 집행정지결정이 제출되었다가 그 정지결정이 실효된 경우)에는 매각불허가결정이 확정된 후 직권으로 새 매각기일을 정한다.

민사집행법 제121조 제6호의 사유(부동산의 현저한 훼손이나 중대한 권리관계의 변동)에 의하여 매각불허가결정을 하고 새 매각기일을 열게 된 때에는 법원은 최저매각가격결정부터 새로 하여 경매를 속행한다(민사집행법 제125조).

3) 과잉매각에 의한 매각불허의 경우

과잉매각을 이유로 여러 개의 부동산 중 일부에 대하여 매각불허가결정을 한 경우에는 그 불허가결정이 확정 되더라도 매각이 허가된 부동산에 대한 매각대금이 완납될 때까지 그대로 두었다가 대금이 완납된 후 매각불허 된 부동산에 대하여 경매개시결정등기의 말소촉탁을 한다(민사집행법 제141조).

4) 민사집행법 제127조에 의한 취소의 경우

민사집행법 제127조 제1항의 규정에 의하여 매각허가결정을 취소한 때에는 매각 대상 부동산에 대하여 다시 재평가를 명하여 최저매각가격부터 새로 정하여 경매를 속행한다(민사집행법 제134조).

다만, 매각부동산의 훼손이 심하여 부동산으로서의 존재를 상실한 때에는 매각절차를 취소하고, 이 취소결정이 확정되면 경매개시결정등기의 말소를 촉탁한다.

4. 매각허가 여부에 대한 불복방법

1) 즉시항고

매각허가 또는 불허가 결정이 행하여진 후에는 매각허부 결정은 법원게시판에 공고되거나 상당한 방법으로 고지하며, 이해관계인 및 최고가매수인에게 송달되지 아니한다. 이에 대하여 이해관계인은 매각허가 여부의 결정에 따라 손해를 볼 경우에만 그 결정에 대하여 즉시항고를 할 수 있다.

매각허가에 정당한 이유가 없거나 허가결정에 적은 것 외의 조건으로 허가하여야 한다고 주장하는 매수인 또는 자신에 대한 매각허가를 주장하는 매수신고인도 즉시항고를 할 수 있다(민사집행법 제129조).

2) 즉시항고하는 방법

즉시항고를 하려는 항고인은 원결정을 고지받은 날부터 1주 이내에 항고장을 매각허가여부의 결정을 선고한 원심법원에 제출하여야 한다(민사집행법 제15조 제2항). 1주의 기간은 매각허가결정 또는 매각불허가 결정의 결정 선고일부터 일률적으로 진행되며, 이 기간은 불변기간이다.

매각허가결정에 대하여 항고를 하고자 하는 사람은 보증으로 매각대금의

10분의 1에 해당하는 금전 또는 법원이 인정한 유가증권을 공탁하여야 한다. 무익한 항고를 제기하여 경매절차를 지연시키는 것을 방지하기 위하여 매각허가결정에 불복하는 모든 항고인에 대하여 보증금을 공탁하도록 하고 있다.

그러나 매각불허가결정에 대하여 항고하는 경우에는 보증의 제공을 요하지 않는다.

3) 항고장

항고장에는 항고인, 원결정의 표시, 그 결정에 대하여 즉시항고를 한다는 취지, 항고의 취지를 기재하고 법원을 표시한 후 항고인 또는 그 대리인이 기명·날인한다.

[서식 10] 항고장

항 고 장

사 건 타경 호 부동산임의(강제)경매
항고인(채무자) ○ ○ ○
주소

위 사건에 관하여 귀원이 년 월 일에 한 결정은 년 월 일에 그 송달을 받았으나, 전부 불복이므로 항고를 제기합니다.

원결정의 표시

항 고 취 지

원결정을 취소하고 다시 상당한 재판을 구함.

항 고 이 유

첨 부 서 류
1.
2.

년 월 일

위 항고인
연락처(☎)

지방법원 귀중

☞유의사항

1) 이해관계인은 매각허부여부의 결정에 따라 손해를 볼 경우에만 그 결정에 대하여 즉시항고를 할수 있고 매각허가에 정당한 이유가 없거나 결정에 적은 것 외의 조건으로 허가하여야 한다고 주장하는 매수인 또는 매각허가를 주장하는 매수신고인도 즉시항고를 할 수 있습니다.
2) 매각허가결정에 대한 항고는 민사집행법에 규정한 매각허가에 대한 이의 신청사유가 있다거나, 그 결정절차에 중대한 잘못이 있다는 것을 이유로 드는 때에만 할 수 있습니다.
3) 매각허가결정에 대하여 항고를 하고자 하는 사람은 보증으로 매각대금의 10분의 1에 해당하는 금전 또는 법원이 인정한 유가증권을 공탁하여야 합니다.

3강 매각대금은 언제 어떻게 내나요?

1. 매각대금 납부

1) 대금지급기한의 지정

법원은 매각허가결정이 확정되면, 매각허가결정 확정일 또는 상소법원으로부터 기록송부를 받은 날부터 3일 안에 대금지급기한을 정한다. 대금지급기한을 정함에 있어서는 연, 월, 일 및 시각을 정하여야 한다.

그러나 경매법원의 매각허가결정에 대하여 이해관계인으로부터 즉시항고가 제기되어 매각허가결정이 확정되지 아니한 경우에는 경매법원은 대금지급기일을 지정할 수 없다. 만약 매각허가결정 확정 전의 일자로 대금지급기일의 지정이 있었다고 하더라도 그 기일 지정은 아무런 효력이 없고, 따라서 그 기일에 매수인이 매각대금을 납부하지 아니하였다 하더라도 매각허가결정이 그 효력을 상실하는 것은 아니다(대법원 1992.02.14. 선고 91다40160 판결).

2) 대금지급기한과 통지

(1) 대금지급기한과 변경

대금지급기한은 매각허가결정이 확정된 날부터 1월 안의 날로 정한다. 다만, 경매사건기록이 상소법원에 있는 경우에는 그 기록을 송부받은 날부터 1월 안의 날로 정한다.

그러나 일단 정해진 대금지급기한도 변경할 수 있다.

대금지급기한의 변경은 매수인의 신청에 의한 경우와 법원의 직권에 의한 경우가 있지만, 매수인의 신청에 의한 경우는 아주 예외적인 경우에만 허용된다.

직권에 의한 변경은, 대금지급기한 통지 후 물건명세서에 적힌 매각조건에 변경이 있는 것으로 밝혀진 때, 매수인이 매각허가결정 확정 후 천재지변, 그 밖에 매수인이 책임질 수 없는 사유로 부동산이 현저하게 훼손되었거나 또는 부동산에 관한 중대한 권리관계가 변동되었다고 주장하면서 민사집행법 제127조 제1항에 의한 매각허가결정취소신청을 하였는데 그 진위의 조사에 상당한 시간이 필요한 때 등이다.

(2) 대금지급기한의 통지

법원은 대금지급기한을 정하면 이를 매수인과 차순위매수신고인에게 통지한다. 그러나 이해관계인이나 배당을 요구한 채권자에게는 통지하지 않는다.

다만, 2인 이상이 공동으로 매수한 경우에는 공동매수인의 대금지급의무는 성질상 불가분채무이므로 공동 매수인 전원에게 대금지급기한 통지를 하여야 한다.

(3) 대금납부기한제도

매수인은 매각대금 납부기한이 정하져 있다고 하더라도 납부기한 내에는 언제든지 납부할 수 있다.

과거에는 매각대금 지급기일제도를 채택하여 매각대금을 법원이 지정한 대금지급기일이 아닌 날에 지급하거나 공탁하여도 대금 납부로서의 효력 없었다.

그러나 현행 대금지급기한제도 하에서는 매수인이 정해진 대금지급기한까지 언제라도 매각대금을 지급하고 그 소유권을 취득할 수 있다. 이는 매수인의 지위 안정을 통하여 경매 부동산의 적정가격에 의한 매각을 유도하는 효과가 있다.

2. 매각대금의 납부 방법

1) 통상의 납부방법

매수인은 매수가격 중 입찰 보증금을 제외한 잔액을 전액 납부하여야 한다. 만약 매수신청보증을 현금화하는 경우에는 보증을 제공한 사람이 그 현금화에 드는 비용도 부담하여야 한다.

2) 특별한 납부방법

매수인은 매각조건에 따라 부동산의 부담을 인수할 수도 있고, 배당표의 실시에 관해 매각대금의 한도에서 관계 채권자의 승낙이 있으면 대금의 지급에 갈음해서 채무를 인수할 수도 있다.

채권자가 매수인인 경우에는 상계신청을 하여 매각결정기일이 끝날 때까지 법원에 신고하고 배당받아야 할 금액을 제외한 대금을 배당기일에 납부할 수 있다. 그러나 매수인이 배당받아야 할 금액에 대해 이의가 제기되면 매수인은 배당기일이 끝날 때까지 이에 해당하는 대금을 납부해야 한다.

[서식 11] 상계신청서

채 권 상 계 신 청 서

사건번호　　　타경　　　　호
채 권 자
채 무 자

위 사건에 관하여 매수인이 납부할 매각대금을 민사집행법 제143조 제2항에 의하여 매수인이 채권자로서 배당받을 금액한도로 상계하여 주시기 바랍니다.

년　　　월　　　일

매수인 겸 채권자　　　　　　　　(인)
연락처(☎)

지방법원　　　　　　귀중

3) 매각대금의 납부절차

(1) 매각대금 납부를 위한 준비를 한다.

① 법원에서 발송한 대금지급기한 통지서를 준비한다.

[서식 12] 대금지급기한통지서

○ ○ 지 방 법 원

대금지급기한통지서

귀하

사 건　　20 타경 부동산강제(임의)경매
채 권 자
채 무 자
소 유 자
매 수 인
차순위매수신고인
아래와 같이 대금지급기한이 정하여졌으니 지급기한까지 이 법원에 출석하여 매각대금을 납부하시기 바랍니다.

대금지급기한　2018 . . . : 민사집행과

2018 . . .

법원사무관　　　(직인생략)

② 도장과 신분증을 준비한다.

③ 매각잔금을 준비한다.

(2) 집행법원 해당 경매계에서 "매각대금 납부서"를 발급받는다.

그림 94 매각대금납부서

사 건 번 호		2015타경507668	물 건 번 호	2
납 부 금 액		금 13,947,900 원		
보관금 종류		매각대금		
납 부 기 한		2016. 7. 29. 까지		
납부자	성 명		전 화	
	주민등록번호 (사업자등록번호)		우편번호	06093
	주 소			
대리인	성 명		전 화	
	주민등록번호 (사업자등록번호)		우편번호	
	주 소			

위의 보관금을 납부하시기 바랍니다.

2016. 7. 8.

수 원 지 방 법 원

사 법 보 좌 관 금 O 근 법원주사보 황 ㅇ 혁

※ 법원보관금납부시 실명확인을 위하여 필요하오니 주민등록증을 지참하시기 바랍니다.

(3) 매각잔대금을 납부한다.

잔금 납부는 법원 내에 있는 은행 이용하는 것이 편리하다. 은행에 가서 은행 내에 비치돼 있는 법원보관금청구서를 작성한다.

법원보관금청구서에 법원명, 금액, 납부자, 환급계좌 등을 기재한 다음, 법원보관금청구서를 제출하고, 잔금을 납부한다.

(4) 법원보관금영수증을 교부받는다.

잔금을 은행에 납부하면 은행에서는 법원보관금영수필통지(영수증)를 교부해준다. 법원보관금영수증은 법원제출용과 납부자보관용 2부를 교부하는데, 이를 수령한다.

(5) 매각대금완납증명원을 교부받는다.

해당 경매계로 다시 가서 법원제출용 법원보관용영수증을 제출하고 매각대금완납증명원을 받는다. 매각대금완납증명원과 함께 부동산목록(부동산표시)도 교부받는다.

[서식 13] 매각대금완납증명원

매 각 대 금 완 납 증 명 원

수입인지 500원

사　　건　　　　타경　　　　　호

채 권 자
채 무 자
소 유 자
매 수 인

위 사건의 별지목록기재 부동산을 금　　　　　　　원에 낙찰받아　　.　　.　　. 에 그 대금전액을 납부하였음을 증명하여 주시기 바랍니다.

년　　　　월　　　　일

매수인　　　　　　　　　　(인)
연락처(☎)

지방법원　　　　　　귀중

☞유의사항
1) 매각부동산 목록을 첨부합니다.
2) 2부를 작성합니다(원본에 500원 인지를 붙임).

4. 매각대금 납부의 효과

1) 권리취득과 등기촉탁

매수인은 매각대금을 납부하면 경매의 목적인 부동산에 대한 권리를 취득한다.

매각대금이 지급되면 법원서기관 · 법원사무관 · 법원주사 또는 법원주사보는 매각허가결정의 등기사항증명서를 붙여 매수인 앞으로 소유권을 이전하는 등기, 매수인이 인수하지 않은 부동산의 부담에 관한 기입을 말소하는 등기, 경매개시결정등기를 말소하는 등기를 촉탁한다.

2) 차순위매수신고인 보증반환

차순위매수신고인은 매수인이 대금을 모두 지급한 때 매수의 책임을 벗게 되므로, 즉시 매수신청보증의 반환 요구를 할 수 있다.

3) 배당실시

매수인이 매각대금을 지급하면 법원은 배당기일을 열어 채권자에게 배당을 실시한다.

4) 매각대금을 미납한 경우

매수인이 대금지급기한 또는 다시 정한 대금지급기한까지 대금을 전부 지급하지 않았고, 차순위매수신고인이 없는 경우에는 법원은 직권으로 부동산의 재매각 명령을 내린다.

그러나 매수인은 재매각이 되는 경우에도 재매각기일의 3일 이전까지 매각대금 및 그 지급기한이 지난 뒤부터 지급일까지의 대금에 대한 대법원규칙이 정하는 이율에 따른 지연이자와 절차비용을 지급할 수 있다. 이 경우에는 재매각절차를 취소한다.

재매각절차에서는 전의 매수인은 매수신청을 할 수 없으며, 매수신청의 보증반환을 요구하지 못한다.

재매각 절차에서는 종전에 정한 최저매각가격과 그 밖의 매각조건이 그대로 적용된다. 다만, 실무에서는 매수신청보증금을 20%로 상향시키고 있다.

제 9 장

권리분석에 대한 이해와 중요성

1강 권리분석의 기초

2강 말소기준권리의 이해

3강 권리분석의 방법

제9장

권리분석에 대한 이해와 중요성

1강 권리분석의 기초

1. 권리분석의 의의

1) 개념

부동산경매에서 어려운 점의 하나가 권리분석이다. 권리분석은 무엇이고, 왜 해야 하는가?

경매가 되는 부동산에는 가압류, 가처분, 지상권 설정등기, 저당권설정등기 등과 같은 많은 권리가 등기되어 있고, 등기되지 않은 임차권이나 유치권 등의 권리가 존재한다.

그런데 경매로 그 부동산을 취득하는 매수인에게 그러한 권리들이 그대로 이전된다면 매수인은 많은 부담을 안고 경매부동산을 사게 되는 셈이다.

예컨대, 저당권이 만약 그대로 이전되어 남아 있게 된다면 매수인은 저당권자에게 채무를 변제하여야 하고, 만약 채무를 변제하지 못하면 그 저당권자는 채권을 회수하기 위하여 다시 당해 부동산에 대한 경매를 신청할 수도 있는 것이다.

또한 경매부동산의 임차권이 그대로 인수된다면 매수인은 소유권을 취득하더라도 임차인의 임대차기간 동안은 사용 · 수익을 하도록 해주어야 하고, 임대차 기간만료시 보증금도 대신 반환해주어야 한다.

이렇게 되면 누구도 경매로 그 부동산을 취득하려 하지 않을 것이기 때문에 경매를 통한 부동산의 매각은 거의 불가능하게 된다.

따라서 매각되는 부동산 위에 있는 권리들 중 어떤 권리는 매수인에게 그대로 이전되는가 하면 또 어떤 권리는 이전되지 않고 소멸되도록 하고 있는 것이다. 물론 권리가 소멸되면 등기된 권리는 당연히 등기말소가 된다.

권리분석이란 매각 부동산 위에 어떤 권리들이 있으며, 그러한 권리들이 매수인에게 그대로 이전되어 매수인의 부담으로 되는지 아니면 이전하지 않고 소멸되는지를 분석하는 것이다.

권리분석에서 협의의 권리분석은 권리의 인수, 소멸에 관한 분석을 하는 것이다. 그러나 광의의 권리분석은 협의의 권리분석에 더하여 매각 부동산을 취득한 후 공법상의 이용 제한에 관한 문제도 권리분석에 포함하는 것이다.

2) 권리분석의 중요성과 난점

부동산경매에서 권리분석은 매우 중요한 작업이다. 매수인으로서는 매수한 부동산 위에 있는 권리들이 인수되는지 소멸되는지 여부를 정확하게 분석하여 매수신청 여부와 적정매수가격을 결정할 필요가 있기 때문이다.

그러나 권리분석은 어려운 작업이다.

왜냐하면, 법원에서 권리분석을 정확하게 하여 매각을 하거나 권리분석에 대한 충분한 정보를 제공하고 있지 않기 때문이다. 경매기록 중 권리분석의 중요 자료인 '매각물건명세서'를 보더라도 권리의 인수, 소멸 여부를 명확하게 판단할 수 없기 때문이다.

또한 법률에서도 매각되는 부동산에 관한 인수, 소멸에 관한 사항을 명확하게 규정하고 있다고 볼 수 없다.

그림 95 수원지법 2016타경8114

사건기본내역

사건번호	2016타경8414	사건명	부동산강제경매
중복/병합/이송	2016타경703610(중복)		
접수일자	2016.03.30	개시결정일자	2016.03.31
담당계	경매2계 전화 : 031-828-0322(구내:322)		
청구금액	130,000,000원	사건항고/정지여부	
종국결과	미종국	종국일자	

현황조사서 | 감정평가서 | 관심사건등록

배당요구종기내역

목록번호	소재지	배당요구종기일
1	경기도 가평군 가평읍 읍내리 산94-1	2016.06.10
2	경기도 가평군 가평읍 읍내리 산94-5	2016.06.10

항고내역

물건번호	항고제기자	항고접수일자	항고		재항고		확정여부
		접수결과	사건번호	항고결과	사건번호	재항고결과	
검색결과가 없습니다.							

관련사건내역

관련법원	관련사건번호	관련사건구분
의정부지방법원	2015년 제119호	공정증서

물건내역

물건번호	1 (물건상세조회 / 매각물건명세서)	물건용도	대지,임야,전답	감정평가액 (최저매각가격)	266,707,200원 (266,707,200원)	
물건비고	일괄매각. 제시외 건물등 매각에서 제외. 목록1 분묘 40여기 소재함.					
목록1	경기도 가평군 가평읍 읍내리 산94-1			목록구분	토지	비고 미종국
목록2	경기도 가평군 가평읍 읍내리 산94-5			목록구분	토지	비고 미종국
물건상태	매각준비 -> 매각공고					
기일정보	2016.10.06			최근입찰결과		

출처: 법원경매정보(http://www.courtauction.go.kr)

그림 96 매각물건명세서

매각물건 명세서

인쇄

사건	2016타경8414 부동산강제경매 2016타경703610(중복)	매각물건번호	1	담임법관(사법보좌관)	
작성일자	2016.09.22	최선순위 설정일자	2015.10.01(가압류)		
부동산 및 감정평가액 최저매각가격의 표시	부동산표시목록 참조	배당요구종기	2016.06.10		

부동산의 점유자와 점유의 권원, 점유할 수 있는 기간, 차임 또는 보증금에 관한 관계인의 진술 및 임차인이 있는 경우 배당요구 여부와 그 일자, 전입신고일자 또는 사업자등록신청일자와 확정일자의 유무와 그 일자

점유자의 성명	점유부분	정보출처 구분	점유의 권원	임대차 기간 (점유기간)	보증금	차임	전입신고 일자.사업 자등록신 청일자	확정일자	배당요구 여부 (배당요구 일자)
박0월	제시외 건물	현황조사	제시외 건물에의 전입자 임차인	미상	미상	미상	2001.01.10	미상	
〈비고〉									

※ 최선순위 설정일자보다 대항요건을 먼저 갖춘 주택.상가건물 임차인의 임차보증금은 매수인에게 인수되는 경우가 발생할 수 있고, 대항력과 우선 변제권이 있는 주택.상가건물 임차인이 배당요구를 하였으나 보증금 전액에 관하여 배당을 받지 아니한 경우에는 배당받지 못한 잔액이 매수인에게 인수되게 됨을 주의하시기 바랍니다.

※ 등기된 부동산에 관한 권리 또는 가처분으로서 매각으로 그 효력이 소멸되지 아니하는 것
토지 을구 1번 지상권(1988.10.24 등기)

※ 매각에 따라 설정된 것으로 보는 지상권의 개요
목록1 지상 소재 분묘를 위하여 분묘기지권이 성립할 여지가 있음. 지상 소재 제시외 건물 등을 위하여 법정지상권이 성립할 여지가 있음

※ 비고란
일괄매각. 제시외 사찰 및 광고탑 1기 등 매각에서 제외. 목록1 분묘 4여기 소재함. 목록1 분묘 및 제시외 건물 등 감안한 단가는 10,800/㎡ 임. 목록2 제시외 광고탑 등 감안한 단가는 11,700/㎡ 임.

출처: 법원경매정보(http://www.courtauction.go.kr)

2. 권리분석과 민사집행법 제91조

권리분석을 하는 방법 등에 관해서 직접 규정한 법률 규정은 없다. 그러나 민사집행법 하여 제91조에서는 인수주의와 잉여주의의 선택 등이라는 제목으로 〈표 15〉와 같은 규정을 두고 있다.

표 15 민사집행법 제91조

① 압류채권자의 채권에 우선하는 채권에 관한 부동산의 부담을 매수인에게 인수하게 하거나, 매각대금으로 그 부담을 변제하는 데 부족하지 아니하다는 것이 인정된 경우가 아니면 그 부동산을 매각하지 못한다.
② 매각부동산 위의 모든 저당권은 매각으로 소멸된다.
③ 지상권 · 지역권 · 전세권 및 등기된 임차권은 저당권 · 압류채권 · 가압류채권에 대항할 수 없는 경우에는 매각으로 소멸된다.
④ 제3항의 경우 외의 지상권 · 지역권 · 전세권 및 등기된 임차권은 매수인이 인수한다. 다만, 그중 전세권의 경우에는 전세권자가 제88조에 따라 배당요구를 하면 매각으로 소멸된다.
⑤ 매수인은 유치권자(留置權者)에게 그 유치권(留置權)으로 담보하는 채권을 변제할 책임이 있다.

민사집행법 제91조는 경매부동산에 있는 모든 권리에 대한 명확한 분석 방법을 제시하고 있지는 않지만, 권리분석과 관련하여 아주 중요한 사항을 규정하고 있다. 즉 매수인에 대한 인수, 저당권의 소멸 원칙, 지상권 · 지역권 · 전세권 및 등기된 임차권이 소멸하는 경우와 인수되는 경우, 유치권의 인수 등에 관하여 규정하고 있다.

2강 권리분석은 어떻게 하나요?

1. 권리의 위계질서

1) 물권과 채권의 우열관계

위계질서는 직장이나 조직 내에서만 존재하는 것은 아니다. 권리 세계에서도 위계질서는 존재한다. 재산권인 물권과 채권 상호 간에는 물권이 채권에 우선하는 것이 원칙이다.

예컨대, 토지소유권을 A가 가지고 있다고 가정하자.

토지의 이용적 측면에서 만약 소유권자 A의 토지에, B가 토지에 대한 임차권, C가 토지에 대한 지상권, D가 토지에 대한 전세권, E가 A로부터 소유권을 양도받아 새로운 소유권자가 되었다면, B, C, D, E가 가지고 있는 토지에 대한 이용권은 상호 충돌하게 된다.

또한 이 토지의 가치적 측면에서 토지 소유권자 A가 이 토지에 대하여 임차권자 B에게 보증금 5천만 원을 반환하여야 하고, C에게 5천만 원의 대여금 반환채무를 부담하고, 토지에 대한 담보로 D 은행에 5천만 원의 저당권을 설정했다고 가정한다면, 채권자 B, C, D 중에 누가 먼저 채권을 변제받아야 하는지를 둘러싸고 이해관계의 충돌이 발생한다.

이와같이 부동산에 대해서도 이용적 측면과 가치적 측면에서 권리 상호간에 충돌이 발생하기 때문에 이를 해결하기 위한 권리 상호간의 일종의 위계질서를 정립할 필요가 있는 것이다.

그림 97 물권과 채권의 우열

출처:dreamstime(https://www.dreamstime.com)

그러나 예외적으로 특별히 채권자를 보호하기 위하여 채권임에도 물권보다 우선하거나, 일정한 요건을 갖춘 경우, 물권과 대등한 지위를 인정하는 경우도 있다. 예컨대, 주택임대차 및 상가건물임대차의 소액보증금, 임금채권, 퇴직금 채권 등이다.

채권이지만 일정 요건을 구비한 경우에는 물권과 대등한 지위를 인정하는 경우에는 일정 요건의 성립 및 효력발생일 등을 기준으로 물권과의 우열관계를 따진다.

2) 물권 상호간의 관계

물권 상호간의 관계는 시간적으로 먼저 성립한 물권이 나중에 성립한 물권에 우선하는 것이 원칙이다.

(1) 등기한 권리의 순위

동일한 부동산에 관하여 등기한 권리의 순위는 법률에 다른 규정이 없으면, 등기한 순서에 따른다.

등기의 순위는 등기기록 중 같은 구(區)에서 한 등기 상호간에는 순위번호에 따르고, 다른 구(예컨대, 갑구에 등기된 권리와 을구에 등기된 권리)에서

한 등기 상호간에는 접수번호에 따른다. 예컨대, 앞 [그림 95]와 [그림 96]의 등기 중 갑구에 등기된 강제경매와 을구에 기재된 전세권과의 우순선위는 접수번호가 어떤 것이 더 빠른지에 의해 결정된다.

그러나 동일한 부동산이나 동일한 지분에 관하여 이중으로 소유권 또는 지분이전등기가 경료된 경우에는 선순위 등기가 원인무효이거나 직권말소될 경우에 해당하지 아니하는 한, 후순위등기는 실체적 권리관계에 부합하는지에 관계없이 무효이다(대법원 1998.09.22. 선고 98다23393 판결).

(2) 부기등기의 순위

부기등기는 그 자체로는 독립된 순위번호를 설정하지 아니하고, 이미 존재하는 등기에 부기하여 그 일부를 변경하는 등기로 일정한 경우에만 인정한다.

부기등기의 순위는 주등기의 순위에 의하고, 부기등기 상호간의 순위는 전후에 의한다.

(3) 가등기에 의한 본등기의 순위

앞부분 [그림 88] 등기사항전부증명서(갑구)에는 순위번호 3번에 가등기가 되어 있다. 가등기란 매매의 예약, 대물변제로 부동산을 취득할 것을 약속했을 때 등 아직 소유권을 확보하지는 못했으나 그 권리를 주장할 필요가 있는 경우에 이용된다.

가등기를 먼저 해 놓고 나중에 본등기를 한 경우, 그 본등기의 순위는 먼저 해 놓았던 가등기의 순위에 따른다.

3) 등기된 권리와 등기되지 않은 권리의 우열

이와같이 등기되는 권리의 위계질서는 등기사항증명서를 보고 판단할 수 있다. 그러나 등기되지 않는 권리와 등기되는 권리 상호간, 등기되지 않는 권리 상호간 간의 위계질서는 등기사항증명서 만으로 판단할 수는 없다. 그러나 이 경우에도 등기되는 권리는 등기가 된 날(접수일)을 기준으로 하고, 등기되지 않는 권리는 일정 요건의 그 성립 및 효력발생일을 기준으로 우열을 판단한다.

예컨대, 주택 위에 저당권과 주택임차권이 담보가치적 측면에서 충돌하는 경우, 저당권은 등기부상의 등기일자(접수일), 주택임차권은 전입신고를 하고 이사를 추가하여 대항요건을 구비한 뒤 확정일자를 받은 날[20)]을 기준으로 우열관계를 판단한다.

2. 말소기준권리

1) 민사집행법 제91조의 해석

민사집행법 제91조에 규정된 내용을 다시 한 번 해석하여 보면, 매각부동산 위의 모든 저당권, 지상권 · 지역권 · 전세권 및 등기된 임차권이 저당권 · 압류채권 · 가압류채권에 대항할 수 없는 경우에는 매각으로 소멸된다.

반면, 저당권 · 압류채권 · 가압류채권에 대항할 수 있는 지상권 · 지역권 · 전세권 및 등기된 임차권 은 인수된다. 다만, 대항할 수 있는 전세권은 인수되지만, 예외적으로 전세권자가 배당요구를 하면 매각으로 소멸된다.

매수인은 유치권자에게 그 유치권으로 담보하는 채권을 변제할 책임이 있으므로 유치권은 인수된다.

2) 말소기준권리의 의의

이러한 민사집행법 제91조의 규정에 기하여 실무에서는 말소기준권리라는 개념을 만들어 냈다. 말소기준권리란 용어는 법률상의 용어는 아니며, 실무상 사용하는 용어이다.

말소기준권리란 부동산경매에서 부동산이 매각될 경우, 그 부동산에 존재하던 권리가 소멸하는가, 그렇지 않으면 그대로 남아 매수인에게 인수되는가를 가늠하는 기준이 되는 권리라는 의미이다.

말소기준권리가 있으면, 그 권리보다 선순위 권리와 후순위권리로 분류할 수 있다. 이러한 순위 분류에 의해 말소기준권리 보다 선순위 권리는 원칙적

20) 대항요건을 언제 구비하였는지에 따라 확정일자의 효력발생일도 달라질 수 있다. 이에 대해서는 후술한다.

으로 인수되고, 후순위 권리는 소멸하는 것이 원칙이라고 하는 권리분석의 원칙이 정립되는 것이다.

3) 말소기준권리의 원리

많은 권리가 존재하고 있음에도 그 중에서도 어떤 권리를 말소기준권리로 하고 있는지에 대해서는 그 저변에 있는 기본 원리를 이해할 필요가 있다.

우리는 무엇을 가지고 판단의 기준점으로 삼을 수 있는가는 몇 가지 관점에서 정할 수 있다.

첫째, 등기부상의 여러 권리 중에서 경매를 신청한 권리(채권자)가 있으면 경매신청채권자의 권리를 기준으로 다른 권리들의 선후를 결정할 수 있다.

둘째, 권리 중에서는 채무자에 대한 채권을 가지고 있어 채무자 소유의 부동산 또는 물상보증인 소유의 부동산이 경매되면 매각대금에서 배당을 받을 수 있는 권리들이 있다. 예컨대, 저당권은 돈을 받을 수 있는 권리(채권)이나, 지상권은 토지를 이용하는 권리이지 지상권자가 돈을 받을 수 있는 권리를 가지고 있는 것은 아니다.

이러한 관점에서 생각할 때, 돈을 받을 수 있는 권리는 경매가 되면 원칙적으로 소멸시키는 것이 바람직하다. 왜냐하면, 돈을 받을 수 있으면 매각부동산의 매각대금에서 배당을 받을 수 있기 때문에 그 권리를 소멸시키더라도 그 권리를 가진 채권자에게는 불공평한 것이 아니기 때문이다.

다만, 그 채권자가 배당을 받을 수는 있지만, 만약 배당순위가 후순위가 되면 실제는 배당을 받지 못하거나 일부밖에 못 받는 경우도 있다. 그렇지만 이러한 결과는 그가 가진 채권의 배당순위가 후순위이기 때문에 그런 것이다. 따라서 배당받을 수 있는 자격은 준 것이므로 실제 배당여부에 관계없이 소멸시키는 것이 타당한 것이다.[21)]

그러나 돈을 받을 수 없는 권리는 경매가 되더라도 배당을 받을 수 없다. 그럼에도 불구하고 매각으로 그 권리가 소멸된다면 당해 권리자는 억울하게 될

21) 다만, 그 권리가 경매부동산의 매각으로 등기부에서 말소되더라도 배당을 못 받은 경우, 금전채권 자체가 소멸되는 것은 아니다.

것이다.

따라서 돈을 받을 수 없는 권리는 원칙적으로 존속시키는 것이 타당한 것이다. 그러나 돈을 받을 수 없는 권리라도 돈을 받을 수 있는 권리와 이해관계가 충돌되는 경우도 있다(예컨대, 저당권과 지상권의 충돌). 이 경우에는 돈을 받을 수 없는 권리라고 해서 무조건 존속시키면 오히려 타인에게 피해를 줄 수 있다. 따라서 그런 경우에는 예외적으로 돈을 받는 권리가 아니라고 하더라도 그 권리를 소멸시키는 것이 이해관계를 공평하게 조정하는 방법이 된다.

바로 이러한 원리에 기하면, 여러 권리 중에서 돈을 받을 수 있는 권리들은 경매로 매각되면 모두 소멸하는 것이 타당하다는 원칙이 정립될 수 있다.

돈을 받을 수 있는 권리는 원칙적으로 소멸하는 것이 타당하다면, 여기서 말소기준이 될 수 있는 권리가 정해질 수 있는 것이다.

4) 말소기준권리의 종류와 정리

말소기준권리에 해당되는 권리는 〈표 16〉과 같다.

표 16 말소기준권리의 종류

말소기준권리	이유	근거
저당권	배당 가능성	민사집행법 제91조 제2항
근저당	배당 가능성	민사집행법 제91조 제2항 유추
압류	배당 가능성	민사집행법 제91조 제3, 4항
가압류	배당 가능성	민사집행법 제91조 제3, 4항
담보가등기	배당 가능성	가등기담보 등에 관한 법률 제12조 제1항
경매개시결정등기	압류 효력, 배당 가능성, 매각 시 목적 달성	민사집행법 제144조

말소기준권리가 될 수 있는 권리는 6개가 있지만, 권리분석을 위한 말소기준권리는 1개뿐이다. 말소기준권리가 될 수 있는 권리들 중에서도 그 순위가 가장 빠른 권리만이 말소기준권리가 될 수 있다.

그러나 말소기준권리는 특정 경매사건에서 권리관계의 변동이 발생하는 경우 말소기준권리에도 변동이 초래될 수도 있다.

3강 권리분석 맞게 했나요?

1. 권리분석 요령

권리분석을 함에 있어 가장 먼저 해야 할 일은 말소기준권리를 찾는 것이다. 말소기준권리에 해당하는 것 중에서 등기부상 가장 먼저 등기되어 있는 것이 당해 사건의 말소기준권리가 되기 때문에 이를 찾아야 한다.

그러나 물론 간편하게 찾는 방법도 있다. 매각물건명세서가 작성되어 공시된 경우에는 매각물건명세에서 최선순위설정일자에 기재된 일자와 권리를 보면 된다. 매각물건명세서의 최선순위설정일자는 등기부상의 권리를 조사하여 법원에서 작성한 것이기 때문이다.

[그림 98]은 경매에 나온 굿모닝시티 쇼핑몰에 대한 매각물건명세서이다. 여기에 기재된 최선순위설정일자를 보면, 2008. 11. 12. 자 근저당권이다. 따라서 이 경우에는 2008. 11. 12. 자 근저당권이 말소기준권리이다.

그림 98 매각물건명세서

사건번호	2016 타경 9088 (1)	매각기일	기일입찰 2018-10-04 10:00

사건	2016타경9088 부동산임의경매	매각물건번호	1	담임법관(사법보좌관)
작성일자	2018.07.25	최선순위 설정일자	2008. 11. 12. 근저당권	
부동산 및 감정평가액 최저매각가격의 표시	부동산표시목록 참조	배당요구종기	2016. 10. 24	

부동산의 점유자와 점유의 권원, 점유할 수 있는 기간, 차임 또는 보증금에 관한 관계인의 진술 및 임차인이 있는 경우 배당요구 여부와 그 일자, 전입 등록신청일자와 확정일자의 유무와 그 일자

점유자의 성명	점유부분	정보출처 구분	점유의 권원	임대차 기간 (점유기간)	보증금	차임	전입신고일자, 사업자등록신청 일자	확정일ㅈ
임O일	2층 에프 2014 호	현황조사	점포 임차인	미상	미상	미상	2014.07.21	미상

< 비고 >

※ 최선순위 설정일자보다 대항요건을 먼저 갖춘 주택.상가건물 임차인의 임차보증금은 매수인에게 인수되는 경우가 발생할 수 있고, 대항력과 우선 가건물 임차인이 배당요구를 하였으나 보증금 전액에 관하여 배당을 받지 아니한 경우에는 배당받지 못한 잔액이 매수인에게 인수되게 됨을 주의하시

※ 등기된 부동산에 관한 권리 또는 가처분으로서 매각으로 그 효력이 소멸되지 아니하는 것

토지 2.(18-220) 을구 22번 구분지상권등기(2007.07.11.등기) 및 토지 3.(18-221) 을구 1번 구분지상권등기(2007.07.11.등기)

※ 매각에 따라 설정된 것으로 보는 지상권의 개요

해당사항 없음

※ 비고란

1. 토지 별도등기 있음. 2. 특별매각조건 : 매수보증금 20% 3. 본건 부동산 '2층에프2014호'는 매장내 한쪽벽면 가장자리에 위치한 것으로 보이며, 본 점포 안쪽벽에 '2-014'로 건물번호표지 및 바닥에 철선으로 경계표지가 부착되어 있으며,경계벽을 설치하여 다른 호수와 구분한 것으로 보여지나 구 육안으로 특정하기 어려우므로 향후 측량감정을 통해 알 수 있을 것으로 보임.(현황재조사보고서 참고) 4. 그 밖에 자세한 사항은 현황조사서 및 감정

※ 주1 : 경매, 매각목적물에서 제외되는 미등기건물 등이 있을 경우에는 그 취지를 명확히 기재한다.
2 : 최선순위 설정보다 먼저 설정된 가등기담보권, 가압류 또는 소멸되는 전세권이 있는 경우에는 그 담보가등기, 가압류 또는 전세권 등기

출처: 아모스리치옥션(http://www.amosauction.com)

이와 같은 방법으로 말소기준권리를 찾았으면, 다음에는 말소기준권리를 기준으로 이보다 먼저 순위가 빠른 선순위 권리와 후순위 권리를 순위대로 나열하여 표를 만든다.

말소기준권리보다 순위가 빠른 권리들은 모두 강조되어 구별될 수 있게 만든다.

이렇게 권리분석표를 작성해서, 만약 말소기준권리보다 선순위로 등기된 전세권, 지상권, 지역권, 가처분, 소유권이전청구권 보전가등기가 있거나 임차인 중에서 임대차계약과 주택의 인도와 전입신고를 먼저 한 임차인 등 선순위 권리가 있으면 이는 인수대상으로 표시한다.

다음에는 말소기준권리보다 후순위이면 소멸 대상으로 표시한다.

그러나 권리 중에는 유치권, 법정지상권, 분묘기지권 등과 같이 등기되지 않

고, 임대차의 전입신고일과 같이 그 성립이나 기준일자가 객관적으로 명확하지 않은 경우도 있다. 이런 권리들은 권리분석표에 0순위 표기하거나 하단에 별도로 구분하여 표시하여 놓는다.

이러한 권리들은 매각물건명세서의 매각에 따라 설정된 것으로 보는 지상권의 개요, 비교란에 기재된 내용을 파악하면 된다.

표 17 권리분석표

순위	일자	권리	권리자	권리금액(만원)	인수/소멸	비고

2. 권리분석 연습

권리분석에 익숙하려면 권리분석 방법과 요령을 익히고, 다양한 사례에 대하여 분석을 해 보는 반복된 연습이 필요하다.

〈표 18〉의 사례를 보면, 말소기준권리는 2011. 9. 5.자 저당권이다. 저당권 외에 가압류 2건이 있으나, 모두 말소기준권리보다 후순위이고 또 가압류는 돈을 받는 권리이므로 소멸하는 것이 원칙이다. 또 가압류 외에 임차인이 있으나, 전입일(권리분석상 순위를 따지는 효력은 그 다음 날)이 말소기준권리보다 후순위이다. 따라서 이 임대차도 소멸 대상이다.

표 18 권리분석을 위한 사례

사건 번호	소재지	면적(㎡)	등기부상 권리분석	임대차관계 주민등록	감정평가액 @최저매각 가격
2018-00 주택 박00 김00	천안시 00동 104-11 감정평가내역 *벽돌조슬래브 위 기와지붕 *00동사무소 북측 600m *버스(정)인근소재 *남서측폭4m 도로 접함 *일반주거지역 *기름보일러난방	대지 258㎡ 1층 주택 91.77㎡ (방 2) 2층 주택 71.49㎡ (방 4) 지하 주택 91.77㎡ (2가구-각 방 2) 제시외 창고 4.5㎡ 화장실 2 소재 (1995.9.16. 보존)	저당권 엘지전자 2011.09.05. 3억9,300만 가압류 천안상호 2012.05.29. 3억5,549만 가압류 박00 2014.03.12. 2억300만 강제경매 박00 2018.04.10. *청구액 203,000,000 원 *배당요구 종기일 2018.09.10.	김00 1억 원 전입 2013.08.22. 확정 2013.08.22.	593,525,780 원 한국감정 @593,525,780 원 (100.0%)

다음 물건은 경기도 여주지원에 건물 및 토지지분이 경매로 나온 사례이다. 이 사례에 대하여 등기사항증명서, 매각물건명세서 등을 조사하여 권리분석을 연습하여 보자.

이 사례에서는 농협에서 2016. 2. 2. 자로 같은 날짜에 근저당권이 각 7,200만 원, 1억7,400만원으로 2건이 설정되어 있다. 그러나 동일한 채권자인 농협에서 같은 날짜로 2개의 근저당권을 가지고 있다고 하더라도 말소기준권리는 1개이므로 먼저 등기부에 등기된 2016. 2. 2.자 농협 7,200만 원 근저당권이 말소기준권리가 되는 것이다.

그림 99 여주지원 2017타경9027

아모스리치옥션	매각기일 : 2018-10-10 10:00 (수)			여주지원 경매6계 2017타경9027	
소재지	경기도 양평군 옥천면 신복리 1130-33				사건접수 2017-10-24
물건종별	주택	채권자	농업협동조합자산관리회사	감정가	386,586,270원
매각대상	건물전체 및 토지지분매각	채무자	김0호	최저가	(70%) 270,610,000원
토지면적	538.00㎡ (162.75평)	소유자	김0호	보증금	(10%) 27,061,000원
건물면적	284.73㎡ (86.13평)	배당종기일	2018-02-07	청구금액	227,446,524원
입찰방법	기일입찰	개시결정	2017-10-25	다운로드뷰	사진더보기

기일현황 입찰15일전

NO	매각기일	최저입찰가	결과
1	2018-08-22	386,586,270	유찰
2	2018-10-10	270,610,000	

경락잔금대출 입찰전 무료상담신청

출처: 아모스리치옥션(http://www.amosauction.com)

제 10 장

주택 및 상가 경매에 대한 도전

1강 주택경매와 주택임대차보호법

2강 상가경매와 상가건물임대차보호법

3강 주택경매 물건분석

제10장

주택 및 상가 경매에 대한 도전

1강 주택경매와 주택임대차보호법

1. 주택 경매

경매에는 다양한 용도의 부동산이 나오지만 토지와 더불어 주거용 부동산이 가장 많은 건 수를 차지하고 있다. 경매로 주택을 구입하여 내 집을 마련하고자 하는 수요와 주택경매는 다른 물건에 비해 비교적 용이하다는 인식으로 주택 경매에 관심이 상대적으로 높다.

그러나 주택 경매에 많은 사람들이 관심을 갖다 보니 주택의 평균 매각가율(낙찰가율)은 다른 용도의 부동산에 비하여 높은 편이다.

경매로 주택을 매수하려면 먼저 기본적으로 주택의 종류와 주택임대차보호법에 관한 중요내용을 이해하여야 한다. 이는 경매 주택의 물건 분석과 권리분석, 적정 매수가격 분석을 함에 있어 꼭 필요한 지식이기 때문이다.

표 19 용도별 경매 통계(2017년)

용도	진행건수	낙찰건수	낙찰율	총감정가	총낙찰가	낙찰 가율	평균 응찰자
주거시설	37,750	16,250	43.1%	3조7393억원	3조2726억원	87.5%	5.5
업무상업 시설	17,600	5,380	30.7%	3조9936억원	2조7144억원	67.9	3.3
토지	46,950	18,470	39.4%	3조8053억원	2조8903억원	76.0%	3.0
공업시설	4,700	1,600	35.1%	3조8386억원	2조5860억원	67.4%	3.2
합계	107,000	41,700	39.1%	15조3770억원	11조4635억원	73.8%	4.0

그림 100 용도별 경매 통계(2020년)

용도	진행건수	낙찰건수	낙찰률	낙찰가율	평균 응찰자수
주거시설	62,500	23,300	37.3%	83%	5.3
업무/상업시설	23,000	5,910	25.7%	65%	3
토지	49,800	18,100	36.4%	72%	2.5
공업시설	4,700	1,690	36%	62%	3.2
합계	**140,000**	**49,000**	**35%**	**72.7%**	**4**

출처: 지지옥션 보도자료(http://www.ggi.co.kr)

2. 주택의 종류

먼저 주택은 그 용도에 크게 단독주택과 공동주택으로 구분하고, 단독주택은 다시 단독주택, 다중주택, 다가구주택, 공관으로 구분하며, 공동주택은 아파트, 연립주택, 다세대주택, 기숙사로 분류한다.

표 20 용도별 건축물의 종류

주택의 종류 건축법 시행령 별표 1	세분류
단독주택	단독주택
	다중주택
	다가구주택
	공관
공동주택	아파트
	연립주택
	다세대주택
	기숙사

단독주택 중 다가구주택이란 ⓐ 주택으로 쓰는 층수(지하층은 제외)가 3개 층 이하이고(다만, 1층의 전부 또는 일부를 필로티 구조로 하여 주차장으로 사용하고 나머지 부분을 주택 외의 용도로 쓰는 경우에는 해당 층을 주택의 층수에서 제외), ⓑ 1개 동의 주택으로 쓰이는 바닥면적(부설 주차장 면적은 제외)의 합계가 660㎡ 이하이며, ⓒ 19세대(대지 내 동별 세대수를 합한 세대를 말함) 이하가 거주할 수 있는 주택으로 공동주택에 해당하지 아니하는 것을 말한다.

공동주택 중 아파트는 주택으로 쓰는 층수가 5개 층 이상인 주택이며, 연립주택은 주택으로 쓰는 1개 동의 바닥면적(2개 이상의 동을 지하주차장으로 연결하는 경우에는 각각의 동으로 본다) 합계가 660㎡를 초과하고, 층수가 4개 층 이하인 주택을 말한다.

다세대주택은 주택으로 쓰는 1개 동의 바닥면적 합계가 660㎡ 이하이고, 층수가 4개 층 이하인 주택(2개 이상의 동을 지하주차장으로 연결하는 경우에는 각각의 동으로 본다)을 말한다.

3. 주택임대차보호법의 주요 내용

1) 대항력 인정

주택임대차는 임차권 등기가 없는 경우에도 임차인이 주택의 인도와 주민등록을 마친 때에는 그 다음 날부터 제 3자에 대하여 임차권을 주장할 수 있는 효력(대항력)이 발생한다. 이 경우 전입신고를 한 때에 주민등록이 된 것으로 간주한다.

주택임대차보호법은 임차인이 법인인 경우에는 적용되지 않지만, 다음과 같은 예외를 인정하는 경우도 있다.

ⓐ 주택도시기금을 재원으로 하여 저소득층 무주택자에게 주거생활 안정을 목적으로 전세임대주택을 지원하는 법인이 주택을 임차한 후 지방자치단체의 장 또는 그 법인이 선정한 입주자가 그 주택을 인도받고 주민등록을 마쳤을 때

ⓑ 중소기업에 해당하는 법인이 소속 직원의 주거용으로 주택을 임차한 후 그 법인이 선정한 직원이 해당 주택을 인도받고 주민등록을 마쳤을 때(임대차가 끝나기 전에 그 직원이 변경된 경우에는 그 법인이 선정한 새로운 직원이 주택을 인도받고 주민등록을 마친 다음 날부터 제삼자에 대하여 효력발생)

그러나 일시사용하기 위한 임대차임이 명백한 경우에는 주택임대차보호법이 적용되지 않는다.

임차인은 대항력을 임대인뿐만 아니라 제 3자에 대해서도 주장할 수 있다. 임차주택의 양수인(그 밖에 임대할 권리를 승계한 자 포함)은 임대인의 지위를 승계한 것으로 간주한다.

2) 우선변제권 및 최우선변제권 인정

(1) 우선변제권

주택임차인이 대항 요건(주택의 인도와 주민등록)을 구비하고, 임대차 계약증서상의 확정일자를 갖춘 경우에는 민사집행법에 따른 경매 또는 국세징수법에 따른 공매를 할 때에 임차주택(대지를 포함)의 환가대금에서 후순위

권리자나 그 밖의 채권자보다 우선하여 보증금을 변제받을 권리가 있다(우선변제권).

다만, 임차인은 임차주택을 양수인에게 인도하지 아니하면 우선변제에 의한 보증금을 받을 수 없다.

(2) 최우선변제권

임차인은 보증금 중 일정액(소액보증금)을 다른 담보물권자보다 우선하여 변제받을 수 있는 최우선변제권 있다.

주택임차인이 최우선변제를 받으려면 ⓐ 경매개시결정 등기 전에 대항요건을 구비하여야 하고, ⓑ 소액임차인이어야 한다. 최우선변제는 소액보증금 중 일정금액에 한 한다(최우선변제금).

2018년 9월 18일 기준으로, 서울특별시는 3천700만원, 수도권정비계획법에 따른 과밀억제권역(서울특별시는 제외)은 3천400만원, 광역시(수도권정비계획법에 따른 과밀억제권역에 포함된 지역과 군지역은 제외), 세종특별자치시, 안산시, 용인시, 김포시 및 광주시는 2천만원, 그 밖의 지역은 1천700만원이다.

그러나 소액보증금과 최우선변제금액은 그동안 여러 차례 변동이 있었다. 우선변제를 받을 임차인 및 보증금 중 일정액의 범위와 기준은 따른 주택임대차위원회의 심의를 거쳐 대통령령으로 정하기 때문에 주택가격 및 전세가격 상승 등에 따라 변동될 수 있다(표 21 참조).

또한 임차인의 보증금 중 일정액이 주택가액의 2분의 1을 초과하는 경우에는 주택가액의 2분의 1에 해당하는 금액까지만 우선변제권이 있다.

또한 하나의 주택에 임차인이 2명 이상이고, 그 각 보증금 중 일정액을 모두 합한 금액이 주택가액의 2분의 1을 초과하는 경우에는 그 각 보증금 중 일정액을 모두 합한 금액에 대한 각 임차인의 보증금 중 일정액의 비율로 그 주택가액의 2분의 1에 해당하는 금액을 분할한 금액을 각 임차인의 보증금 중 일정액으로 본다.

만약 하나의 주택에 임차인이 2명 이상이고 이들이 그 주택에서 가정공동생활을 하는 경우에는 이들을 1명의 임차인으로 보아 이들의 각 보증금을 합산한다.

표 21 소액보증금 및 최우선변제금의 변천

담보물권 설정일	지역	소액보증금 범위	최우선변제액 범위
2018.09.18. ~ 현재	서울시	1억 1천 만원	3,700만원
	수도권 과밀억제권역, 세종시, 용인시, 화성시	1억원	3,400만원
	광역시(인천, 군지역 제외), 안산시, 김포시, 광주시, 파주시	6,000만원	2,000만원
	그 밖의 지역	5,000만원	1,700만원
2016.03.31~ 2018.09.17.	서울시	1억원	3,400만원
	수도권 과밀억제권 (서울시 제외 , 인천시 포함)	8,000만원	2,700만원
	광역시 (인천시 , 군지역 제외) 안산시 , 용인시 , 김포시 , 광주시	6,000만원	2,000만원
	기타 지역	5,000만원	1,700만원
2014.01.01~ 2016.03.30.	서울시	9,500만원	3,200만원
	수도권 과밀억제권 (서울시 제외 , 인천시 포함)	8,000만원	2,700만원
	광역시 (인천시 , 군지역 제외) 안산시 , 용인시 , 김포시 , 광주시	6,000만원	2,000만원
	기타 지역	4,500만원	1,500만원
2010.07.26~ 2013.12.31.	서울시	7,500만원	2,500만원
	수도권 과밀억제권 (서울시 제외 , 인천시 포함)	6,500만원	2,200만원
	광역시 (인천시 , 군지역 제외) 안산시 , 용인시 , 김포시 , 광주시	5,500만원	1,900만원
	기타 지역	4,000만원	1,400만원
2008.08.21.~ 2010.07.25.	수도권정비계획법에 따른 수도권 중 과밀억제권역	6,000만원	2,000만원
	광역시(군지역과 인천광역시지역 제외)	5,000만원	1,700만원
	그 밖의 지역	4,000만원	1,400만원
2001.09.15.~ 2008.08.20	수도권정비계획법에 의한 수도권 중 과밀억제권역	4,000만원	1,600만원
	광역시(군지역과 인천광역시지역 제외)	3,500만원	1,400만원
	그 밖의 지역	3,000만원	1,200만원
1995.10.19.~ 2001.09.14.	특별시 및 광역시(군지역 제외)	3,000만원	1,200만원
	기타 지역	2,000만원	800만원
1990.02.19.~ 1995.10.18.	서울특별시, 직할시	2,000만원	700만원
	기타 지역	1,500만원	500만원

3) 존속기간 보장

(1) 최단 존속기간

임대기간을 정하지 아니하거나 2년 미만으로 정한 주택 임대차는 그 기간을 2년으로 간주한다. 다만, 임차인은 임대차기간을 2년 미만으로 정한 경우에는 그 기간이 유효함을 주장할 수 있다. 따라서 기간을 1년으로 정한 경우, 임차인은 선택에 의해 1년을 주장할 수도 있고, 2년을 주장할 수도 있다.

(2) 임대차관계 존속

임대차기간이 끝난 경우에도 임차인이 보증금을 반환받을 때까지는 임대차관계가 존속되는 것으로 본다.

(3) 묵시의 갱신

임대인이 임대차기간이 끝나기 6개월 전부터 2개월 전까지의 기간에 임차인에게 갱신거절의 통지를 하지 아니하거나 계약조건을 변경하지 아니하면 갱신하지 아니한다는 뜻의 통지를 하지 아니한 경우에는 그 기간이 끝난 때에 전 임대차와 동일한 조건으로 다시 임대차한 것으로 본다.

임차인이 임대차기간이 끝나기 2개월 전까지 통지하지 아니한 경우에도 동일하다.

그러나 2기의 차임액에 달하도록 연체하거나 그밖에 임차인으로서의 의무를 현저히 위반한 임차인에 대하여는 묵시의 갱신에 관한 규정이 적용되지 않는다.

묵시의 갱신이 된 경우, 임대차의 존속기간은 2년으로 본다. 다만, 임차인은 언제든지 임대인에게 계약해지를 통지할 수 있으며, 해지는 임대인이 그 통지를 받은 날부터 3개월이 지나면 그 효력이 발생한다.

(4) 계약갱신요구권

임차인에게 계약갱신요구권을 보장하여 최단존속기간 2년에서 4년으로 임대차가 보장되도록 하였다. 임대인은 임차인이 임대차기간이 끝나기 전 일정

기간 중에 계약갱신을 요구할 경우 정당한 사유 없이 거절하지 못하도록 하고, 임차인은 계약갱신요구권을 1회에 한하여 행사할 수 있도록 하며, 갱신되는 임대차의 존속기간은 2년으로 본다(제6조의3).

4) 임차권등기명령

임대차가 끝난 후 보증금이 반환되지 아니한 경우, 임차인은 임차주택의 소재지를 관할하는 지방법원 · 지방법원지원 또는 시 · 군 법원에 임차권등기명령을 신청할 수 있다.

임차권등기명령에 의해 임차권등기가 된 경우, 그 임차인이 임차권등기 이전에 이미 대항력이나 우선변제권을 취득한 경우에는 그 대항력이나 우선변제권은 그대로 유지된다.

임차권등기명령의 집행에 따른 임차권등기가 끝난 주택(임대차의 목적이 주택의 일부분인 경우에는 해당 부분으로 한정한다)을 그 이후에 임차한 임차인은 최우선변제를 받을 권리가 없다.

5) 주택임차권의 승계

주택임차인이 상속인 없이 사망한 경우에는 그 주택에서 가정공동생활을 하던 사실상의 혼인 관계에 있는 자가 임차인의 권리와 의무를 승계한다.

임차인이 사망한 때에 사망 당시 상속인이 그 주택에서 가정공동생활을 하고 있지 아니한 경우에는 그 주택에서 가정공동생활을 하던 사실상의 혼인 관계에 있는 자와 2촌 이내의 친족이 공동으로 임차인의 권리와 의무를 승계한다.

그러나 임차인이 사망한 후 1개월 이내에 임대인에게 승계 대상자가 반대의사를 표시한 경우에는 그러하지 아니하다.

6) 차임 등의 증액 제한

(1) 차임증감청구권

당사자는 약정한 차임이나 보증금이 임차주택에 관한 조세, 공과금, 그 밖의 부담의 증감이나 경제사정의 변동으로 인하여 적절하지 아니하게 된 때에는 장래에 대하여 그 증감을 청구할 수 있다.

다만, 증액의 경우에는 대통령령으로 정하는 기준에 따른 비율을 초과하지 못한다. 차임이나 보증금의 증액청구는 약정한 차임등의 20분의 1의 금액을 초과하지 못하며, 증액청구는 임대차계약 또는 약정한 차임등의 증액이 있은 후 1년 이내에는 하지 못한다.

(2) 월차임 전환 시 산정률의 제한

보증금의 전부 또는 일부를 월 단위의 차임으로 전환하는 경우에는 그 전환되는 금액에 은행법에 따른 은행에서 적용하는 대출금리와 해당 지역의 경제여건 등을 고려하여 대통령령으로 정하는 비율, 한국은행에서 공시한 기준금리에 대통령령으로 정하는 이율을 더한 비율 중 낮은 비율을 곱한 월차임의 범위를 초과할 수 없다.

6) 기타

(1) 임차인의 경매신청

임차인이 임차주택에 대하여 보증금반환청구소송의 확정판결이나 그 밖에 이에 준하는 집행권원에 따라서 경매를 신청하는 경우에는 집행개시요건에 관한 민사집행법 제41조에도 불구하고 반대의무의 이행이나 이행의 제공을 집행개시의 요건으로 하지 아니한다.

따라서 임차인은 거주하는 주택을 임대인에게 인도하지 아니하고도 경매신청을 할 수 있다.

(2) 경매와 임차권 소멸

임차권은 임차주택에 대하여 민사집행법에 따른 경매가 행하여진 경우에는 그 임차주택의 경락에 따라 소멸한다. 다만, 보증금이 모두 변제되지 아니한, 대항력이 있는 임차권은 그러하지 아니하다.

(3) 소액사건심판법의 준용

임차인이 임대인에 대하여 제기하는 보증금반환청구소송에 관하여는「소액사건심판법」일부 규정을 준용한다(예컨대, 1회 변론기일 심리종결 원칙, 직권증거 조사 등 특칙).

2강 상가경매와 상가건물임대차보호법

1. 상가 경매

법원경매시장에서 수익형 부동산에 대한 인기가 치솟음에 따라 상가, 오피스텔, 도시형 생활주택 등이 각광을 받고 있다.

부동산 경매시장의 대중화로 주거용 부동산을 통해서는 과거와 같은 시세차익을 기대하기 어렵고, 저금리가 지속, 노후 생활 대비 등으로 매월 정기적인 월세가 나오는 수익형 부동산에 대한 수요가 증가하고 있기 때문이다.

그런데 경매에 나오는 상가 중에는 여러 번 유찰되어 일견 보기에는 가격메리트가 있는 상가도 있다. 그러나 경매시장에 나온 상가는 야누스적인 얼굴을 갖고 있다고 한다. 흔히 경매에 나오는 상가는 쪽박 아니면 대박이라는 결과를 가져오기 때문이다. 상권형성이 되지 않은 쇼핑몰 등 테마상가나 지하상가 등은 충분한 검토를 하고 매수 여부 및 적정가격을 결정하여야 한다.

상가를 경매로 받는 경우에는 건축물의 종류가 무엇이냐에 따라 이용할 수 있는 용도가 제한되어 있다. 상가는 건축물의 용도 상 근린생활시설, 판매시설 등에 해당될 수 있다.

근린생활시설은 주택가와 인접해 주민들의 생활 편의를 도울 수 있는 용도로 사용하는 건축물이다. 실무에서는 근생, 근린으로 불리기도 한다.

그런데 근린생활시설에도 1종과 2종이 있다. 1종은 주로 생활에 꼭 필요한 업종의 시설(예컨대, 일용품을 판매하는 소매점, 미용실 등)이며, 2종 근린생활시설은 1종 보다는 좀 덜 밀접한 관련을 가지고 있는 업종의 시설(예컨대, 공연장, 음식점 등)이다.[22)]

2. 상가건물임대차보호법의 주요 내용

1) 대항력 인정

상가건물(사업자등록의 대상이 되는 건물의 임차인은 임차권 등기가 없는 경우에도 상가건물의 인도와 사업자등록을 신청한 때(부가가치세법 제5조, 소득세법 제168조 또는 법인세법 제111조의 규정)에는 그 다음 날부터 제3자에 대하여 임차권을 가지고 대항할 수 있는 효력이 발생한다.

그러나 일시사용을 위한 임대차임이 명백한 경우와 환산보증금이 일정액을 초과하는 경우에는 상가건물임대차보호법이 적용되지 않는다.[23)]

다만, 환산보증금의 기준을 초과하는 임대차에 대해서도 대항력, 계약갱신요구, 상가권리금에 관한 규정 등은 예외적으로 적용된다.

임차건물의 양수인(그 밖에 임대할 권리를 승계한 자 포함)은 임대인의 지위를 승계한 것으로 본다.

2) 우선변제권 및 최우선변제권 인정

(1) 우선변제권

상가임차인이 대항 요건(건물의 인도와 사업자등록신청)을 구비하고, 임대차 계약증서상의 확정일자를 갖춘 경우에는 민사집행법에 따른 경매 또는 국세징수법에 따른 공매를 할 때에 임차건물(임대인 소유의 대지를 포함)의 환가대금에서 후순위 권리자나 그 밖의 채권자보다 우선하여 보증금을 변제받을

---

22) 건축법 시행령 [별표 1] 용도별 건축물의 종류

23) 환산보증금은 보증금+(월 차임×100)으로 계산한다.
2018. 1. 26. 기준 환산보증금은 서울특별시: 6억1천만원, 수도권정비계획법에 따른 과밀억제권역(서울특별시는 제외) 및 부산광역시: 5억원, 광역시(수도권정비계획법에 따른 과밀억제권역에 포함된 지역과 군지역, 부산광역시는 제외), 세종특별자치시, 파주시, 화성시, 안산시, 용인시, 김포시 및 광주시: 3억9천만원, 그 밖의 지역: 2억7천만원이다.

권리가 있다(우선변제권).

다만, 임차인은 임차건물을 양수인에게 인도하지 아니하면 우선변제에 의한 보증금을 받을 수 없다.

(2) 최우선변제권

임차인은 보증금 중 일정액(소액보증금)을 다른 담보물권자보다 우선하여 변제받을 수 있는 최우선변제권 있다.

상가임차인이 최우선변제를 받으려면 ⓐ 경매개시결정 등기 전에 대항요건을 구비하여야 하고, ⓑ 소액임차인이어야 한다. 최우선변제는 소액보증금 중 일정금액에 한 한다(최우선변제금).

서울특별시는 2천200만원, 「수도권정비계획법」에 따른 과밀억제권역(서울특별시는 제외)은 1천900만원, 광역시(수도권정비계획법에 따른 과밀억제권역에 포함된 지역과 군지역은 제외), 세종특별자치시, 안산시, 용인시, 김포시 및 광주시는 1천300만원, 그 밖의 지역은 1천만원이다(2013. 12. 30. 기준).

그러나 임차인의 보증금중 일정액이 상가건물의 가액의 2분의 1을 초과하는 경우에는 상가건물의 가액의 2분의 1에 해당하는 금액에 한하여 우선변제권이 있다.

하나의 상가건물에 임차인이 2인 이상이고, 그 각 보증금중 일정액의 합산액이 상가건물의 가액의 2분의 1을 초과하는 경우에는 그 각 보증금중 일정액의 합산액에 대한 각 임차인의 보증금중 일정액의 비율로 그 상가건물의 가액의 2분의 1에 해당하는 금액을 분할한 금액을 각 임차인의 보증금중 일정액으로 본다.

3) 존속기간 보장

(1) 최단 존속기간

기간을 정하지 아니하거나 기간을 1년 미만으로 정한 상가임대차는 그 기간을 1년으로 본다. 다만, 임차인은 1년 미만으로 정한 기간이 유효함을 주장할 수 있다.

(2) 임대차관계 존속

임대차기간이 끝난 경우에도 임차인이 보증금을 반환받을 때까지는 임대차관계가 존속되는 것으로 본다.

(3) 묵시의 갱신

임대인이 임대차기간이 끝나기 6개월 전부터 1개월 전까지의 기간에 임차인에게 갱신거절의 통지를 하지 아니하거나 계약조건을 변경하지 아니하면 갱신하지 아니한다는 뜻의 통지를 하지 아니한 경우에는 그 기간이 끝난 때에 전 임대차와 동일한 조건으로 다시 임대차한 것으로 본다.

묵시의 갱신이 된 경우, 임대차의 존속기간은 2년으로 본다. 다만, 임차인은 언제든지 임대인에게 계약해지를 통지할 수 있으며, 해지는 임대인이 그 통지를 받은 날부터 3개월이 지나면 그 효력이 발생한다.

(4) 임차인의 계약갱신요구권

임차인은 임대차기간이 만료되기 6개월 전부터 1개월 전까지 사이에 계약갱신을 요구할 권리가 있다. 임차인이 갱신요구권을 행사하는 경우, 임대인은 정당한 사유가 없으면 거절하지 못한다.

임차인의 계약갱신요구권은 최초의 임대차기간을 포함한 전체 임대차기간이 5년을 초과하지 아니하는 범위에서만 행사할 수 있다.

임대인의 동의를 받고 전대차계약을 체결한 전차인은 임차인의 계약갱신요구권 행사기간 이내에 임차인을 대위하여 임대인에게 계약갱신요구권을 행사할 수 있다.

표 22 갱신요구를 거절할 수 있는 정당한 사유

1. 임차인이 3기의 차임액에 해당하는 금액에 이르도록 차임을 연체한 사실이 있는 경우
2. 임차인이 거짓이나 그 밖의 부정한 방법으로 임차한 경우
3. 서로 합의하여 임대인이 임차인에게 상당한 보상을 제공한 경우
4. 임차인이 임대인의 동의 없이 목적 건물의 전부 또는 일부를 전대(轉貸)한 경우
5. 임차인이 임차한 건물의 전부 또는 일부를 고의나 중대한 과실로 파손한 경우
6. 임차한 건물의 전부 또는 일부가 멸실되어 임대차의 목적을 달성하지 못할 경우
7. 임대인이 다음 각 목의 어느 하나에 해당하는 사유로 목적 건물의 전부 또는 대부분을 철거하거나 재건축하기 위하여 목적 건물의 점유를 회복할 필요가 있는 경우
   가. 임대차계약 체결 당시 공사시기 및 소요기간 등을 포함한 철거 또는 재건축 계획을 임차인에게 구체적으로 고지하고 그 계획에 따르는 경우
   나. 건물이 노후 · 훼손 또는 일부 멸실되는 등 안전사고의 우려가 있는 경우
   다. 다른 법령에 따라 철거 또는 재건축이 이루어지는 경우
8. 그 밖에 임차인이 임차인으로서의 의무를 현저히 위반하거나 임대차를 계속하기 어려운 중대한 사유가 있는 경우

4) 임차권등기명령

임대차가 끝난 후 보증금이 반환되지 아니한 경우, 임차인은 임차건물의 소재지를 관할하는 지방법원 · 지방법원지원 또는 시 · 군 법원에 임차권등기명령을 신청할 수 있다.

임차권등기명령에 의해 임차권등기가 된 경우, 그 임차인이 임차권등기 이전에 이미 대항력이나 우선변제권을 취득한 경우에는 그 대항력이나 우선변제권은 그대로 유지된다.

임차권등기명령의 집행에 따른 임차권등기가 끝난 주택(임대차의 목적이 건물의 일부분인 경우에는 해당 부분으로 한정한다)을 그 이후에 임차한 임차인은 최우선우선변제를 받을 권리가 없다.

5) 권리금의 보호

권리금이란 임대차 목적물인 상가건물에서 영업을 하는 자 또는 영업을 하려는 자가 영업시설 · 비품, 거래처, 신용, 영업상의 노하우, 상가건물의 위치에 따른 영업상의 이점 등 유형 · 무형의 재산적 가치의 양도 또는 이용대가로

서 임대인, 임차인에게 보증금과 차임 이외에 지급하는 금전 등의 대가를 말한다.

임대인은 임대차기간이 끝나기 3개월 전부터 임대차 종료 시까지 권리금회수를 방해하는 행위를 함으로써 권리금 계약에 따라 임차인이 주선한 신규임차인이 되려는 자로부터 권리금을 지급받는 것을 방해하여서는 아니 된다.[24)]

그러나 임차인이 주선한 신규임차인이 되려는 자가 보증금 또는 차임을 지급할 자력이 없는 경우, 임차인이 주선한 신규임차인이 되려는 자가 임차인으로서의 의무를 위반할 우려가 있거나 그 밖에 임대차를 유지하기 어려운 상당한 사유가 있는 경우, 임대차 목적물인 상가건물을 1년 6개월 이상 영리목적으로 사용하지 아니한 경우, 임대인이 선택한 신규임차인이 임차인과 권리금계약을 체결하고 그 권리금을 지급한 경우에는 그러하지 아니하다.

임대인이 권리금회수를 방해하여 임차인에게 손해를 발생하게 한 때에는 그 손해를 배상할 책임이 있다. 이 경우 그 손해배상액은 신규임차인이 임차인에게 지급하기로 한 권리금과 임대차 종료 당시의 권리금 중 낮은 금액을 넘지 못한다. 임대인에게 손해배상을 청구할 권리는 임대차가 종료한 날부터 3년 이내에 행사하지 아니하면 시효의 완성으로 소멸한다.

6) 차임 등의 증액 제한

(1) 차임증감청구권

당사자는 약정한 차임이나 보증금이 임차주택에 관한 조세, 공과금, 그 밖의 부담의 증감이나 경제사정의 변동으로 인하여 적절하지 아니하게 된 때에는 장래에 대하여 그 증감을 청구할 수 있다.

다만, 증액의 경우에는 대통령령으로 정하는 기준에 따른 비율을 초과하지 못한다. 차임 또는 보증금의 증액청구는 청구당시의 차임 또는 보증금의 100분의 5의 금액을 초과하지 못하며, 증액청구는 임대차계약 또는 약정한 차임

24) 권리금보호에 관한 규정은 임대차 목적물인 상가건물이 유통산업발전법 제2조에 따른 대규모점포 또는 준대규모점포의 일부인 경우, 임대차 목적물인 상가건물이 「국유재산법」에 따른 국유재산 또는 공유재산 및 물품 관리법에 따른 공유재산인 경우에는 적용되지 않는다(상가건물임대차보호법 제10조의 5).

등의 증액이 있은 후 1년 이내에는 하지 못한다.

(2) 월차임 전환 시 산정률의 제한

보증금의 전부 또는 일부를 월 단위의 차임으로 전환하는 경우에는 그 전환되는 금액에 은행법에 따른 은행에서 적용하는 대출금리와 해당 지역의 경제 여건 등을 고려하여 대통령령으로 정하는 비율, 한국은행에서 공시한 기준금리에 대통령령으로 정하는 이율을 더한 비율 중 낮은 비율을 곱한 월차임의 범위를 초과할 수 없다.

7) 기타

(1) 경매와 임차권 소멸

임차권은 임차건물에 대하여 민사집행법에 따른 경매가 행하여진 경우에는 그 임차주택의 경락에 따라 소멸한다. 다만, 보증금이 모두 변제되지 아니한, 대항력이 있는 임차권은 그러하지 아니하다.

(2) 소액사건심판법의 준용

임차인이 임대인에 대하여 제기하는 보증금반환청구소송에 관하여는 소액사건심판법 일부 규정을 준용한다(예컨대, 1회 변론기일 심리종결 원칙, 직권증거 조사 등 특칙).

3강 주택 경매물건 분석

1. 분석의 주안점

경매에 나온 물건은 다가구주택이다. 이 주택은 지하 1층, 지상 2층으로 되어 있다. 다가구택은 주택에 대한 소유권은 1개이지만, 실제는 건물을 구분하여 임대차를 하는 경우가 적지 않다.

따라서 다가구주택에는 임차인이 여러 명이 있을 수 있다. 그래서 특히 경매물건이 다가구주택인 경우에는 임대차를 인수하는 것이 있는지를 잘 분석하여야 한다.

주택임차인에게 주택임대차보호법상 대항력이 인정된다고 하는 의미는 주택임차권을 누구에게나 주장할 수 있다고 하는 의미이다.

임차주택에 대하여 경매가 행하여진 경우에는 그 임차주택의 경락에 따라 임차권은 소멸한다. 그러나 보증금이 모두 변제되지 아니한, 대항력이 있는 임차권은 소멸되지 않는다.

임차권이 매각으로 소멸되지 않는다면 결국 경매로 낙찰받은 매수인이 주택임대차를 인수하게 되기 때문에 존속기간이 남아 있으면 사용 · 수익하게 하여야 하며, 임대차 종료시 보증금도 반환할 의무를 지게 된다.

따라서 주택임차인이 배당요구 종기까지 배당요구를 하였는지도 잘 파악하여야 한다. 인수대상인 주택임대차라고 하더라도 그 임차인이 배당요구를 해서 보증금을 매각대금에서 모두 배당받아 갈 수 있다고 하면, 매수인으로서는 임대차의 인수에 대한 부담에서 해방될 수 있기 때문이다.

그림 101 인천지법 2018타경14245

물건기본정보 | 인쇄 | < 이전

사건번호	2018타경14245	물건번호	1	물건종류	단독주택,다가구주택
감정평가액	250,336,500원	최저매각가격	250,336,500원	입찰방법	기일입찰
매각기일	2018.08.30 10:00 219호법정				
물건비고	일괄매각. 제시외 건물 포함				
목록1 소재지	(대지) 인천광역시 남동구 간석동 545-5				
목록2 소재지	(단독주택) 인천광역시 남동구 경인로552번길 37				
담당	인천지방법원 l 경매10계				

사건접수	2018.05.11	경매개시일	2018.05.14
배당요구종기	2018.07.24	청구금액	35,352,384원

전경도<4>
관련사진<5>

출처: 법원경매정보(http://www.courtauction.go.kr)

2. 임대차 분석

임차인 및 그 밖의 점유자는 현황조사서, 매각물건명세서에 의하여 파악할 수 있지만, 추가로 주민등록 열람, 탐문조사 등을 하면 보다 더 정확하게 파악할 수 있다.

[그림 102] 매각물건명세서에 의해 이 다가구주택의 점유자를 보니 4명이다. 그런데 4명 모두 임차인으로서 점유하고 있음을 알 수 있다.

이 다가구주택을 매수하였을 때, 4건의 주택임차권이 인수 대상인지를 알기 위해서는 권리분석을 하여야 한다.

그림 102 매각물건명세서(인천지법 2018타경14245)

인 천 지 방 법 원

2018타경14245

매각물건명세서

사 건	2018타경14245 부동산강제경매	매각 물건번호	1	작성 일자	2018.08.09	담임법관 (사법보좌관)	한기철
부동산 및 감정평가액 최저매각가격의 표시	별지기재와 같음	최선순위 설정	목록1,2. 2018.2.8.가압류			배당요구종기	2018.07.24

부동산의 점유자와 점유의 권원, 점유할 수 있는 기간, 차임 또는 보증금에 관한 관계인의 진술 및 임차인이 있는 경우 배당요구 여부와 그 일자, 전입신고일자 또는 사업자등록신청일자와 확정일자의 유무와 그 일자

점유자 성 명	점유 부분	정보출처 구 분	점유의 권 원	임대차기간 (점유기간)	보 증 금	차 임	전입신고 일자, 사업자등록 신청일자	확정일자	배당 요구여부 (배당요구일자)
정0임	2층 202호	현황조사	주거 임차인		20,000,000	없음	2017.7.7.		
	2층 202호	권리신고	주거 임차인	2015.7.1.-	20,000,000	없음	2017.7.7.	2015.7.7.	2018.06.04
김0원		현황조사	주거 임차인		25,000,000	없음	2016.7.6.		
	일부(지층방2칸)	권리신고	주거 임차인	2016.7.6.-2019.6.30.	25,000,000		2016.7.6.		2018.07.17
박0자	1층 일부	현황조사	주거 임차인		25,000,000	없음	미상		
	1층 일부	권리신고	주거 임차인	2017.11.5.-	25,000,000	없음	2017.11.9.	2018.5.24.	2018.06.04
정0연	1층 일부	현황조사	주거 임차인		30,000,000	없음	미상		
	일부 (1층 방1칸)	권리신고	주거 임차인	2013.4.16.-	30,000,000		2012.11.29.		2018.06.11

〈비고〉

임차인 강원임 : 소유자의 동생임

※ 최선순위 설정일자보다 대항요건을 먼저 갖춘 주택·상가건물 임차인의 임차보증금은 매수인에게 인수되는 경우가 발생 할 수 있고, 대항력과 우선변제권이 있는 주택·상가건물 임차인이 배당요구를 하였으나 보증금 전액에 관하여 배당을 받지 아니한 경우에는 배당받지 못한 잔액이 매수인에게 인수되게 됨을 주의하시기 바랍니다.

등기된 부동산에 관한 권리 또는 가처분으로 매각으로 그 효력이 소멸되지 아니하는 것

매각에 따라 설정된 것으로 보는 지상권의 개요

비고란

일괄매각, 제시외 건물 포함

본건 건물의 지하는 공부상 '대피소'로 등재되어 있으나, 현황 '주택'으로 이용중임.

주1 : 매각목적물에서 제외되는 미등기건물 등이 있을 경우에는 그 취지를 명확히 기재한다.

2 : 매각으로 소멸되는 가등기담보권, 가압류, 전세권의 등기일자가 최선순위 저당권등기일자보다 빠른 경우에는 그 등기일자를 기재한다.

출처: 법원경매정보(http://www.courtauction.go.kr)

말소기준권리는 2018. 2. 8.일자 가압류이다.

주택임대차는 주택의 인도와 주민등록을 마친 때에는 그 다음 날부터 대항력이 발생한다. 10월 10일 전입신고를 하였다면, 10월 11일 오전 0시부터 대항력이 생긴다.[25)]

따라서 말소기준권리인 2018. 2. 8.일자 가압류 보다 먼저 대항력이 인정되는 임차인이 있는지 검토해보자.

매각물건명세상의 임차인 모두 2012. 11. 29.일 부터 2017. 11. 9.일 사이에 전입하였으므로 모두 말소기준권리보다 선순위이고, 따라서 인수대상이다.

그러나 임차인 모두 배당요구 종기까지 권리신고 및 배당요구를 하였으므로 보증금을 전액 배당받을 수 있다면, 매수인의 보증금 인수에 대한 부담은 사실상 없다.

그러나 임차인 강0임과 박0자 두 사람만 확정일자를 받아서 배당받을 자격이 있다. 물론 소액임차인에 해당하는 경우에는 최우선변제금은 확정일자에 관계없이 배당받을 수 있다.

그런데 이 물건의 현황조사서를 보면, 임차인 박0자와 정0연은 전입세대열람에는 나타나지 않고 있어 전입신고를 하지 않은 것으로 보인다. 이들의 권리신고에 의한 전입일자는 아마도 소유자의 진술에 의한 것으로 생각된다.

25) 주택임대차보호법 제3조의 임차인이 주택의 인도와 주민등록을 마친 때에는 그 '익일부터' 제3자에 대하여 효력이 생긴다고 함은 익일 오전 영시부터 대항력이 생긴다는 취지이다. 임차인이 1996. 8. 16. 이 사건 부동산을 보증금 51,000,000원에 임차하여 1996. 8. 27. 주민등록상 전입신고를 마쳤으므로 위에서 본 법리에 따라 익일인 1996. 8. 28. 00:00시부터 대항력이 있어 그 후 1996. 8. 28.자로 주간에 경료된 이 사건 저당권에 기한 경낙인에게 대항할 수 있다(대법원 1999. 5. 25. 선고 99다9981 판결).

그림 103 현황조사서 1(인천지법 2018타경14245)

현황조사서

인쇄

법원	인천지방법원	명령회차	1 회

현황조사내역 | 부동산표시목록

기본정보

- **사건번호 :** 2018타경14245 부동산강제경매
- **조사일시 :** 2018년05월23일10시45분

부동산 임대차 정보

번호	소재지	임대차관계
1	인천광역시 남동구 간석동 545-5	4명
2	인천광역시 남동구 경인로552번길 37	0명

사진정보 : 전경도 4건 (사진보기)

부동산의 현황 및 점유관계 조사서

1. 부동산의 점유관계

소재지	1. 인천광역시 남동구 간석동 545-5
점유관계	채무자(소유자)점유, 임차인(별지)점유
기타	- 본건 현황조사차 현장에 임하여 소유자를 면대한 바, 소유자 가족이 1층을 점유사용하고 있고 나머지는 임차인이 사용하고 있다고 진술. - 본건 주소지내 전입세대 열람내역 및 주민등록표 등본 첨부.

소재지	2. 인천광역시 남동구 경인로552번길 37
점유관계	채무자(소유자)점유, 임차인(별지)점유
기타	- 본건 현황조사차 현장에 임하여 소유자를 면대한 바, 소유자 가족이 1층을 점유사용하고 있고 나머지는 임차인이 사용하고 있다고 진술. - 본건 주소지내 전입세대 열람내역 및 주민등록표 등본 첨부.

2. 부동산의 현황

- 도로명 주소 : 인천광역시 남동구 경인로552번길 37
- 단독주택 밀집 지역에 위치 함.

출처: 법원경매정보(http://www.courtauction.go.kr)

만약 전입신고를 하지 않았다고 한다면, 사실상 임대차관계가 존재하는 임차인이 맞다고 하더라도 대항요건을 갖추지 못하였기 때문에 매수인에게 임차권을 주장할 수 없다.

또 임차인 중의 한 명인 강0임은 소유자인 임대인의 동생으로 조사되어 있다. 형제자매 간에도 유효한 임대차가 존재할 수 있는가가 문제된다. 그러나 부모와 자식, 형제자매, 친척 사이에도 유효한 임대차 관계가 존재할 수 있다.

그림 104 현황조사서 2(인천지법 2018타경14245)

● 임대차관계조사서

1. 임차 목적물의 용도 및 임대차 계약등의 내용

[소재지] 1. 인천광역시 남동구 간석동 545-5

1	점유인	강0임	당사자구분	임차인
	점유부분	2층 202호	용도	주거
	점유기간			
	보증(전세)금	20,000,000	차임	
	전입일자	2017.07.07	확정일자	
2	점유인	김 0원	당사자구분	임차인
	점유부분		용도	주거
	점유기간			
	보증(전세)금	25,000,000	차임	
	전입일자	2016.07.06	확정일자	
3	점유인	박0 자	당사자구분	임차인
	점유부분	1층 일부	용도	주거
	점유기간			
	보증(전세)금	25,000,000	차임	
	전입일자	미상	확정일자	
4	점유인	정 0연	당사자구분	임차인
	점유부분	1층 일부	용도	주거
	점유기간			
	보증(전세)금	30,000,000	차임	
	전입일자	미상	확정일자	

2. 기타

- 임차인 중 강0임은 소유자의 동생 임
- 임차인 박0자 및 정0연은 소유자의 진술에 의한 것으로 전입세대열람에서는 현출되지 아니함.

출처: 법원경매정보(http://www.courtauction.go.kr)

3. 가장 임차인

주택임대차보호법에서는 대항요건만 갖추면 임차인에게 대항력을 인정해 주고, 확정일자를 받은 임차인에게는 우선변제권, 소액임차인에게는 최우선변제권을 인정하여 채권에 불과한 주택임차권에 담보물권과 같은 강력한 권리를 부여하였다.

그러나 이러한 규정을 악용하여 실제는 임차인이 아님에도 불구하고 임차인을 가장하는 경우도 발생하고 있다. 가장 임차인으로 인정되는 경우에는 권리분석상 선순위로 인수 대상이라고 하더라도 매수인은 사실상 인수하지 않는다.

따라서 가장 임차인에 해당하는지 여부도 유심히 살펴 볼 필요가 있다.

아파트에 관한 임대차계약이 통모에 의한 허위의 의사표시이거나 임차인이 실제로는 아파트를 인도받지 아니하였음에도 불구하고 임차보증금을 배당받기 위하여 임차인의 형식만을 갖추어 배당요구를 한 가장임차인이라고 볼 여지가 충분하다(대법원 2000. 4. 21. 선고 99다69624 판결).

임대건물의 구조상 5세대의 임차인이 있기는 어려운 점, 임차인의 전입신고가 임대인이 대출연체로 그 채권자로부터 법적 조치를 취하겠다는 최고장을 받은 이후 경매개시 전에 집중되어 있는 점, 협의이혼하여 따로 살고 있던 부부가 같은날 전입신고하면서 따로 각 방 1개씩을 임차하였다고 주장하는 점, 건물을 모두 임대하고 다른 곳에 거주한다는 임대인 부부가 경매개시결정정본 및 배당기일소환장을 같은 건물에서 받았고 채권자의 직원이 방문하였을 때에 임대인의 처가 위 건물에서 잠을 자고 있었던 점, 임차인 가족이 거주한다는 방에 침대 1개 및 옷 몇 벌만 있었던 점 등에 비추어 이들을 우선변제권 있는 소액임차인으로 보기에 의심스러운 사정이 있다(대법원 2001. 3. 23. 선고 2000다53397 판결).

제 11 장

매각대금의 배당과 빚 잔치

1강 배당을 받으려면 어떻게 해야 하나요?

2강 배당순위와 배당액은 어떻게 정해지나요?

3강 배당을 다 못 받았는데 어떻게 해야 하나요?

제11장

매각대금의 배당과 빚 잔치

1강 배당을 받으려면 어떻게 해야 하나요?

1. 배당의 의의

1) 배당의 개념

우리 말에 빚잔치라고 용어가 있다. 국어 사전에는 빚잔치란 빚쟁이들이 빚진 사람에게 몰려와서 남은 물품 따위를 빚돈 대신 가져가는 일이라고 풀이해 놓고 있다.

배당은 채무자의 물품을 직접 가져가는 것이 아니고, 물품의 매각대금에서 채권자들이 돈을 받아가는 것이지만 일종의 빚잔치에 해당한다고 볼 수 있다.

매수인이 매각대금을 지급하게 되면 법원은 배당절차를 밟아야 한다.

2) 배당절차

매수인이 매각대금을 지급하면 법원은 배당에 관한 진술 및 배당을 실시할 배당기일을 정하고 이해관계인과 배당을 요구한 채권자에게 이를 통지하여야 한다. 다만, 채무자가 외국에 있거나 있는 곳이 분명하지 아니한 때에는 통지하지 아니한다.

매각대금으로부터 변제받을 각 채권자의 채권을 만족시키기에 충분한 경우에는 집행법원은 각 채권자에게 그 채권액을 변제하고 잔액이 있으면 채무자에게 교부한다.

그러나 변제받을 채권자들이 경합되어 있고, 매각대금으로 채권자들의 채권을 만족시키기에 충분하지 아니한 경우에는 법원이 각 채권자들에게 민법 · 상법 그 밖의 법률에 의한 우선순위에 따라 매각대금을 배당한다.

3) 배당요구의 시기와 종기

(1) 배당요구 시기

채권자가 배당요구를 할 수 있는 시기에 관하여는 특별한 규정이 없으나, 경매부동산에 대한 압류의 효력발생 이후에 가능하다.

그런데 압류의 효력은 채무자에 대한 법원의 경매개시결정 송달 시와 경매개시결정등기 시 중 먼저 도래한 때에 발생한다(민사집행법 제 83조 제4항).

다만, 경매개시결정 후 압류효력발생 전에 배당요구가 있으면 압류효력발생 시에 배당요구의 효력이 발생한다.

경매신청권자가 경매신청서에 집행권원이 있는 채권과 집행권원이 없는 채권을 병기한 경우 후자에 관하여는 배당요구를 한 취지라고 해석한다. 다만, 배당요구를 할 수 있는 요건을 갖춘 채권인 경우에 한하며, 압류의 효력발생 시에 배당요구의 효력이 발생한다.

(2) 배당요구 종기

배당요구 기간을 실질적으로 보장하기 위하여 법원에서는 배당요구의 종기결정 및 공고를 조속히 시행할 필요가 있다. 배당요구의 종기결정 및 공고는 경매개시결정에 따른 압류의 효력이 생긴 때부터 1주 이내로 한다.

배당요구의 종기는 대략 배당요구 결정일로부터 2월 이상 3월 이하의 범위 안에서 정하여야 하는데, 감정평가사의 감정평가와 집행관의 현황조사가 완료되어 매각물건명세서가 작성될 수 있는 기간을 계산하여 정하게 된다. 실무에서는 배당요구의 종기를 통상 매각기일의 1월 이내의 날짜로 정하는 것이 보통이다.

2. 배당 받을 채권자

경매절차에서 배당을 받을 채권자는 ⓐ 배당요구의 종기까지 경매신청을 한 압류채권자, ⓑ 배당요구의 종기까지 배당요구를 한 채권자, ⓒ 첫 경매개시결정등기 전에 등기된 가압류채권자, ⓓ 저당권 · 전세권, 그 밖의 우선변제청구권으로서 첫 경매개시결정등기 전에 등기되었고 매각으로 소멸하는 권리를 가진 채권자이다.

배당을 받을 수 있는 채권자 중에는 배당요구를 하지 않아도 당연히 배당에 참가할 수 있는 자와 배당요구를 하지 않으면 배당을 받을 수 없는 채권자가 있다.

배당요구를 하지 않아도 배당을 받을 수 있는 채권자는 다음과 같다.

이중경매신청인, 첫 경매개시결정등기 전에 등기된 가압류채권자, 첫 경매개시결정등기 전에 등기된 우선변제권자(저당권 · 전세권 · 임차권자 등), 체납처분에 의한 압류권자, 종전 등기기록 상의 권리자이다. 종전 등기기록상 권리자는 재개발, 재건축사업시행결과 공급된 부동산에 대하여 경매할 때 종전 부동산등기기록에 기입되어 있던 부담등기의 권리자이다(예컨대, 도시정비사업시행의 결과 토지 또는 건축물을 분양받아 소유권을 취득한 자가 보유하고 있던 종전의 토지 또는 건축물에 설정된 지상권 · 전세권 · 저당권 · 임차권 · 가등기담보권 · 가압류 등 등기된 권리).

이와 달리 배당요구를 하여야 배당을 받을 수 있는 채권자는 집행력 있는 정본을 가진 채권자, 경매개시결정이 등기된 뒤에 가압류를 한 채권자, 민법 · 상법, 그 밖의 법률에 의하여 우선변제청구권이 있는 채권자(예컨대, 확정일자부 주택임차인, 상가건물임차인 등)이다.

배당요구를 해야 배당을 받을 수 있는 채권자들은 배당요구의 종기까지 배당요구를 하여야 배당 받을 수 있다.

3. 채권신고의 최고

1) 취지

법원사무관 등은 첫 경매개시결정 전에 등기된 가압류채권자, 저당권 · 전세권, 그 밖의 우선변제청구권으로서 첫 경매개시결정등기 전에 등기되었고 매각으로 소멸하는 것을 가진 채권자 및 조세, 그 밖의 공과금을 주관하는 공공기관에 대하여 채권의 유무, 그 원인 및 액수를 배당요구의 종기까지 법원에 신고하도록 최고한다.

채권신고를 최고하는 이유는 우선변제청구권 있는 채권의 유무와 그 금액에 관하여 신고를 받아 남을 가망이 있는지 여부를 확인함과 동시에 매각조건을 결정하고, 그들에게 배당요구(또는 교부청구)를 할 수 있는 기회를 부여하여 채권회수나 조세징수를 용이하게 하려는 목적이다.

2) 최고의 상대방

최고의 상대방은 민사집행법 제148조 3호,4호 소정의 채권자로 첫 경매개시결정등기 전에 등기된 가압류채권자, 저당권 · 전세권, 그 밖의 우선변제청구권으로서 첫 경매개시결정등기 전에 등기되었고 매각으로 소멸하는 채권자이다. 첫 경매개시결정등기 전에 임차권등기를 마친 임차인에 대하여도 전세권자에 준하여 채권신고 최고서를 발송한다.

공과 주관 공무소에 대해서도 최고를 한다.

국세 등의 교부청구 채권자는 민사집행법 제88조 1항의 배당요구를 할 수 있는 채권자에 해당하므로 별도의 최고가 필요하지 않지만, 조세징수의 편의를 위하여 법은 특별히 채권신고를 최고하도록 규정(동법 제84조 4항)하고 있다.

표 23 최고대상 공무소

- 세무서: 경매할 부동산의 소유자의 주소지를 관할하는 세무서
- 부동산소재지의 시(자치구가 없는 경우), 자치구, 군, 읍, 면
- 관세청: 공장저당법상 저당권자의 신청에 의한 임의경매사건의 경우와 집행채무자(임의경매에서는 소유자)가 회사인 경우
- 국민건강보험공단: 경매할 부동산의 소유자의 주소지를 관할하는 국민건강보험공단

4. 배당 요구

1) 의의

배당요구란 다른 채권자가 경매를 신청하였을 경우 그 부동산의 이해관계인이 경매절차에 참여하여 자기 채권을 변제받고자 하는 의사표시이다. 배당요구는 채권의 원인과 수액을 기재한 서면에 의하여 집행법원에 배당을 요구하는 취지가 표시되면 배당요구를 한 것으로 인정된다. 주택임대차보호법상 임차인으로서의 지위와 전세권자로서의 지위를 함께 가지고 있는 자가 그 중 임차인으로서의 지위에 기하여 경매법원에 배당요구를 하였다면, 배당요구를 하지 아니한 전세권에 관하여는 배당요구가 있는 것으로 볼 수 없다(대법원 2010. 6. 24.선고 2009다40790 판결).

2) 배당요구의 방식

배당요구는 채권(이자, 비용, 그 밖의 부대채권을 포함)의 원인과 액수를 적은 서면으로 하여야 하고, 말로 하는 신청은 허용되지 않는다. 배당요구서는 법원이 정한 배당요구의 종기까지 제출하여야 한다.

[서식 14] 배당요구신청서

배 당 요 구 신 청

사건번호
채 권 자
채 무 자
배당요구채권자

○시 ○구 ○동 ○번지

배당요구채권

1. 금 원정
○ ○ 법원 가단(합) ○ ○호 ○ ○청구사건의 집행력 있는 판결정본에 기한 채권 금 원의 변제금
1. 위 원금에 대한 년 ○ 월 ○ 일 이후 완제일까지 연 ○ 푼의 지연손해금

신 청 원 인

위 채권자 채무자 간의 귀원 타경 ○ ○ 호 부동산강제경매사건에 관하여 채권자는 채무자에 대하여 전기 집행력 있는 정본에 기한 채권을 가지고 있으므로 위 매각대금에 관하여 배당요구를 합니다.

년 월 일

위 배당요구채권자 (인)

연락처(☎)

지방법원 귀중

☞유의사항

실체법상 우선변제청구권이 있는 채권자, 집행력 있는 정본을 가진 채권자 및 경매신청의 등기 후 가압류한 채권자는 배당요구종기일까지 배당요구할 수 있으며, 배당요구는 채권의 원인과 수액을 기재한 서면으로 하여야 합니다.

5. 채권계산서 제출

채권자에게 배당받을 기회를 주기 위하여 채권신고에 대한 최고를 한다.

그러나 이러한 최고 외에도 배당기일이 정하여진 때에는 법원사무관등은 각 채권자에 대하여, 채권의 원금 · 배당기일까지의 이자, 그 밖의 부대채권 및 집행비용을 적은 계산서를 1주 안에 법원에 제출할 것을 최고한다(민사집행규칙 제81조).

배당받을 채권자가 정해졌다고 하더라도 배당표나 배당표원안의 작성을 위해서는 사전에 자료를 정리하여 그 작성을 위한 준비를 할 필요가 있다. 이미 압류채권자의 신청서, 배당요구채권자의 배당요구서, 등기부등본, 채권자가 제출한 채권신고서 등이 자료가 있지만, 이러한 자료는 경매절차의 초기 단계에서 제출된 것이다.

따라서 그 후에 채무자가 일부 채무를 변제한 경우도 있기 때문에 원금의 변동이나 이자 등에 대한 계산을 다시 할 필요가 있기 때문에 채권계산서를 다시 제출하도록 최고하는 것이다.

6. 배당요구의 철회

배당요구를 했더라도 채권자는 배당요구 한 것을 자유롭게 철회할 수 있다.

다만, 배당요구에 따라 매수인이 인수해야 할 부담이 바뀌는 경우 배당요구를 한 채권자는 배당요구의 종기가 지난 뒤에 이를 철회할 수 없다(민사집행법 제88조 2항).

배당요구 철회가 제한되는 경우는 전부 부담이 되는 경우와 부담이 더 증가하는 경우이다.

예컨대, 최선순위 전세권자나 최선순위의 대항력을 갖춘 임차권자가 배당요구를 하여 매수인이 이러한 채권액을 인수할 필요는 없었으나, 그러한 권리자가 배당요구를 철회함에 따라 매수인이 그 부담을 인수해야 되는 경우이다.

부담이 증가하는 경우란 예컨대, 선순위의 대항력 있는 임차인이 배당요구를 했기 때문에 소액보증금 중 일정액을 우선 배당받고 나머지 보증금만을 매수인이 부담할 것으로 예상 되었는데 임차인이 배당요구를 철회함에 따라 소액보증금 중 일정 금액까지 추가로 인수하게 되는 경우이다.

그러나 배당요구 철회는 어느 경우든 배당요구 종기가 지난 후에는 불가능하고, 종기 후의 철회에 대해서는 집행법원은 배당요구가 있는 것으로 취급하여 배당을 하고 필요한 경우 말소촉탁 또는 변경등기를 촉탁하게 된다.

[서식 15] 채권계산서

채 권 계 산 서

사건번호
채 권 자
채 무 자

위 사건에 관하여 배당요구채권자 ○ ○ ○는 아래와 같이 채권계산서를 제출합니다.

년 월 일

채권자(배당요구채권자) (인)

연락처(☎)

지방법원 귀중

아 래

1. 원금 원정
(단 년 ○ 월 ○ 일자 대여금)
1. 이자 원정
(단 년 ○ 월 ○ 일부터 년 ○ 월 ○ 일까지의 연 ○푼의 이율에 의한 이자금)
1. 기타(집행비용 등 필요할 경우 기재)

합계 금 원정

☞유의사항

1) 집행법원의 제출최고에 의하여 제출하는 채권계산서에는 ① 채권의 원금, ② 이자, ③ 비용, ④ 기타 부대채권을 기재합니다.

2) 인지는 붙이지 않고 1통을 제출합니다.

2강 배당순위와 배당액은 어떻게 정해지나요?

1. 배당순위

1) 의의

매각대금이 모든 채권자를 만족시키기에 충분하면 배당순위가 중요하지 않을 수 있다. 그러나 실제로는 그렇지 않은 경우도 많이 있기 때문에 배당순위에 따라 채권자 상호 간에도 희비가 엇갈린다.

채권자의 배당순위는 민법, 상법, 그 밖의 법률에 의한 우선순위에 따라 결정된다(민사집행법 제145조 제2항).

만약 배당에 참가한 채권이 모두 일반채권자라면 그 채권 발생의 선후에 불구하고 채권자 모두에게 채권액에 비례하여 평등한 비율로 배당한다.

그러나 민법, 상법, 그 밖의 법률에 일반채권자에 우선하여 변제받을 수 있도록 규정되어 있는 채권이 있으면 이러한 채권에 관하여는 우선적으로 변제하여야 하므로 배당표에 각 채권의 배당순위를 표시한다.

배당순위는 번호로 표시하며, 동일 순위의 채권자가 수인인 때에는 같은 번호로 표시한다.

예컨대, 당해세인 국세채권, 저당채권, 압류채권, 배당요구채권이 배당에 가입한 경우 국세채권은 1로, 저당채권은 2로, 나머지는 3으로 표시한다.

2) 배당순위를 정하는 방법

배당순위를 정하는 방법에는 3가지 사례가 있다.

배당순위 중 당해세라고 하는 것이 있는데, 당해세는 경매,공매의 목적이 되는 부동산 자체에 부과된 조세와 가산금을 의미한다. 말하자면 당해 부동산을 소유하고 있다는 사실에 근거하여 부과하는 국세, 지방세 및 그 가산금이다. 조세 채권이 발생한 날짜인 법정 기일과는 무관하게 당해 재산에 발생한 조세이다.

당해세가 법정기일 조세채권과 담보물권 등의 채권보다 우선적으로 배분되는데, 그 취지는 조세채권이 국가 재정수입의 확보수단이라는 대전제로부터 출발하기에 인정되는 우선원칙이다. 당해세를 제외한 조세 상호간의 우선순위는 압류선착주의와 법정 기일의 순서에 의해 결정된다.

당해세에 해당하는 것은 국세 중 상속세, 증여세, 종합부동산세, 지방세 중 재산세, 자동차세, 도시계획세 등이다.

(1) 저당권 · 전세권에 의하여 담보되는 채권이 있는 경우

① 제1순위 : 집행비용

② 제2순위 : 저당물의 제3취득자가 그 부동산의 보존 · 개량을 위하여 지출한 필요비 · 유익비(민법 제367조)

③ 제3순위 : 소액임차보증금채권
최종 3개월분 임금과 최종 3년간의 퇴직금 및 재해보상금
다만, 최종 3년간의 퇴직금은 1997. 12. 24. 개정된 근로기준법 부칙 제2조 1항에 의하여 개정 근로기준법의 시행 전에 퇴직한 근로자의 경우에는 특칙 있음

④ 제4순위 : 집행의 목적물에 대하여 부과된 국세, 지방세와 가산금(이른바 당해세)

⑤ 제5순위 : 국세 및 지방세의 법정기일 전에 설정 등기된 저당권 · 전세권에 의하여 담보되는 채권, 확정일자를 갖춘 주택 또는 상가건물의 임차보증금반환채권(임차권등기 된 주택 또는 상가건물의 임차보증금반환채

권은 저당권부채권과 동일), 가등기담보 등에 관한 법률상 담보가등기권리자가 집행법원이 정한 기간 안에 채권신고를 한 채권

⑥ 제6순위 : 제3순위의 임금 등을 제외한 임금, 기타 근로관계로 인한 채권

⑦ 제7순위 : 당해세 외의 국세 · 지방세 및 이에 관한 체납처분비, 가산금 등의 징수금

⑧ 제8순위 : 국세 및 지방세의 다음 순위로 징수하는 공과금 중 납부기한이 저당권, 전세권 설정등기 후인 고용보험료 및 산업재해보상보험료, 국민건강보험료, 국민연금보험료 등

⑨ 제9순위 : 일반채권(일반채권자의 채권과 재산형 · 과태료 및 국유재산법상의 사용료 · 대부료 · 변상금채권)

(2) 매각재산에 조세채권의 법정기일 후에 설정된 저당권 · 전세권에 의하여 담보되는 채권이 있는 경우

① 제1순위 : 집행비용

② 제2순위 : 저당물의 제3취득자가 그 부동산의 보존 · 개량을 위하여 지출한 필요비 · 유익비(민법 제367조)

③ 제3순위 : 소액임차보증금채권
최종 3개월분 임금과 최종 3년간의 퇴직금 및 재해보상금
다만, 최종 3년간의 퇴직금은 1997. 12. 24. 개정된 근로기준법 부칙 제2조 1항에 의하여 개정 근로기준법의 시행 전에 퇴직한 근로자의 경우에는 특칙이 있다.

④ 제4순위 : 조세 기타 이와 동 순위의 징수금(당해세 포함)

⑤ 제5순위 : 조세 다음 순위의 공과금 중 납부기한이 저당권 · 전세권의 설정등기보다 앞서는 국민건강보험법상의 고용보험료 및 산업재해보상보험료, 건강보험료, 국민연금법상의 연금보험료

⑥ 제6순위 : 저당권 · 전세권에 의하여 담보되는 채권

⑦ 제7순위 : 임금 기타 근로관계로 인한 채권

⑧ 제8순위 : 국세 및 지방세의 다음 순위로 징수하는 공과금 중 납부기한이 저당권, 전세권 설정등기 후인 고용보험료 및 산업재해보상보험료, 국민

건강보험료, 국민연금보험료 등

⑨ 제9순위 : 일반채권(여기에 해당하는 채권은 전과 동일)

(3) 매각재산에 저당권등에 의하여 담보되는 채권이 없는 경우

① 제1순위 : 집행비용

② 제2순위 : 저당물의 제3취득자가 그 부동산의 보존 · 개량을 위하여 지출한 필요비 · 유익비(민법 제367조)

③ 제3순위 : 소액임차보증금채권

최종 3개월분 임금과 최종 3년간의 퇴직금 및 재해보상금

다만, 최종 3년간의 퇴직금은 1997. 12. 24. 개정된 근로기준법 부칙 제2조 1항에 의하여 개정 근로기준법의 시행 전에 퇴직한 근로자의 경우에는 특칙이 있다.

④ 제4순위 : 임금 기타 근로관계로 인한 채권

⑤ 제5순위 : 조세 기타 이와 동 순위의 징수금(당해세 포함)

⑥ 제6순위 : 조세 다음 순위의 공과금

⑦ 제7순위 : 일반채권(여기에 해당하는 채권은 전과 동일)

2. 배당액 결정

배당받을 채권자들 사이에 배당순위가 고정되지 아니하고 채권자들 사이에 우열관계가 상대에 따라 달라질 수 있는 경우, 배당액을 어떻게 결정하는 것이 타당한가가 문제된다.

이런 경우 배당액을 결정하는 방법으로 안분배당을 한 후 흡수배당을 하게 된다.

1) 안분배당

안분배당이란 채권자(가압류채권, 압류채권, 기타 채권)는 채권자 평등의 원칙에 따라서 권리의 발생이나 등기상의 설정 순위와는 관계없이 채권자들의

각 채권액에 비례하여 배당을 하는 방법이다.

예컨대, 배당액이 5,000만원인데, 다음과 같은 3명의 가압류 채권자가 있다.

1순위 : 2016. 09. 25. 가압류 채권액 2,500 채권자 A
2순위 : 2016. 10. 25. 가압류 채권액 2,500 채권자 B
3순위 : 2016. 11. 25. 가압류 채권액 5,000 채권자 C

이 경우 안분배당을 한다면 그 계산법은 다음과 같다.

A 배당액 : 전체배당액 × 각자 지분= 5,000 ×2,500/(2,500 + 2,500 +5,000) = 1,250 만원
B 배당액 : 전체배당액 × 각자 지분= 5,000 × 2,500/(2,500 + 2,500 +5,000) = 1,250 만원
C 배당액 : 전체배당액 × 각자 지분= 5,000 × 5,000/(2,500 + 2,500 +5,000) = 2,500 만원

2) 흡수배당

흡수배당은 안분배당을 한 후에 권리순위에 따른 순위 배당이 이루어지게 되는데, 이때 선순위 채권자가 자기채권이 만족될 때까지 후순위 채권자의 안분배당금을 흡수하여 배당하는 방법이다.

예컨대, 배당액 5,000만원인데, 다음과 같은 3명의 가압류 채권자와 근저당권자가 있다.

1순위 : 2016. 09. 25. 가압류 채권액 2,500 채권자 A
2순위 : 2016. 10. 25. 근저당 채권액 2,500 채권자 B
3순위 : 2016. 11. 25. 가압류 채권액 5,000 채권자 C

이 경우 안분배당을 한 후, 흡수배당을 한다면 그 계산법은 다음과 같다.

먼저 안분배당을 한다.

A 배당액 : 전체배당액 × 각자 지분= 5,000 ×2,500/(2,500 + 2,500 +5,000) = 1,250 만원

B 배당액 : 전체배당액 × 각자 지분= 5,000 × 2,500/(2,500 + 2,500 +5,000) = 1,250 만원

C 배당액 : 전체배당액 × 각자 지분= 5,000 × 5,000/(2,500 + 2,500 +5,000) = 2,500 만원

그런데 근저당권은 채권에 우선하는 담보물권이므로 A 가압류 등기보다는 설정이 늦어서 A에 대한 관계에서는 동 순위로 취급되어 채권액에 비례하여 배당이 되나, C 가압류 채권자에 대해서는 우선한다.

즉, C 가압류 채권자와의 관계에서는 근저당권자 B가 배당을 받고 잔여금액이 있을 때나 C 가압류 채권자에게 배당이 행하여져야 한다.

따라서 B는 안분배당으로 받는 1,250 만원에 더하여 자기가 원래 받아야 할 채권액인 2.500만원에 달할 때 까지는 후순위자인 C가 안분배당 받은 금액에서 흡수해 오는 것이다. 말하자면 C의 안분배당금액에서 빼앗아 오는 것이다.

이렇게 되면 최종적으로 A 가압류 채권자 1,250만원, B 근저당권자 2,500만원, C 가압류채권자 1,250만원을 배당받게 된다.

3강 배당을 다 못 받았는데 어떻게 해야 하나요?

1. 배당기일

1) 배당기일의 지정

매수인이 매각대금을 지급하면 법원은 배당에 관한 진술 및 배당을 실시할 기일(실무상 배당기일)을 지정한다(민사집행법 제146조). 매수인이 매각대금을 지급하면 3일 안에 배당기일을 지정하되, 배당기일은 대금지급 후 4주 안

의 날로 지정한다.

그러나 매수인이 적법하게 채무인수신청을 하였거나 또는 차액지급신청을 한 경우에는 바로 배당기일을 정하고, 재매각을 명하였다가 대금의 지급이 있어 재매각절차를 취소한 경우에는 바로 배당기일을 지정한다.

2) 배당기일과 통지

배당기일은 법원이 배당표와 관련한 진술과 배당실시를 위하여 날짜를 지정한 날이다. 따라서 법원은 배당기일을 정하고, 이해관계인과 배당을 요구한 채권자에게 통지한다(민사집행법 제146조).

배당기일의 통지는 법원에서 상당하다고 인정되는 방법으로 할 수 있다. 다만, 배당기일 통지는 배당기일의 실시와 관련하여 배당에 관한 의견의 진술, 배당이의의 진술 등 채권만족의 마지막 단계를 위한 절차이므로 실무에서는 배당기일통지서를 작성하여 송달한다.

2. 배당표

1) 배당표 원안의 비치와 열람

집행법원은 배당기일에 출석한 이해관계인과 배당을 요구한 채권자를 심문하여 배당표를 확정한다.

다만, 배당표 확정에 앞서 채권자와 채무자에게 보여주기 위하여 배당기일의 3일 전에 배당표원안을 작성하여 법원에 비치한다(민사집행법 제149조). 배당표의 비치 장소는 법원사무관등의 사무실이다.

배당표를 비치하지 아니하거나, 비치기간을 준수하지 않더라도 배당절차의 무효나 취소사유는 아니지만, 배당기일의 변경 또는 연기사유가 된다. 그러나 이해관계인이 배당기일에 이의를 하지 아니하고 배당표에 대한 진술을 한 때에는 배당기일 연기신청권은 상실된다.

비치된 배당표원안을 열람한 이해관계인 및 배당을 요구한 채권자들은 배당표원안에 적은 내용에 대하여 이의가 있을 경우, 반드시 배당기일에 출석하여 이의를 진술하여야 하고 미리 서면으로 이의할 수 없다.

다만, 채무자는 법원에 배당표원안이 비치된 이후 배당기일이 끝날 때까지 채권자의 채권 또는 그 채권의 순위에 대하여 서면으로도 이의할 수 있다(민사집행법 제151조 제2항).

[서식 16] 배당표 원안

○ ○ 지 방 법 원

배 당 표

사 건 20 타경 부동산강제경매

<table>
<tr><td colspan="2">배 당 할 금 액</td><td colspan="3">금 51,000,000</td></tr>
<tr><td rowspan="5">명
세</td><td>매 각 대 금</td><td colspan="3">금 45,500,000</td></tr>
<tr><td>지연이자 및 절차비용</td><td colspan="3">금 0</td></tr>
<tr><td>전경매보증금</td><td colspan="3">금 5,000,000</td></tr>
<tr><td>매각대금이자</td><td colspan="3">금 500,000</td></tr>
<tr><td>항고보증금</td><td colspan="3">금 0</td></tr>
<tr><td colspan="2">집 행 비 용</td><td colspan="3">금 1,500,000</td></tr>
<tr><td colspan="2">실제 배당할 금액</td><td colspan="3">금 49,500,000</td></tr>
<tr><td colspan="2">매 각 부 동 산</td><td colspan="3">서울 서초구 서초동 1234 대 100㎡ 및 위 지상 1층 건물 150㎡</td></tr>
<tr><td colspan="2">채 권 자</td><td>김갑동</td><td>종로구</td><td>국민은행</td></tr>
<tr><td rowspan="4">채
권
금
액</td><td>원 금</td><td>16,000,000</td><td>1,000,000</td><td>10,000,000</td></tr>
<tr><td>이 자</td><td>0</td><td>0</td><td>495,000</td></tr>
<tr><td>비 용</td><td>0</td><td>0</td><td>5,000</td></tr>
<tr><td>계</td><td>16,000,000</td><td>1,000,000</td><td>10,500,000</td></tr>
<tr><td colspan="2">배 당 순 위</td><td>1</td><td>2</td><td>3</td></tr>
<tr><td colspan="2">이 유</td><td>소액임차인</td><td>교부권자(당해세)</td><td>근저당권자</td></tr>
<tr><td colspan="2">채 권 최 고 액</td><td>16,000,000</td><td>1,000,000</td><td>10,000,000</td></tr>
<tr><td colspan="2">배 당 액</td><td>16,000,000</td><td>1,000,000</td><td>10,000,000</td></tr>
<tr><td colspan="2">잔 여 액</td><td>33,500,000</td><td>32,500,000</td><td>22,500,000</td></tr>
<tr><td colspan="2">배 당 비 율</td><td>100.00%</td><td>100.00%</td><td>100.00%</td></tr>
<tr><td colspan="2">공 탁 번 호
(공 탁 일)</td><td>금제 호
(20 . . .)</td><td>금제 호
(20 . . .)</td><td>금제 호
(20 . . .)</td></tr>
</table>

채권자		이을순	박병식	
채권금액	원금	20,000,000	10,000,000	
	이자	0	0	
	비용	0	0	
	계	20,000,000	10,000,000	
배당순위		4	4	
이유		신청채권자(확정판결)	가압류권자	
채권최고액		20,000,000	10,000,000	
배당액		15,000,000	7,500,000	
잔여액		7,500,000	0	
배당비율		75.00%	75.00%	%
공탁번호 (공탁일)		금제 호 (20 . . .)	금제 호 (20 . . .)	금제 호 (20 . . .)
20 . . . 판사(사법보좌관) ○ ○ ○				

출처: NCS 학습모듈, 부동산경·공매

2) 배당표의 확정

(1) 배당실시

법원은 미리 작성한 배당표원안을 배당기일에 출석한 이해관계인과 배당을 요구한 채권자에게 보여주고 그들을 심문하여 그 의견을 듣고 또 즉시 조사할 수 있는 증거를 조사한 다음 이에 기하여 배당표원안에 추가, 정정할 것이 있으면 추가, 정정하여 배당표를 완성·확정한다(민사집행법 제149조 2항, 제152조 2항).

배당기일에 출석한 이해관계인과 배당을 요구한 채권자가 합의한 때에는 이에 따라 배당표를 작성하여야 한다(민사집행법 제150조 2항).

배당표에 대하여 이해관계인이나 배당요구채권자의 이의가 없어 그대로 확정되면 법원 및 각 채권자와 채무자는 이에 기속된다.

채권자 및 채무자로부터 적법한 이의가 없는 경우 또는 배당기일에 출석하지 아니함으로 인하여 배당표와 같이 배당을 실시하는 데에 동의한 것으로 보는 경우(민사집행법 제153조 1항)에는 법원이 작성한 배당표원안이 그대로 확정되고, 그에 따라 배당을 실시한다.

(2) 배당액의 공탁

채권에 대한 배당액이 즉시 채권자에게 지급할 수 없거나 지급하는 것이 적당하지 아니한 경우에는 법원사무관등은 그 채권자에게 배당액을 직접 지급하지 않고, 배당액을 공탁한다.

3) 배당표에 대한 이의

(1) 이의를 할 수 있는 자 및 이의시기 등

배당기일에 출석한 채무자 및 각 채권자는 배당표의 작성, 확정 및 실시와 다른 채권자의 채권 또는 그 채권의 순위에 대하여(다만, 채권자는 자기의 이해에 관계되는 범위 안에서) 이의할 수 있다.

(2) 이의방법

채무자는 배당기일에 출석하여 이의할 수 있고, 배당표원안이 비치된 이후에는 배당기일이 끝날 때까지 서면으로도 이의할 수 있다. 그러나 채권자는 반드시 배당기일에 출석하여 이의 진술하여야 한다.

이의는 어느 채권에 대하여 어느 한도에서 그 존재 또는 우선권을 다투는가, 즉 배당표원안에 적힌 내용을 어떻게 경정할 것을 구하는 것인지를 구체적으로 명시하여야 한다. 따라서 이의의 상대방과 그 범위를 명시하지 아니한 이의는 부적법하다.

[서식 17] 배당이의신청서

배 당 이 의 신 청

신 청 인 : O O O
주 소 ○○시 ○○구 ○○동 ○

피신청인 : O O O
주 소 ○○시 ○○구 ○○동 ○

신 청 취 지

○○지방법원 2018타경○○호 부동산 강제경매사건에 대하여 동 법원이 작성한 배당표를 취소하고 다시 각 채권자의 채권액에 비례하여 배당을 하여 주시기 바랍니다.

신 청 이 유

1. 채권자 ○○○, 채무자 ○○○간의 경매매각대금의 배당사건에 있어 압류채권자인 피신청인 ○○○는 위 매각대금에 대하여 채권을 주장하고 그 매각대금 중 압류 및 경매비용을 공제한 잔금 ○○○원에 대하여 우선변제를 받을 것을 신청하고 동 법원도 역시 이를 인정하여 배당금의 전부를 피신청인에게 배당한다는 배당표를 작성하고 있다.
2. 그러나 배당에 이의있는(채권자등) 신청인등은 피신청인의 채권을 인정할 수가 없으므로 이에 이의 신청을 제출하는 바입니다.

년 월 일

위 신청인 ○ ○ ○ (인)

○ ○ 지방법원 귀중

(3) 배당이의 효과

가. 채무자가 이의를 한 경우

집행력 있는 집행권원의 정본을 가지지 아니한 채권자(가압류채권자 제외)의 채권이나 부동산상의 담보권자의 채권에 대하여 이의를 한 경우에는 이의가 기일에 완결되지 아니하면 그 부분에 대하여는 배당의 실시가 일시 유보되고 이의를 한 채무자가 배당이의의 소를 제기하여야 하며, 집행법원에 소제기를 증명하면 그 부분의 배당액은 공탁한다.

집행력 있는 집행권원의 정본을 가진 채권자에 대하여 이의를 한 경우에는 채무자가 청구이의의 소를 제기하고 또한 그 소에 관한 집행정지재판을 받아야 한다.

나. 채권자가 이의를 한 경우

이의가 기일에 완결되지 아니한 때에는 이의 있는 채권에 대한 배당의 실시가 일시 유보되고, 이의채권자가 배당이의의 소를 제기하고 배당기일부터 1주 이내에 그 소제기를 법원에 증명하면 그 부분의 배당액은 공탁한다.

다. 이의에 따른 배당실시 여부

배당표에 대하여 이의가 있으면, 그 이의 있는 부분에 한하여 배당표는 확정되지 아니한다.

그러나 배당이의가 있는 경우, 배당실시는 그 유형에 따라 〈표 24〉와 같이 처리한다.

표 24 배당이의와 배당실시 유형

배당이의	배당실시 여부
이의가 있었으나, 이의가 완결된 경우	배당 실시
이의가 있고, 이의가 완결되지 아니하였으나, 이의 없는 부분이 있는 경우	이의 없는 부분에 한해 배당 실시
이의가 있었으나, 이의가 철회된 경우	배당 실시
이의가 있었으나, 이의한 채권자 또는 채무자가 배당이의의 소 등 제기증명 등을 제출하지 아니한 경우	배당실시
배당이의의 소 등이 취하 또는 취하 간주되거나 소 각하 또는 청구기각의 판결이 확정되었음이 증명된 경우	배당이의로 유보된 배당절차 속행
배당이의의 소 등의 승소판결이 확정되었음이 증명된 경우	배당이의의 소 등에서 원고청구의 전부 또는 일부인용 판결이 확정되었음이 증명된 때는 그 판결내용에 따라 배당 실시

(4) 배당이의의 소

배당이의의 소란 배당표에 배당을 받는 것으로 기재된 자의 배당액을 줄여 자신에게 배당이 되도록 하기 위하여 배당표의 변경 또는 새로운 배당표의 작성을 구하는 소이다.

배당이의를 한 채권자 또는 채무자는 이의의 상대방을 피고로 배당이의의 소를 제기하고, 배당기일부터 1주 이내에 집행법원에 그 사실을 증명하여야 한다.

만약 배당기일부터 1주 이내에 배당이의의 소제기 증명을 제출하지 못하면 이의가 취하된 것으로 간주하여 일단 유보된 배당절차가 속행되고 배당을 실시한다.

배당이의의 소가 취하되었거나 취하 간주된 사실 또는 배당이의의 판결이 확정된 사실의 증명이 있는 때에는 이에 의하여 배당을 실시하거나, 배당법원이 추가배당 또는 재배당절차를 실시한다.

3. 실제 배당사례

대구에 있는 다가구주택이 경매에 나와 매각이 되고, 배당까지 종결되었다.

그림 105 경매물건(다가구주택)

아모스리치옥션	매각기일 : 2013-08-19 10:00 (월)	대구지방법원 경매3계 2013타경5749

소재지	대구광역시 수성구 상동 411-2				사건접수 2013-03-14
물건종별	다가구(원룸등)	채권자	대구성서신용협동조합	감정가	941,491,360원
매각대상	토지 및 건물일괄매각	채무자	이O우	최저가	(70%) 659,044,000원
토지면적	330.20㎡ (99.89평)	소유자	이O우	보증금	(10%) 65,904,400원
건물면적	599.48㎡ (181.34평)	배당종기일	2013-05-27	청구금액	508,957,995원
입찰방법	기일입찰	개시결정	2013-03-15		다음로드뷰 사진더보기

기일현황 입찰20일전

NO	매각기일	최저입찰가	결과
1	2013-07-16	941,491,360	유찰
2	2013-08-19	659,044,000	매각
낙찰가 : 851,000,000원			
낙찰률 : 90%			

경락잔금대출 입찰전 무료상담신청

이 다가구주택 임차인들이 있을 수 있는데, 매각물건명세서를 보면 이 다가구주택에도 역시 많은 임차인들이 점유하고 있음을 알 수 있다.

그림 106 매각물건명세서 1

관할법원	대구지방법원 경매3계	소재지	대구광역시 수성구 상동 411-2
사건번호	2013 타경 5749 (1)	매각기일	기일입찰 2013-08-19 10:00

Acrobat Reader 다운로

사건	**2013타경5749** 부동산임의경매	매각물건번호	1	담임법관(사법보좌관)	고영삼
작성일자	2013.06.05	최선순위 설정일자	2011.3.23.근저당권(목록 1) 2011.9.2.근저당권(목록 2)		
부동산 및 감정평가액 최저매각가격의 표시	부동산표시목록 참조	배당요구종기	2013.05.27		

부동산의 점유자와 점유의 권원, 점유할 수 있는 기간, 차임 또는 보증금에 관한 관계인의 진술 및 임차인이 있는 경우 배당요구 여부와 그 일자, 전입신고일자 또는 사업자등록신청일자와 확정일자의 유무와 그 일자

점유자의 성명	점유부분	정보출처 구분	점유의 권원	임대차 기간 (점유기간)	보증금	차임	전입신고일자, 사업자등록신청일자	확정일자	배당요구 여부 (배당요구 일자)
김 구	302호	현황조사	주거 임차인		70,000,000		2011.11.24	2011.11.24	
	302호	권리신고	주거 임차인	2011.11.30.- 2013.11.29.	70,000,000		2011.11.24.	2011.11.24.	2013.03.21
김 화	205호	현황조사	주거 임차인		50,000,000	70,000	2012.03.14	2012.03.14	
	205호	권리신고	주거 임차인	2012.3.21.- 2013.3.20.	50,000,000	70,000	2012.3.14.	2012.3.14.	2013.03.21
김 현	502호	현황조사	주거 임차인		40,000,000	200,000	2012.02.28	2012.02.28	
	502호	권리신고	주거 임차인	2012.2.27.- 2013.2.26.	40,000,000	200,000	2012.2.28.	2012.2.28.	2013.03.21
남 진	203호	현황조사	주거 임차인		20,000,000	230,000	2011.10.07		
	203호	권리신고	주거 임차인	2012.10.18.- 2013.10.17.	20,000,000		2011.10.7.		2013.03.27
사공 희	206호	현황조사	주거 임차인		4,300,000		2012.07.16	2012.07.16	
	206호	권리신고	주거 임차인	2012.7.16.- 2014.7.15.	43,000,000	100,000	2012.7.16.	2012.7.16.	2013.03.20

그림 107 매각물건명세서 2

서 봉	305호	현황조사	주거 임차인		60,000,000	30,000	2011.09.05	2011.09.05	
	305호	권리신고	주거 임차인	2011.8.31.- 2013.8.30.	60,000,000		2011.9.5.	2011.9.5.	2013.03.22
신 애	202호	현황조사	주거 임차인		65,000,000		2011.09.06	2011.09.06	
	202호	권리신고	주거 임차인	2011.9.30.- 2013.9.29.	65,000,000	180,000	2011.9.6.	2011.9.6.	2013.03.21
이 훈	201호	현황조사	주거 임차인		70,000,000		2011.12.27	불명확함	
	201호	권리신고	주거 임차인	2011.12.24.- 2013.12.23.	70,000,000		2011.12.27.	2011.12.15.	2013.03.22
이 형	501호	현황조사	주거 임차인		110,000,000		2011.12.23	2011.12.28	
	501호	권리신고	주거 임차인	2011.12.14.- 2013.12.13.	110,000,000	100,000	2011.12.23.	2011.12.28.	2013.03.25
장 나	301호	현황조사	주거 임차인		40,000,000	350,000	2011.09.19	2011.09.19	
	301호	권리신고	주거 임차인	2011.9.17.- 2013.9.17.	50,000,000	350,000	2011.9.19.	2011.9.19.	2013.03.21
최 원	306호	현황조사	주거 임차인		23,000,000	350,000	2013.02.25	2013.02.25	
	306호	권리신고	주거 임차인	2013.2.22.- 2014.2.22.	23,000,000	350,000	2013.2.25.	2013.2.25.	2013.03.25
홍 영	303호	현황조사	주거 임차인		20,000,000	230,000	2012.02.29	2012.02.29	
	303호	권리신고	주거 임차인	2012.2.26.- 2013.2.25.	20,000,000	230,000	2012.2.29.	2012.2.29.	2013.03.21
황 민	503호	현황조사	주거 임차인		22,000,000	360,000	2013.02.28	2013.02.28	
	503호	권리신고	주거 임차인	2013.2.25.- 2014.2.24.	22,000,000	360,000	2013.2.28.	2013.2.28.	2013.03.21

< 비고 >

이 다가구주택은 8억5,100만원에 매각되었다. 매각대금에 납부한 매각대금의 이자 863,959원을 포함하고 여기에 집행비용은 7,343,220원을 제외하였다.

따라서 실제 배당할 금액은 844,520,739원이다. 채권자들의 배당순위와 배당금액은 다음과 같다.

그림 108 **2013타경5749 실제 배당표 1**

사 건		2013타경5749 부동산임의경매	
배당할금액		금	851,863,959
명세	매각대금	금	851,000,000
	지연이자 및 절차비용	금	0
	전경매보증금	금	0
	매각대금이자	금	863,959
	항고보증금	금	0
집행비용		금	7,343,220
실제배당할 금액		금	844,520,739
매각부동산		1. 대구 수성구 ■동 411-2 대 330.2㎡ 2. 위 지상 건물	

채권자		김■화	김■현	남■진
채권금액	원금	50,000,000	40,000,000	20,000,000
	이자	0	0	0
	비용	0	0	0
	계	50,000,000	40,000,000	20,000,000
배당순위		1	1	1
이유		임차인(소액임차인)	임차인(소액임차인)	임차인(소액임차인)
채권최고액		19,000,000		
배당액		19,000,000	19,000,000	19,000,000
잔여액		825,520,739	19,000,000	19,000,000
배당비율		100.00%	806,520,739	787,520,739
공탁번호 (공탁일)		금제 호 (. . .)	100.00% 금제 호 (. . .)	100.00% 금제 호 (. . .)

3-1

그림 109 2013타경5749 실제 배당표 2

구분				
채권금액	원금	5,000,000	35,000,000	1,022,220
	이자	0	0	0
	비용	0	0	0
	계	5,000,000	35,000,000	1,022,220
배당순위		1	1	2
이유		소액임차인	소액임차인	교부권자(당해세)
채권최고액		5,000,000	19,000,000	0
배당액		5,000,000	19,000,000	1,022,220
잔여액		668,864,816	649,864,816	648,842,596
배당비율		100.00%	100.00%	100.00%
공탁번호 (공탁일)		금제 호 (. . .)	2014 금제 746 호 (2014. 1. 24.)	금제 호 (. . .)

채권자		대현새마을금고	윤■기	박■희
채권금액	원금	440,000,000	75,000,000	1,000,000
	이자	62,003,510	0	0
	비용	0	0	0
	계	502,003,510	75,000,000	1,000,000
배당순위		3	4	5
이유		신청채권자(근저당권)	확정일자부임차인	확정일자부임차인
채권최고액		572,000,000	0	0
배당액		502,003,510	75,000,000	1,000,000
잔여액		146,839,086	71,839,086	70,839,086
배당비율		100.00%	100.00%	100.00%
공탁번호 (공탁일)		금제 호 (. . .)	금제 호 (. . .)	2014 금제 744 호 (2014. 1. 24.)

그림 110 2013타경5749 실제 배당표 3

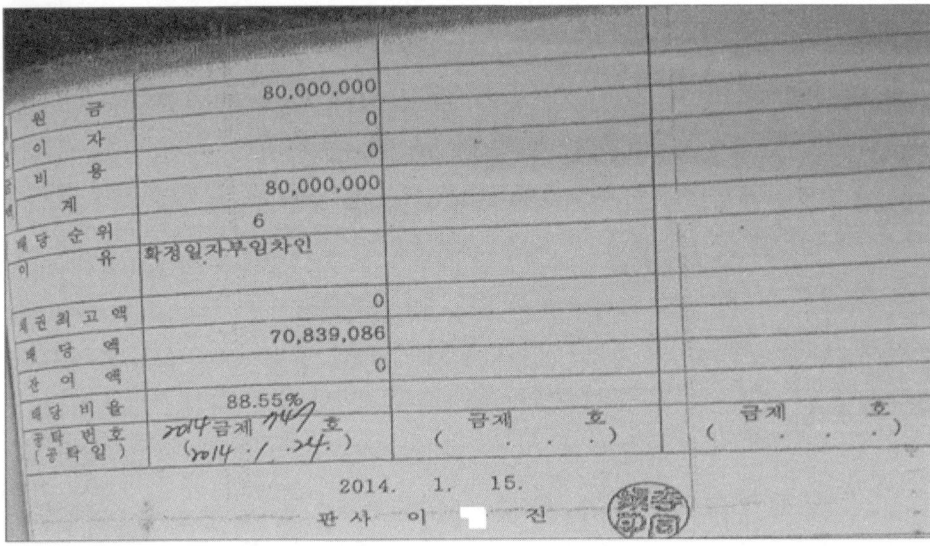

원금	80,000,000		
이자	0		
비용	0		
계	80,000,000		
배당순위	6		
이유	확정일자부임차인		
채권최고액	0		
배당액	70,839,086		
잔여액	0		
배당비율	88.55%		
공탁번호 (공탁일)	2014금제 749호 (2014.1.24.)	금제 호 (. . .)	금제 호 (. . .)

2014. 1. 15.

판사 이 전

제 12 장

경매 부동산 넘겨받기

1강 부동산을 인도받는 방법
2강 인도명령신청과 집행
3강 명도소송 등

제12장

경매 부동산 넘겨받기

1강 부동산을 인도받는 방법

1. 부동산의 인도

매수인이 경매 부동산을 낙찰받고, 매각허가결정을 받아 매각대금을 납부하면 그 부동산에 대한 소유권을 취득한다. 그러나 법적으로 소유권을 취득했더라도 그 부동산이 내 수중에 있지 아니하면 실제 사용, 수익할 수 없게 된다.

현재 경매 부동산을 점유하고 있는 점유자 중에는 그 부동산에서 퇴거하면 당장 오갈데가 없는 절박한 경우도 있고, 다수의 점유자가 있는 경우도 있다. 또 법 보다는 주먹이 가깝다고 무력을 행사하며 버티는 점유자도 있다.[26)]

그러나 보통 영업용 건물의 점유자는 영업을 하기 위하여 보증금과 차임 지급 외에도 영업을 위한 시설 등의 투자비용을 지출하기 때문에 이를 조금이라도 더 회수하기 위하여 가능하다면 영업을 계속하고자 하는 것이다.

26) 경매로 넘어간 아파트를 비워달라고 요구하는 경매낙찰자를 살해한 A씨(59)에게 징역 12년이 선고됐다. A씨는 자신이 거주하는 울산시 북구의 한 아파트에서 경매로 자신의 아파트를 낙찰받은 B씨(47)를 흉기로 찔러 살해한 혐의로 기소됐다. A씨는 B씨가 찾아와 아파트가 경매로 넘어갔다는 사실을 모르는 아내에게 집을 비워달라고 독촉하자 이에 격분해 범행을 저지른 것으로 드러났다(뉴스 1, http://news1.kr/articles/?3413897).

물론 매수인에게 대항할 수 없음에도 불구하고 끝까지 버티는 점유자에 대해서는 법적으로 해결할 수 있다. 집행절차를 거쳐 국가에서 강제력을 동원하여 집행하도록 도움을 받을 수 있다. 그러나 그렇게 되기까지는 많은 시간과 비용이 소요될 수 있다.

따라서 매수인이 경매부동산을 어떻게 잘 넘겨받느냐도 중요한 문제가 된다. 이런 점 때문에 경매부동산을 인도받는 것을 '경매의 꽃' 또는 '경매의 완결'에 비유하기도 한다.

2. 부동산의 인도방법

부동산을 인도받는 방법에는 첫째, 점유자와 협의에 의하여 원만하게 해결하는 방법이 좋은 방법이다. 점유자가 매수인에게 대항할 수 없기 때문에 법적으로는 명도를 해야 하는 경우에도 사실상 이를 거부하는 경우가 많이 있기 때문에 매수인은 이사비용 등의 제시에 의하여 협의를 하는 것이다. 이와같이 매수인은 이사비용 지출 등 원만한 해결을 위한 명도비용이 들기 때문에 입찰을 할 때 이러한 비용을 고려하여 매수신고 하는 것이 바람직하다.

둘째, 점유자가 임차인으로서 배당을 받을 수 있는 경우에는 명도확인서에 대한 협조를 해주고 퇴거를 약속받는 방법도 있다. 임차인이 보증금이나 전세금을 매각대금에서 배당 받으려면 점유하는 건물을 비워주어야 하나 배당금을 찾기 전에는 이사를 하기 어려운 실정이다.

따라서 매수인과 임차인간에 이사날짜를 미리 정하고 이를 신뢰할 수 있다면 임차인이 이사하기 전에 매수인에게 실제 이사는 하지 않았다고 하더라도 이사를 한 것으로 인정하여 명도확인서([서식 18])를 해줄 수도 있다.

셋째, 법적 조치를 취하는 방법이다. 법적 조치를 취하는 방법으로는 인도명령을 신청하여 인도명령을 받고 이에 의하여 강제집행하는 방법, 명도청구소송을 하여 판결 등을 받고 이에 의하여 강제집행하는 방법 등이 있다.

[서식 18] 명도확인서

명 도 확 인 서

사건번호 :
이　　름 :
주　　소 :

위 사건에서 위 임차인은 임차보증금에 따른 배당금을 받기 위해 매수인에게 목적부동산을 명도하였음을 확인합니다.
첨부서류 : 매수인 명도확인용 인감증명서 1통

년　　　　월　　　　　　일

매 수 인　　　　　　　　　　(인)
연락처(☎)

지방법원　　　　　　귀중

☞유의사항

1) 주소는 경매기록에 기재된 주소와 같아야 하며, 이는 주민등록상 주소이어야 합니다.
2) 임차인이 배당금을 찾기전에 이사를 하기 어려운 실정이므로, 매수인과 임차인간에 이사날짜를 미리 정하고 이를 신뢰할 수 있다면 임차인이 이사하기 전에 매수인은 명도확인서를 해줄 수도 있습니다.

3. 인도명령

1) 인도명령의 의의

인도명령이란 매수인이 매각대금을 완납한 뒤 채무자 등에 대하여 직접 자기에게 매각 부동산을 인도할 것을 구할 수 있는 제도로, 채무자 등이 인도하지 아니할 때에는 집행법원에 인도명령을 신청하여 그 명령에 따라 부동산을 인도 받을 수 있는 제도이다.

인도명령제도는 경매사건에서 적법하게 점유할 권원이 없는 것으로 판단되는 점유자에 대해서는 일반적인 명도소송에 의한 재판을 통하지 않고도 간편하고 신속하게 명도집행이 가능하도록 한 것이다.

법원은 매수인이 대금을 낸 뒤 6월 이내에 신청하면 채무자, 소유자 또는 부동산 점유자에 대하여 부동산을 매수인에게 인도하도록 명할 수 있다(민사집행법 제136조 1항). 매각대금을 낸후 6월이 지난 뒤에는 점유자를 상대방으로 하여 소유권에 기한 인도소송을 제기할 수 있다.

인도명령 신청권은 매각대금을 모두 지급한 매수인에게 부여되는 권리이다. 따라서 매수인이 매각부동산을 제3자에게 양도하였다 하더라도 매수인이 인도명령을 구할 수 있는 권리를 상실하지는 않는다. 양수인 앞으로 소유권 이전등기를 마친 경우에도 마찬가지다.

2) 인도명령의 상대방

(1) 채무자

채무자는 경매개시결정에 표시된 채무자를 말하고 그 일반 승계인이 포함되며,상속인이 여럿인 경우에는 각 공동상속인마다 개별적으로 인도명령의 상대방이 된다. 채무자의 점유는 직접점유는 물론 간접점유도 요건은 아니다. 채무자는 매각의 법률적 효과로 부동산을 매수인에게 인도하여야 할 의무가 있다고 해석되기 때문이다.

다만, 채무자가 부동산을 직접 점유하고 있지 않은 경우에는 민사집행법 제258조에 의한 인도집행을 할 수 없고 단지 채무자가 직접점유자에 대하여 인도청구권을 가지고 있을 때에 한하여 민사집행법 제259조에 의하여 인도청구권을 넘겨 받는 방법으로 집행할 수 있을 뿐이다. 그러나 채무자 소유의 건물이 존재하는 토지가 매각되어 건물을 위한 법정지상권이 발생한 경우와 같이 채무자가 매수인에게 대항할 수 있는 권원(예컨대, 법정지상권)을 가지는 경우에는 단순 점유자와 마찬가지로 인도명령의 대상이 되지 아니한다.

채무자가 임차인의 지위를 겸하고 있는 경우(예, 주택임대차보호법 또는 상가건물임대차보호법상의 대항력 있는 임차인이 담보실행권을 위한 경매절차의 채무자인데 보증금 중 배당받지 못한 금액이 있는 경우)에는 단순한 채무자로 취급할 것이 아니라 점유자로서 매수인에게 대항할 수 있는지 여부를 따져 인도명령을 발하여야 한다.

토지만이 매각된 경우에는 매수인은 그 토지의 인도만을 구할 수 있을 뿐이고 지상건물의 철거 및 인도를 구할 수는 없다.

(2) 소유자

소유자는 경매개시결정 당시의 소유명의자로 보면 된다. 다만 경매개시결정 후의 제3취득자도 포함시켜야한다는 견해도 있다. 이렇게 볼 때 가압류에서 본 압류로 이전된 경우에 본압류 당시의 소유명의자는 당연히 여기서 말하는 소유자에 해당된다. 소유자의 점유도 인도명령의 요건이 아님은 채무자의 경우와 같다.

(3) 부동산점유자

단순한 부동산점유자를 뜻한다. 따라서 압류의 효력이 발생하기 전에 점유를 시작한 점유자에 대하여도 인도명령을 내릴 수 있도록 하고 있다. 따라서 점유를 시작한 때가 압류의 효력발생 전인지 여부와 관계없이 심지어는 매각으로 인하여 소멸하는 최선순위의 담보권이나 가압류보다 먼저 점유를 시작한 점유자라도 매수인에게 대항 할 수 있는 권원에 의하여 점유하고 있는 것으로 인정되는 경우가 아니면 인도명령의 상대방이 된다. 여기서의 점유자란 직접점유자만을 가리키는지 아니면 간접점유자도 포함되는지 이론이 있을 수 있지만 직접점유자만이 상대방이 된다고 보아야 할 것이다.

점유자가 매수인에게 대항할 수 있는 권원에 의하여 점유하고 있는 것으로 인정되는 경우에는 상대방이 될 수 없다(민집 제136조 제1항 단서). 여기서 매수인에게 대항 할 수 있는 권원이란 점유자의 채무자에 대한 점유권원으로서 매각에 의하여 효력을 잃지 않고 매수인에게 대항 할 수 있는 권원, 즉 매수인에게 인수되는 권리와 매각후 매수인과의 사이에 새로이 성립한 점유권원의 두 가지로 구별된다.

3) 인도명령 신청에 대한 심리

인도명령의 신청이 있는 경우에 한하여 집행법원은 그 적부를 판단할 수 있으며, 인도 명령을 발 할 수 있는 요건의 구비가 기록상 명백하다 하더라도 그 신청이 없으면 집행법원이 직권으로 인도명령을 발할 수는 없다.

법원은 서면심리만으로 인도명령의 허부를 결정할 수도 있고 또 필요하다고 인정되면 상대방을 심문하거나 변론을 열 수도 있다(민사집행법 제23조 제1항, 민사소송법 제134조 제1항, 제2항).

그러나 법원이 채무자 및 소유자 외의 점유자에 대하여 인도명령을 하려면 그 점유자를 심문하여야 한다. 다만, 그 점유자가 매수인에게 대항할 수 있는 권원에 의하여 점유하고 있지 아니함이 명백한 때 또는 이미 그 점유자를 심문한 때에는 그러하지 아니하다(민사집행법 제136조 제4항).

일단 심문기일을 정하여 진술할 기회를 주었음에도 그 점유자가 심문에 응하지 아니한 때에는 그의 진술을 듣지 않고서도 인도명령을 발할 수 있다. 그러나 심문기일 통지서가 송달불능이 된 경우에는 바로 인도명령을 발할 수 없고 주소보정을 명하거나 공시송달 등 적합한 통지절차를 거쳐야 할 것이다.

채무자 또는 소유자의 일반승계인에 대하여 인도명령을 발하는 경우에는 심문을 하지 않고 인도명령을 할 수 있다. 또 인도명령의 신청을 기각 또는 각하하는 경우에까지 심문을 요하는 것은 아니다.

부동산인도명령 신청사건에서는 매수인은 상대방의 점유사실만 소명하면 되고, 그 점유가 매수인에게 대항할 수 있는 권원에 의한 것임은 이를 주장하는 상대방이 소명하여야 한다(대법원 2015. 4. 10. 자 2015마19 결정).

4) 인도명령에 대한 불복

인도명령신청에 관한 결정에 대하여는 즉시항고를 할 수 있다. 상대방은 재판을 고지 받은 날로부터 1주의 불변기간 이내에 항고장을 원심법원에 제출하여야 한다.

인도명령에 대한 불복사유는 인도명령 발령의 전제가 되는 절차적 요건의 흠, 인도명령 심리절차의 흠, 인도명령 자체의 형식적 흠, 인도명령의 상대방이 매수인에 대하여 부동산의 인도를 거부할 수 있는 점유권원의 존재에 한정되며, 경매절차 고유의 절차적 흠은 인도명령에 대한 불복사유가 될 수 없다.

2강 인도명령신청과 집행

1. 인도명령 신청하기

1) 신청방법

인도명령은 구술(말)로 신청할 수도 있고, 서면으로도 신청할 수 있다. 대부분 신청내용을 확실하게 하기 위하여 서면에 의한 신청방법을 선택한다([서식 19]).

인도명령은 당해 부동산에 대한 경매사건이 현재 계속되어 있거나 또는 과거에 계속되어 있었던 집행법원에 신청하여야 한다.

인도명령 신청서에는 1,000원의 인지를 붙여야 한다. 신청서가 제출되면 독립한 기타집행사건으로 번호(타인)[27]를 부여한다.

27) 사건부호가 종전 '타기'에서 '타인'으로 변경되었다.

[서식 19] 인도명령신청서

부동산인도명령 신청

사건번호

신청인(매수인)

○시 ○구 ○동 ○번지

피신청인(임차인)

○시 ○구 ○동 ○번지

위 사건에 관하여 매수인은 . . . 에 낙찰대금을 완납한 후 채무자(소유자, 부동산점유자)에게 별지 매수부동산의 인도를 청구하였으나 채무자가 불응하고 있으므로, 귀원 소속 집행관으로 하여금 채무자의 위 부동산에 대한 점유를 풀고 이를 매수인에게 인도하도록 하는 명령을 발령하여 주시기 바랍니다.

년 월 일

매 수 인 (인)

연락처(☎)

지방법원 귀중

☞유의사항

1) 낙찰인은 대금완납 후 6개월내에 채무자, 소유자 또는 부동산 점유자에 대하여 부동산을 매수인에게 인도할 것을 법원에 신청할 수 있습니다.
2) 신청서에는 1,000원의 인지를 붙이고 1통을 집행법원에 제출하며 인도명령 정본 송달료(2회분)를 납부하셔야 합니다.

2) 송달료 예납

송달은 송달을 받은 자에게 서류의 내용을 확실하게 알리고 그와 더불어 이를 보관함으로써 그 내용을 둘러싼 분쟁을 미연에 방지하는 것을 목적으로 한다. 송달료란 법원에서 소송관련 서류를 송달하는데 들어가는 일종의 우편료인데, 송달료를 미리 납부하는 것을 송달료 예납이라고 한다.

그런데 인도명령에서 시간이 가장 많이 걸리는 부분이 점유자 등 상대방에 대한 송달과정이다. 점유자가 고의로 송달을 거부하면 특별 송달을 하여야 하고(〈표 25〉), 특별송달에서도 송달이 되지 않으면 공시송달을 신청하여야 한다.

공시송달은 당사자의 송달장소가 불명하여 통상의 송달방법에 의해서는 송달을 실시할 수 없게 되었을 때, 법원서기관 등이 송달한 서류를 보관해 두고 송달을 받을 자가 나타나면 언제든지 그것을 그 자에게 교부한다는 것을 법원게시장에 게시함으로써 행하는 송달방법이다. 공시송달을 위해서는 예컨대, 건물 관리소장 등으로부터 거주하지 않는다는 확인서를 받은 뒤 통장과 반장으로부터 불거주확인서를 받아 집행관의 집행불능 조서를 첨부하여 집행법원에 제출하여야 한다.

표 25 특별송달의 종류

특별송달 종류	요 건	진행
야간송달 조조송달	점유자가 낮에 부재시	집행관
공휴일-일요일송달	주 · 야간에 특별송달이 불가능할 때	집행관
우편(발송)송달	당사자의 소재지가 경매개시결정 당시부터 송달 불명으로 나타나 공시최고를 거쳐 사건이 진행되는 경우	우체부
유치송달	송달 받아야 할 자가 신분을 감추고 송달 받기를 거부하는 경우(문이 조금 열린 틈으로 서류를 넣는 방법)	집행관

2. 인도명령의 집행

1) 인도명령의 효력

인도명령 정본이 상대방에게 도달하면 즉시 효력이 생기며, 즉시항고가 제기 되더라도 상대방이 별도로 집행정지명령 또는 잠정처분을 받아 집행관에게 제출하지 아니하는 한 집행정지의 효력은 없다.

2) 인도의 범위

인도명령에 의하여 인도하여야 할 부동산의 범위는 매각으로 인하여 취득한 부동산의 범위(즉 매각허가결정에 적힌 부동산과 동일성이 인정되는 범위 내에서 그 소유권 의 효력이 미치는 범위)와 동일하다.

토지만이 매각된 경우에는 매수인은 그 토지의 인도만을 구할 수 있을 뿐이고 지상건물의 철거 및 인도를 구할 수는 없다. 매각부동산의 채무자·소유자는 그 부동산의 구성부분, 부합물 및 종물도 인도하여야 한다.

제시 외 건물, 증축부분, 정원수, 정원석, 보일러시설 등 매각된 부동산의 구성부분이든 부합물·종물로 인정되는 것이든 법률상 별개의 소유권이 성립되지 못하는 이상은 모두 매수인이 소유권을 취득하게 되고 동시에 모두 인도 대상이다.

실무상 소유자에 대한 인도명령의 주문은 "상대방은 신청인에게 별지 기재 부동산 을 인도하라"라고 적고 별지로 부동산의 표시를 하며, 매각허가결정에 별지로 기재 된 부동산목록과 동일한 것을 첨부, 상대방(예컨대, 임차인)이 부동산의 특정 부분을 점유하고 있는 때에는 점유부분을 특정(도면 첨부)하여 인도명령을 한다.

3) 강제집행 신청

(1) 강제집행신청서

강제집행신청은 부동산을 관할하는 지방법원 소속 집행관 사무소에 신청하며, 구체적 집행은 집행관에 대한 위임으로 개시된다. 명도집행을 위해서는 인도명령결정 정본(명도소송 판결정본에 집행문 부여)등의 서류를 가지고 강제집행신청서를 작성([서식 20])하여 부동산소재지관할 집행사무소에 강제집행을 신청하여야 한다.

(2) 강제집행 비용 예납

집행관은 모든 사무를 담당함에 있어서 수수료 기타 비용의 계산액을 위임자에게 예납시킬 수 있고, 예납하지 아니할 때에는 위임에 응하지 않는다.

강제집행 예납금으로는 강제집행신청서에 수수료, 여비 정도를 납부하면 집행관이 현장을 방문하여 점유자에게 선의적으로 인도할 것을 촉구하고, 그렇지 아니할 경우 강제집행을 계고하면서 2차 본 집행을 위한 노무비 등을 산정하여 미리 납부하게 한다(집행관수수료 취급규칙 제25조).

[서식 20] 강제집행 신청서

<table>
<tr><td colspan="6">강 제 집 행 신 청 서
서울중앙지방법원 집행관사무소 집행관 귀하</td></tr>
<tr><td rowspan="4">채권자</td><td rowspan="2">성명</td><td rowspan="2"></td><td rowspan="2">주민등록번호
(사업자등록번호)</td><td>전화번호</td><td></td></tr>
<tr><td>우편번호</td><td></td></tr>
<tr><td>주소</td><td colspan="4">시 구 동(로) 가 번지 호(통 반)
아파트 동 호</td></tr>
<tr><td>대리인</td><td colspan="2">성명( )
주민등록번호( )</td><td>전화번호</td><td></td></tr>
<tr><td rowspan="3">채무자</td><td rowspan="2">성명</td><td rowspan="2"></td><td rowspan="2">주민등록번호
(사업자등록번호)</td><td>전화번호</td><td></td></tr>
<tr><td>우편번호</td><td></td></tr>
<tr><td>주소</td><td colspan="4">시 구 동(로) 가 번지 호(통 반)
아파트 동 호</td></tr>
<tr><td colspan="3">집행목적물 소재지</td><td colspan="3">채무자의 주소지와 같은 (※다른 경우는 아래에 기재함)
시 구 동(로) 가 번지 호(통 반)
아파트 동 호</td></tr>
<tr><td colspan="3">집 행 권 원</td><td colspan="3"></td></tr>
<tr><td colspan="3">집행의 목적물 및
집 행 방 법</td><td colspan="3">동산압류, 동산가압류, 동산가처분, 부동산점유이전금지가처분, 건물명도, 철거, 부동산인도, 자동차인도, 기타( )</td></tr>
<tr><td colspan="3">청 구 금 액</td><td colspan="3">원(내역은 뒷면과 같음)</td></tr>
<tr><td colspan="6">위 집행권원에 기한 집행을 하여 주시기 바랍니다.
※ 첨부서류
집행권원 1통 201 . . .
송달증명서 1통 채권자 (인)
위임장 1통 대리인 (인)</td></tr>
<tr><td colspan="6">※ 특약사항
본인이 수령할 예납금잔액을 본인이 비용부담하에
오른쪽에 표시한 예금계좌에 입금하여 주실 것을 신청합니다.

예금계좌: 개설은행 ( ) / 예 금 주 ( ) / 계좌번호 ( )

채권자 (인)

집행관이 계산한 수수료 기타 비용이 예납통지 또는 강제집행 속행의사 유무 확인 촉구를 2회 이상 받고도 채권자가 상당한 기간 내에 그 예납 또는 속행의 의사표시를 하지 아니한 때에는 본건 강제집행 위임을 취하한 것으로 보고 완결처분해도 이의 없음

채권자 (인)</td></tr>
</table>

3강 명도소송 등

1. 명도소송 대상

매수인이 매각대금 납부 후 6개월 이내에 인도명령을 신청하지 아니한 경우에는 명도소송을 하여야 한다. 부동산 공매의 경우, 매수한 부동산은 인도명령 대상이 될 수 없고, 전부가 명도(인도)소송 대상이다.

또한 인도명령을 신청할 수 있는 경우라고 하더라도 매수인은 명도소송을 선택할 수 있다. 판례도 경락인(매수인)에게 경매법의 규정에 따른 경매목적물에 대한 인도명령을 신청하여 집행하는 절차가 있다 하여 채무자를 상대로 소로서 경매물건의 명도 또는 인도를 청구하는 것을 배제할 수는 없다고 한다(대법원 1971.9.28. 선고 71다1437 판결).

2. 명도청구 소송 하기

점유자를 상대로 부동산 명도청구소송을 하려면 그 부동산의 소재지를 관할하는 법원에 소장을 작성하여 제출하여야 한다.

명도청구 소장에는 당사자(원고와 피고), 청구취지, 청구원인, 소명방법, 첨부서류를 첨부하고 별자로 부동산목록을 작성하여 첨부한다.

인도 대상인 부동산가액을 산출하여 인지대를 계산하고, 인지대와 송달료를 납부하여야 한다. 부동산명도청구의 소(인도소송)를 제기하면 상대방이 답변서를 내고, 몇 번의 준비서면이 오고 간 후에 법원이 변론기일을 잡아 쟁점을 분석한다. 그 뒤 변론기일을 정하고 증인심문 등 증거조사 및 확인을 위하여 당사자를 출석시켜 변론을 듣고, 결심을 하여 판결을 선고하는 절차를 거친다.

[서식 21] 건물명도청구 소장

소 장

원 고 김갑동 (주민등록번호)
○○시 ○○구 ○○동 ○○(우편번호 ○○○-○○○)
전화·휴대폰번호:

피 고 이을병 (주민등록번호)
○○시 ○○구 ○○동 ○○(우편번호 ○○○-○○○)
전화·휴대폰번호:

건물명도청구의 소

청 구 취 지

1. 피고는 원고에게 별지목록 기재 건물을 명도하라.
2. 소송비용은 피고의 부담으로 한다.
3. 위 제1항은 가집행 할 수 있다.

라는 판결을 구합니다.

청 구 원 인

원고는, 별지목록 기재 건물 및 그 대지에 대한 각 제1번 근저당권자인 신청외 주식회사 국민은행이 신청한 서울지방법원 2018타경000 부동산경매사건에서 매수신고를 하여 금 ○○○만원에 매수인으로 매각허가결정을 받아, 20○○. ○. ○. 위 매각대금을 모두 냄으로써 별지목록 기재 건물 및 그 대지의 소유권을 취득하였습니다.

그리고 위 건물의 등기부상으로는 제1번 근저당권자에 앞서는 용익물권자가 전혀 없고, 갑구에도 위 제1번 근저당권 설정일 이전의 가등기 · 가처분 등이 전혀 없었으므로, 원고는 위 매각대금을 다 냄으로써 위 각 부동산에 대하여 어떠한 제한도 없는 완전한 소유권을 취득하였습니다.

그런데 피고는 20○○. ○. ○. 별지목록 기재 건물(주택)을 당시 소유자인 소외 유○○로부터 임차하여 주민등록전입신고를 하지 않고 거주하고 있는 자로서 위 경매절차의 매수인인 원고에게 대항할 수 없는 주택임차인임이 분명함에도 이사할 곳이 없다는 이유로 위 건물의 명도를 거부하고 있습니다.

따라서 원고는 피고로부터 별지목록 기재 건물을 명도 받기 위하여 이 사건 소송제기에 이르게 되었습니다.

입 증 방 법

1. 갑 제1호증의 1, 2 각 등기부등본
1. 갑 제2호증 건축물대장등본
1. 갑 제3호증 매각허가결정문사본
1. 갑 제4호증 매각대금납입영수증
1. 갑 제5호증 임대차관계조사서사본

첨 부 서 류

1. 위 입증방법 각 1통
1. 토지대장등본 1통
1. 소장부본 1통
1. 송달료납부서 1통

20○○. ○. ○.

위 원고 ○○○ (서명 또는 날인)

○○지방법원 귀중

[별 지]

부동산의 표시

○○시 ○○구 ○○동 ○○ 지상 철근콘크리트조 슬래브지붕 단층주택 ○○.○○㎡. 끝.

3. 점유이전금지가처분

1) 의의

부동산에 대한 명도청구소송을 하는 경우, 그 보다 먼저 점유이전금지가처분을 신청하는 경우가 많이 있다. 점유이전금지가처분이란 부동산의 권리관계를 현재 상태로 보전하기 위해 법원에 보전처분을 신청하는 행위를 가리킨다.

현재, 점유자가 임대인의 명도소송 진행 중에 다른 사람에게 그 부동산 점유를 이전시키게 되면 기존의 점유자를 상대로 명도소송에 대한 승소판결을 받더라도 사실상 효력을 잃게 되기 때문이다. 이 때문에 명도소송을 하기 전에 법원에 점유이전금지가처분 신청을 해서 권리를 사전에 확보하는 것이 필요하다.

점유이전금지가처분은 가처분 당시의 점유자를 고정시키기 위한 목적이므로 점유이전금지가처분 이후 다른 사람이 점유하면 그 사람에게도 가처분의 효력이 미쳐 승계집행문을 받아 강제집행을 할 수 있다.

따라서 명도소송 뿐만 아니라 인도명령을 하고자 하는 매수인이 대금납부 후 인도명령 신청과 점유이전금지가처분을 동시에 신청하는 것이 바람직하다.

2) 점유이전금지가처분 신청절차

점유이전 가처분은 매각대금 완납증명원으로 소유자임을 확인하면 신청 가능하다. 점유이전금지가처분신청은 신청서를 작성하여 제출하며, 그 절차는 명도청구의 소 제기 절차와 같다. 점유이전가처분신청을 하여 법원에서 가처분결정을 할 때에는 담보공탁을 하여야한다.

담보공탁금은 보증보험증권으로 납부하며, 통상 목적물 가액의 20분의 1이다. 다만, 사안에 따라서는 현금공탁을 명하는 경우도 있다.

표 26 점유이전가처분 집행절차

가처분신청	⟶ 2~3일후	담보제공명령서 수령(공탁명령)	⟶ 5일내	보증보험사와 지급보증위탁계약체결 ※ 지참서류등 1. 가처분신청서사본 2. 주민등록표등본 3. 담보제공명령서 4. 인감증명 및 도장 ※ 온라인계약체결가능	⟶
보험증권을 법원신청과에 제출(보험증권 앞면 사본수통첨부)	⟶	결정문 2부 수령(채권자, 채무자각1부)	⟶	1. 목적물소재지 관할 집행관에 집행위임(집행관실에 비치된 집행위임장 및 약도작성) 2. 수수료납부 및 부배정 3. 담당부 집행일시 지정	⟶

1. 집행장소에 도착하여 채무자에게 결정문 전달
2. 집행관 공시서부착
3. 집행관 집행조서작성

점유이전금지 가처분이 결정되면, 집행관은 점유자가 부재중에도 문을 따고 들어가 눈에 잘 띄는 곳에 경고문을 붙여 점유자에게 심리적 효과와 인도에 불응시 강제집행을 할 것이라는 경고 의사를 전달하는 효과가 있다.

점유이전 금지가처분의 집행은 가처분 결정의 송달일로부터 2주안에 집행하도록 하고 있다.

[서식 22] 가처분 결정문

수원지방법원 안양지원

결　　정

사　　건 : 2018 카단1234　부동산점유이전금지가처분
채 권 자 :
채 무 자 :

주　문

채무자의 별지목록기재 부동산에 대한 점유를 풀고 채권자가 위임하는 집행관에게 인도 하여야 한다. 집행관은 현상을 변경하지 아니할 것을 조건으로 하여 채무자에게 사용을 허가하여야 한다. 채무자는 그 점유를 타에 이전하거나 또는 점유명의를 변경하여서는 아니된다. 집행관은 위 취지를 적당한 방법으로 공시하여야 한다.

피보전권리의 내용　소유권에 기한 건물인도청구권

이　유

이 사건 부동산점유이전금지가처분 신청은 이유 있으므로 담보로 공탁보증보험증권(서울보증보험주식회사 증권번호 제 100-000-1234567123456호)을 제출받고 주문과 같이 결정한다.

20○○ . . .

판 사 ○ ○ ○

◇ 유의사항 ◇
※ 1. 채권자가 이 결정서를 송달받은 날로부터 2주를 넘김 때에는 집행을 할 수 없습니다.

4. 전자소송

인터넷에 의한 온라인 상의 업무처리는 소송이라고 해서 예외가 될 수 없다. 소장을 작성하여 법원에 가서 제출하는 방식도 이제는 전자소송으로 변화하고 있다.

전자소송은 대한민국 법원이 운영하는 전자소송시스템을 이용하여 소를 제기하고 소송절차를 진행하는 재판방식을 말한다.

전자소송은 2010. 4. 26. 특허전자소송서비스를 시작으로, 민사전자소송, 보전처분, 민사집행 등으로 확대되고 있다.

전자소송에 의하면 소송문서 제출부담의 감소, 소송비용의 절감, 소송절차의 신속성과 투명성이 제고될 수 있다.

따라서 명도청구소송, 점유이전금지가처분 신청 등을 할 때에도 전자소송에 의하는 것이 편리하다. 전자소송은 전자소송사이트에 접속하여 이용한다.

그림 111 전자소송 홈피

출처 : 대법원 전자소송, https://ecfs.scourt.go.kr/ecf/index.jsp

5. 강제집행 후 유체동산의 처리

점유자가 실제 거주하고 있음에도 강제 집행을 방해할 목적으로 고의로 문을 열어주지 않거나, 부재중이어서 2회 이상 집행 불능이 되면 성인 2인 또는 국가공무원, 경찰공무원 1인 입회 하에 강제집행을 하게 된다.

이 때 건물에 있는 집기류 등의 처리가 문제된다. 건물에서 반출되는 집기류 등의 유체동산은 집행관이 목록을 작성하여 이삿짐 물류센터에 1~3개월 기준으로 보관한다. 보관비용은 채무자가 부담하는 것이 원칙이나, 실무에서는 매수인이 부담하는 선에서 강제집행을 마무리하기도 한다.

강제집행을 하면 대부분은 점유자가 남아 있는 물건 등 짐을 찾아가는데, 만약 찾아가지 않으면 점유자에게 짐을 찾아가라고 내용증명을 보낸다. 내용증명(최고서) 발송 후 1주일이 지나면 유체동산에 대한 매각신청을 하 수 있다.

이 때에도 집행비용을 예납하고 공탁금액을 납부한다.

제13장

특수권리에 대한 이해와 분석 기법(1)

1강 가압류

2강 가처분

3강 가등기

제13장

특수권리에 대한 이해와 분석 기법(1)

1강 가압류

1. 가압류의 의의

부동산등기나 경매에서 흔히 볼 수 있는 것이 가압류이다.

예컨대, 갑이 을에게 5천만 원을 받을 수 있는 채권을 가지고 있으나, 채무자 을이 이행을 하지 않아 갑은 을을 상대로 법원에 소를 제기하여 판결을 받고 그 판결에 따라 채무자 을의 부동산에 대하여 경매를 신청하고 한다.

그러나 법원에서 판결을 받고, 경매신청 할 때까지는 시간이 걸리기 때문에 그 사이에 채무자 을이 부동산을 처분하고 이를 현금화하여 소비하거나 숨겨둔다면 갑은 사실상 빚을 받기가 곤란하다.

이런 경우, 갑은 소를 제기하기 전에 채무자 을로 하여금 그 부동산을 처분하지 못하도록 묶어 놓는 조치를 취할 필요가 있다.

부동산가압류란 이와같이 금전채권을 가진 채권자가 판결 등 집행권원을 얻지 못한 경우(집행권원이라도 조건부 또는 기한부 집행권원인 경우), 집행권원을 얻기 전 장래 강제집행(경매)을 순조롭게 진행하기 위하여 미리 채무자의 책임재산을 보전하는 절차이다.

가압류는 이미 빚을 받기 위한 소송을 하고 있는 중에도 할 수 있다. 소 제기 후 소송진행 과정에서 채무자가 부동산을 처분하여 재산을 빼돌리는 경우가 종종 있기 때문이다.

2. 가압류의 효력

1) 시효중단

채권을 가지고 있더라도 일정 기간 행사를 하지 않으면 시효로 그 권리가 소멸한다.

일반 채권은 10년간 행사하지 아니하면 소멸시효가 완성한다. 도급받은 자, 기사 기타 공사의 설계 또는 감독에 종사하는 자의 공사에 관한 채권은 소멸시효가 3년이며, 여관, 음식점, 대석, 오락장의 숙박료, 음식료, 대석료, 입장료 등의 채권은 소멸시효가 1년이다(민법 제162조 이하 참조).

그런데 채권자가 가압류를 하면 소멸시효를 중단시키는 효력이 있다. 소멸시효의 중단이 있으면 이미 진행한 시효기간은 전혀 효력을 잃고 그 후부터 새로 시효기간을 계산한다(민법 제178조).

그런데 민법 제168조에서 가압류를 시효중단사유로 정하고 있는 것은 가압류에 의하여 채권자가 권리를 행사하였다고 할 수 있기 때문이다. 즉 가압류에 의한 집행보전의 효력이 존속하는 동안은 가압류채권자에 의한 권리행사가 계속되고 있다고 보아야 할 것이므로 가압류에 의한 시효중단의 효력은 가압류의 집행보전의 효력이 존속하는 동안은 계속된다.

2) 처분금지적 효력

가압류에는 처분금지적 효력이 있다.

그러나 부동산에 대한 가압류의 집행이 이루어졌다고 하더라도 채무자가 여전히 목적물의 이용 및 관리의 권한을 보유하며(민사집행법 제83조 제2항), 가압류의 처분금지적 효력은 상대적인 것에 불과하다.

따라서 부동산이 가압류되었더라도 채무자는 그 부동산을 매매하거나 기타의 처분행위를 할 수 있고, 다만 가압류채권자에 대한 관계에서만 처분행위의 유효를 주장할 수 없을 뿐이다.

다만, 부동산거래 실무에서는 가압류가 된 경우, 말소하는 조건으로 거래하는 경우가 보통이고, 사정에 따라서는 매수인이 가압류채무를 인수하는 조건으로 거래하기도 한다.

만약 갑이 을의 부동산에 가압류를 하였는데, 가압류가 말소되지 않고 그 부동산의 소유권이 을에서 병으로 넘어간 경우 갑의 가압류는 전 소유자에 대한 가압류이다.

3. 부동산경매와 가압류

1) 가압류의 권리분석

권리분석에 있어서 가압류는 돈을 받을 수 있는 권리이므로 말소기준권리에 해당한다. 따라서 가압류는 경매 부동산이 매각되면 모두 소멸하는 것이 원칙이다.

그러나 전소유자에 대한 가압류인 경우에는 배당과 관련하여 생각해 볼 점이 있다. 원래 가압류를 모두 소멸시키는 것은 돈을 받을 수 있는 권리이므로 매각대금에서 배당을 받을 수 있는 가능성 때문에 배당으로 해결하면 된다는 전제에서 출발한 것이다.

그런데 만약 가압류에서 그러한 전제가 유지될 수 없는 상황인 경우에는 예외를 인정하는 것이 타당하다.

부동산에 가압류가 된 상태에서 매매에 의하여 그 부동산의 소유권이 다른 사람에게 이전하고, 양수인이 근저당을 설정하거나 양수인의 채권자가 가압류를 하는 경우도 있다.

이 경우 현 소유자인 양수인의 채권자가 이 부동산에 대하여 경매를 신청하는 경우에는 전소유자(양도인)의 가압류 채권자는 매각대금에서 이론상은 배당을 받을 수 없다.

왜냐하면, 그는 전소유자에 대한 채권자이지 현 소유자에 대한 채권자는 아니기 때문이다. 따라서 전소유자(양도인)의 가압류 채권자는 배당도 받지 못하는데 가압류가 소멸되면 피해를 당하게 되기 때문에 이를 막으려면 결국 그 가압류는 매각 후에도 말소 대상이 되지 않고 낙찰자에게 인수시키는 것이 타당한 해결책이다.

다만, 전소유자의 가압류가 있는 경우에도 전소유자의 가압류 채권자가 경매신청을 하거나, 전소유자의 가압류에 우선하는 담보물권이 설정되어 있는 경우에는 경매신청자가 현소유자의 채권이나 전소유자의 채권자에 상관없이 전소유자의 가압류 채권자에게도 배당이 이루어지므로 비록 전소유자의 가압류라 하더라도 매각 후 말소대상이 된다.

그러나 현재는 대법원 판례에 따라 경무 실무에서도 어떤 사례이든 전소유자에 대한 가압류 채권자에게도 배당을 받을 수 있도록 하고 있기 때문에 전소유자의 가압류가 사실상 인수되는 경우는 없다.

판례에 따르면, 부동산에 대한 가압류집행 후 가압류목적물의 소유권이 제3자에게 이전된 경우 가압류의 처분금지적 효력이 미치는 것은 가압류결정 당시의 청구금액의 한도 안에서 가압류목적물의 교환가치이고, 위와 같은 처분금지적 효력은 가압류채권자와 제3취득자 사이에서만 있는 것이므로 제3취득자의 채권자가 신청한 경매절차에서 매각 및 경락인이 취득하게 되는 대상은 가압류목적물 전체라고 할 것이지만, 가압류의 처분금지적 효력이 미치는 매각대금 부분은 가압류채권자가 우선적인 권리를 행사할 수 있고 제3취득자의 채권자들은 이를 수인하여야 하므로, 가압류채권자는 그 매각절차에서 당해 가압류목적물의 매각대금에서 가압류결정 당시의 청구금액을 한도로 하여 배당을 받을 수 있고, 제3취득자의 채권자는 위 매각대금 중 가압류의 처분금지적 효력이 미치는 범위의 금액에 대하여는 배당을 받을 수 없다(대법원 2006. 7. 28. 선고 2006다19986 판결).

그렇지만 경매법원에서 만약 전소유자의 가압류 채권자에게 배당을 하지 않고 매수인에게 인수시키고자 할 때에는 매각물건명세서에 이를 기재하여 공지하며, 이 경우에는 전 소유자의 가압류는 인수된다.

2) 가압류와 배당

가압류 집행 후 가압류목적물의 소유권이 제3자에게 이전된 경우, 가압류채권자는 채무명의를 얻어 제3취득자(현 소유자)가 아닌 가압류채무자(전 소유자)를 집행채무자로 하여 그 가압류를 본압류로 전이하는 강제집행을 실행할 수 있다.

금전채권에 기하여 부동산에 대한 가압류를 하였다고 하더라도 가압류는 임시적 보전처분을 한 것이므로 채권자의 채권은 확정된 금액이라고 볼 수 없다. 채권의 확정은 채무자를 상대로 다시 이행청구의 소를 제기하여(본안소송이라고 한다) 여기서 최종 확정되는 것이다(본안 판결등).

그렇다면 경매부동산의 매각대금을 배당할 때, 가압류채권자에 대해서는 판결이 확정되는 것을 기다려서 배당하여야 할까? 만약 그렇게 한다면 가압류채권자 때문에 다른 채권자는 배당을 받지 못하고 오랫동안 기다릴 수밖에 없다.

그래서 배당법원이 배당을 실시할 때에 가압류채권자의 피보전채권은 공탁을 하고, 그 후 피보전채권의 존재가 본안의 확정판결 등에 의하여 확정된 때 가압류채권자가 확정판결 등을 제출하면 배당법원은 가압류채권자에게 배당액을 지급하게 된다(민사집행법 제160조 제1항 제2호, 제161조 제1항).

이 경우 확정된 피보전채권액이 가압류 청구금액 이상인 경우에는 가압류채권자에 대한 배당액 전부를 가압류채권자에게 지급하지만, 반대로 확정된 피보전채권액이 가압류 청구금액에 미치지 못하는 경우에는 집행법원은 그 확정된 피보전채권액을 기준으로 하여 다른 동순위 배당채권자들과 사이에서의 배당비율을 다시 계산하여 배당액을 감액 조정한 후 공탁금 중에서 그 감액 조정된 금액만을 가압류채권자에게 지급하고 나머지는 다른 배당채권자들에게 추가로 배당하여야 한다(대법원 2013. 6. 13. 선고 판결).

3) 경매 물건(상가)

경매물건은 인천시 부평구에 있는 상가이다. 이 상가는 헬스장으로 이용되고 있는 상태이다.

그림 112 **경매물건 1(인천지법 2016타경40745)**

소 재 지	인천 부평구 삼산동 388-11,-12 삼산프라자 5층 505호 (21319) 인천 부평구 부평북로 442				
경매구분	임의경매	채 권 자	농OOO OOOO		
용 도	상가	채무/소유자	이 복	매각기일	**18.09.05(수)10:00**
감 정 가	**241,000,000** (16.12.06)	청 구 액	433,174,078	다음예정	18.10.19 (168,700,000원)
최 저 가	**241,000,000** (100%)	토지면적	54.5 ㎡ (16.5평)	경매개시일	16.11.14
입찰보증금	10% (24,100,000)	건물면적	185.0 ㎡ (55.9평)	배당종기일	17.02.07

조 회 수	· 금일조회 **1** (0) · 금회차공고후조회 **109** (9) · 누적조회 **182** (14)	( )는 5분이상 열람 **조회통계**

출처: 지지옥션(http://www.ggi.co.kr)

그런데 이 물건은 등기상의 권리관계가 복잡하다. 특히 가압류와 압류가 여러 건 설정되어 있다. [그림 113]의 사건 내용 나와 있는 것 외에도 여러 건이 존재한다. 경매신청권자는 근저당권자인 농협이다.

최선순위 말소기준권리는 2001. 5. 31. 자 농협의 근저당권이다.

[그림 114]은 2억4,100만원으로 매각되었다고 가정한 예상배당표이다. 예상배당표를 보면, 불행하게도 경매신청 채권자를 제외하고 다른 채권자에게는 배당할 금액이 없게 된다.

그림 113 경매물건 2(인천지법 2016타경40745)

소재지/감정요약	물건번호/면적(㎡)	감정가/최저가/과정	임차조사	등기권리
(21319) 인천 부평구 삼산동 388-11,-12 삼산프라자 5층 505호 [부평북로 442] **감정평가서요약** - "임호근 휘트니스" - 철콘조평스라브지붕 - 근린생활시설 - 후정초등학교남서측인근위치 - 주위대단위아파트단지및상가등혼재 - 인근까지차량접근가능 - 인근버스(정)소재 - 제반교통수단보통 - 5층전체벽체구분없이이용중 - 가장형토지 - 서측약10m,북측약25m도로각각접함 - 준주거지역 - 1종지구단위계획구역(근린생활용지) - 과밀억제권역 - 상대정화구역 2016.12.06 대일감정	물건번호: 단독물건 대지 54.5/1290.2 (16.48평) ₩72,300,000 건물 · 헬스장 185.0 (55.95평) ₩168,700,000 · 전용 184.95㎡(56평) · 공용 43.38㎡(13평) - 총6층 - 승인:2001.05.22 - 보존:2001.05.31	감정가 241,000,000 · 대지 72,300,000 (30%) (평당 4,387,136) · 건물 168,700,000 (70%) (평당 3,015,192) 최저가 241,000,000 (100.0%) **경매진행과정** ① 241,000,000 2018-09-05 진행 ② 30%↓ 168,700,000 2018-10-19 예정 ③ 30%↓ 118,090,000 2018-11-21 예정 ④ 30%↓ 82,663,000 2018-12-20 예정 **법원기일내역** 예상매각가 [ ] 원 입력	**법원임차조사** 임0순 사업 2012.02.06 확정 2012.03.02 배당 2017.02.07 (보) 15,000,000 (월) 600,000 점포/전부 점유기간 2012.03.02 *현황조사차 현장에 임하여 삼산프라자 5층을 방문한바, 5층은 헬스장으로 사용되고 있었으며 헬스장관리인으로 보이는 사람을 만나 505호가 어디인지를 묻자 헬스기구들이 놓여있는 곳이 505호라고 하여 이곳 소유자가 이0복이 맞느냐고 하자 맞다고 하였음. 임대차관계에 대하여 묻자 정확하게 모른다고 하여 집행관시스템에서 출력한 권리신고 및 배당요구안내서를 건네주면서 앞으로 필요한 절차는 안내서에 자세하게 적혀 있으므로 그에 따르도록 안내하였음 총보증금:15,000,000 총월세금:600,000	소유권 이0복 2001.05.31 근저당 농협중앙 인천삼산 2001.05.31 416,000,000 근저당 농협중앙 인천삼산 2001.10.10 39,000,000 근저당 농협중앙 인천삼산 2008.05.28 180,000,000 가압류 송0희외1 2011.10.13 33,197,500 2011카단13034인천 GO 가압류 강0정 2011.10.18 6,250,000 2011카단12998인천 GO 가압류 조0경 2011.11.18 8,452,420 2011카단15016인천 GO 가압류 허0무외1 2011.12.01 18,777,540 2011카단16368인천 GO

출처: 지지옥션(http://www.ggi.co.kr)

그림 114 경매물건 예상배당표(인천지법 2016타경40745)

| 예상배당표 [최저가 241,000,000으로 분석]

	종류	권리자	등기일자	채권액	예상배당액	인수	비고
등기권리	근저당권	농협은행	2001-05-31	416,000,000	236,200,805	말소	말소기준등기
	근저당권	농협은행	2001-10-10	39,000,000		말소	
	근저당권	농협은행	2008-05-28	180,000,000		말소	
	가압류	송0희외1	2011-10-13	33,197,500		말소	
	가압류	강0정	2011-10-18	6,250,000		말소	
	가압류	조0경	2011-11-18	8,452,420		말소	
	가압류	허0무외1	2011-12-01	18,777,540		말소	
	가압류	정0경	2012-01-09	4,511,300		말소	
	압 류	국민건강보험공단	2012-01-17			말소	
	압 류	인천부평구	2012-01-20			말소	
	가압류	이0화	2012-01-31	4,010,958		말소	
	가압류	김0현	2012-03-14	4,150,000		말소	
	가압류	정0경	2012-03-20	1,979,034		말소	
	근저당권	인천신용보증재단	2012-03-21	62,400,000		말소	
	압 류	인천부평구	2015-01-20			말소	
	임 의	농협은행	2016-11-14			말소	경매기입등기
	압 류	인천시	2017-03-08			말소	
	압 류	북인천세무서	2017-04-07			말소	
	압 류	인천부평구	2017-12-14			말소	

	전입자	점유	전입/확정/배당	보증금/차임	예상배당액	대항력	인수	형태
임차권리	임찬순	점포/전부	사업 : 2012-02-06 확정 : 2012-03-02 배당 : 2017-02-07	보 15,000,000 월 600,000 환산 75,000,000		無	소멸	영업

	종류	배당자	예상배당액	배당후잔액	배당사유
배당순서	경매비용		4,799,195	236,200,805	
	근저당권	농협은행	236,200,805	0	근저

출처: 지지옥션(http://www.ggi.co.kr)

2강 가처분

1. 가처분에 대한 이해

1) 가처분의 의의

금전채권이 아닌 그 밖의 채권을 보전하기 위한 보전처분소송절차는 필연적으로 많은 시일이 소요되므로 그 사이에 채무자의 재산상태가 변한다면 채권자는 많은 시일과 비용만 소비할 뿐 권리의 실질적 만족을 얻을 수 없는 경우가 많이 있다.

따라서 손해발생을 방지하고자 소송을 하기 전이나 진행 중에 상대방의 재산을 일시적으로 묶어두는 잠정적인 조치를 명할 수 있는데 이러한 제도가 보전처분이다. 가처분도 가압류와 같은 보전처분이지만, 보전하는 채권의 종류가 다르다. 가압류가 금전이나 금전으로 환산 가능한 채권을 보전하는 것이라면, 가처분은 반대로 금전으로 환산할 수 없는 채권을 보전한다.

2) 가처분의 종류

가처분에는 처분금지 가처분, 임시지위를 정하는 가처분, 점유이전금지 가처분이 있다.

처분금지 가처분은 특정한 물건의 인도 등 권리를 보전하기 위한 가처분이다. 예컨대, 소유권이전이나 말소등기를 보전하기 위한 부동산 처분금지가처분, 명도나 인도청구권을 보전하기 위한 부동산 점유이전금지 가처분 등이다. 임시의 지위를 정하는 가처분은 특정한 법률관계에 분쟁이 있는 경우, 잠정적으로 법률관계를 형성하기 위한 가처분이다. 예컨대. 회장 직무정지 가처분 등이다.

점유이전금지가처분은 목적물의 점유를 현재 점유자가 타인에게 이전하거나 명의를 변경하지 못하도록 부동산의 점유관계를 현재 상태로 보전하기 위한 가처분이다.

3) 가처분의 효력

부동산에 가처분을 해놓으면 피보전권리와 금지사항을 부동산등기부를 통해 확인이 가능하므로 해당 부동산의 소유권에 관하여 분쟁이 일어났음을 제3자가 알 수 있도록 공시한다.

부동산에 관하여 처분금지가처분의 등기가 마쳐진 후에 가처분채권자가 본안소송에서 승소판결을 받아 확정된 경우에는 가처분채권자는 피보전권리의 한도에서 가처분 위반의 처분행위의 효력을 부정할 수 있다.

예컨대, 가처분등기가 되었음에도 불구하고, 가처분 된 부동산에 대한 소유권을 취득하고 저당권을 설정한 경우, 가처분권자가 나중에 가처분에 기한 본안 소송에서 가처분에 의에 보전한 권리(피보전권리)가 존재하는 것으로 확정되는 판결을 받았다면 그 가처분등기 후에 등기된 권리의 취득이나 처분의 제한으로 가처분 채권자에게 대항할 수 없게 된다.

그러나 부동산처분금지가처분등기가 유효하게 기입된 이후에도 가처분채권자의 지위만으로는 가처분 이후에 경료된 처분등기의 말소청구권은 없으며, 나중에 가처분채권자가 본안 승소판결에 의한 등기의 기재를 청구할 수 있게 되면서 가처분등기 후에 경료된 가처분 내용에 위반된 위 등기의 말소를 청구할 수 있다(대법원 1992. 2. 14. 선고 91다12349 판결).

4) 등기사항증명서의 가처분등기

경매물건은 전남 화순에 소재하는 임야이다. 이 임야의 등기사항증명서를 열람하면 다음과 같다.

그림 115 경매부동산 등기사항증명서 1

등기사항전부증명서(말소사항 포함) - 토지

[토지] 전라남도 화순군 도곡면 신성리 산72 고유번호 2052-1996-185678

【 표 제 부 】 (토지의 표시)					
표시번호	접 수	소 재 지 번	지 목	면 적	등기원인 및 기타사항
1 (전 1)	1995년6월30일	전라남도 화순군 도곡면 신성리 산72	임야	51471m'	
					부동산등기법 제177조의 6 제1항의 규정에 의하여 2000년 05월 18일 전산이기

【 갑 구 】 (소유권에 관한 사항)				
순위번호	등 기 목 적	접 수	등 기 원 인	권 리 자 및 기 타 사 항
1 (전 1)	소유권보존	1995년6월30일 제22667호		소유자 남평문씨경숙공후놀와공파종중 698112-3640523 화순군 도곡면 천암리 291-2 대표자 문경두 541107-******* 화순군 도곡면 천암리 291-2 법률제4502호에의하여등기
				부동산등기법 제177조의 6 제1항의 규정에 의하여 2000년 05월 18일 전산이기
2	소유권이전	2007년12월26일 제32038호	2007년12월24일 매매	소유자 프라나주식회사 200111-0244966 ~~광주광역시 서구 화정동 407-8 국민생활관 304호~~ 거래가액 금186,840,000원

그런데 이 등기사항증명서의 갑구를 보면 순위번호 4번에 2008. 8. 1.자로 가처분등기가 되어 있다. 등기원인은 광주지방법원의 가처분결정이며, 피보전 권리는 소유권이전등가말소등기청구권이다.

가처분 채권자는 종중이며, '매매, 증여, 전세권, 저당권, 임차권의 설정 기타 일체의 처분행위'를 금지하고 있다.

그림 116 경매부동산 등기사항증명서 2

[토지] 전라남도 화순군 도곡면 신성리 산72 고유번호 2052-1996-185678

순위번호	등 기 목 적	접 수	등 기 원 인	권 리 자 및 기 타 사 항
2-1	2번등기명의인표시변경	2015년2월11일 제2413호	2012년8월27일 본점이전	프라나주식회사의 주소 광주광역시 서구 화개중앙로4번길 7(금호동)
~~3~~	~~2번소유권말소예고등기~~	~~2008년7월25일 제16925호~~	~~2008년7월21일 광주지방법원에 소제기(2008가단61603)~~	
4	가처분	2008년8월1일 제17320호	2008년8월1일 광주지방법원의 가처분결정(2008카단8359)	피보전권리 소유권이전등기말소등기청구권 채권자 남평문씨경숙공후눌와공파종중 전남 화순군 도곡면천암리 92-1 대표자 대표자 문0 주 금지사항 매매, 증여, 전세권, 저당권, 임차권의 설정 기타일체의 처분행위 금지
5	3번예고등기말소	2011년5월25일 제8850호	2011년1월24일 광주지방법원의 조정성립(2010나6839)	
6	가압류	2014년9월22일 제13314호	2014년9월22일 서울중앙지방법원의 가압류결정(2014카단49737)	청구금액 금500,000,000 원 채권자 파산자 한국저축은행 주식회사의 파산관재인 예금보험공사 114671-0021454 서울 중구 청계천로 30 (다동)
7	가압류	2016년3월24일 제4387호	2016년3월24일 서울중앙지방법원의 가압류결정(2016카단802072)	청구금액 금527,550,000 원 채권자 정0 희 530221-******* 서울 서초구 사평대로26길 104 (반포동, 태항빌라) 가동 301호
8	강제경매개시결정(6번가압류의	2017년10월26일	2017년10월26일	채권자

이 임야는 6번 가압류채권자인 예금보험공사에서 강제경매신청을 하여 가압류가 본압류로 이행하였다.

그림 117 경매부동산 등기사항증명서 3

[토지] 전라남도 화순군 도곡면 신성리 산72 　　　　　고유번호 2052-1996-185678

순위번호	등 기 목 적	접 수	등 기 원 인	권 리 자 및 기 타 사 항
	본압류로의 이행)	제14231호	광주지방법원의 강제경매개시결정(2017 타경67439)	파산자한국저축은행주식회사의파산관재인예금보험 공사 114671-0021454 서울특별시 중구 청계천로 30 (다동)

【 을 구 】 (소유권 이외의 권리에 관한 사항)				
순위번호	등 기 목 적	접 수	등 기 원 인	권 리 자 및 기 타 사 항
1	근저당권설정	2015년2월11일 제2415호	2015년2월10일 설정계약	채권최고액 금5,200,000,000원 채무자 프라나주식회사 광주광역시 서구 화개중앙로4번길 7(금호동) 근저당권자 주식회사다원이앤아이 110111-3423003 서울특별시 서초구 방배동 880-11, 2층 공동담보목록 제2015-28호
1-1	1번근저당권부채권압류	2017년2월28일 제2817호	2017년2월16일 압류명령(2017타채10123 0)	채권자 파산자경기저축은행주식회사의파산관재인예금보험 공사 서울특별시 중구 청계천로 30 (다동)
1-2	1번근저당권부채권압류	2017년3월9일 제3283호	2017년3월2일 서울중앙지방법원의 채권압류 및 추심명령(2017타채10207 3)	채권자 파산자진흥저축은행주식회사의파산관재인예금보험 공사 서울특별시 중구 청계천로 30 (다동, 예금보험공사)
1-3	1번근저당권부채권압류	2017년3월9일 제3285호	2017년2월15일 서울중앙지방법원의	채권자 파산자영남저축은행주식회사의파산관재인예금보험

2. 부동산경매와 가처분

1) 가처분의 인수·소멸 원칙

경매부동산에 가처분 등기가 있는 경우, 가처분은 돈을 받는 권리가 아니므로 말소기준권리가 될 수 없다. 그렇다면 가처분은 부동산이 매각되면 어떻게 되는가?

만약 가처분이 말소기준 권리보다 선순위라고 하다면 그 가처분은 말소되지 않고 매수인에게 인수된다. 가처분이 매수인에게 인수되면, 매수인은 소유권을 상실할 위험성이 있다. 가처분채권자가 가처분의 본안소송인 소유권이전등기청구의 소에서 승소의 확정판결을 받은 이상, 가처분채권자의 지위에서 그 피보전권리인 소유권이전등기청구권에 기하여 등기를 하는 경우에는 위 가처분기입등기 이후에 개시된 강제경매절차에서 당해 토지를 낙찰받은 낙찰자 명의의 소유권이전등기는 가처분채권자에 대한 관계에서는 무효인 것으로서 말소될 처지에 있다고 할 것이며, 이는 가처분채권자가 위 강제경매절차가 진행되는 것을 알고 아무런 이의를 하지 아니하였다 하더라도 달리 볼 것이 아니다(대법원 1998. 10. 27. 선고 97다26104, 26111 판결).

그러나 가처분이 말소기준권리보다 후순위인 경우에는 매각으로 소멸된다.

2) 가처분의 인수 · 소멸원칙에 대한 예외

(1) 선순위 가처분도 말소될 수 있는 경우

첫째, 말소기준권리보다 선순위의 가처분이라고 하더라도 그 가처분이 목적을 달성한 경우에는 말소될 수 있다.

예컨대, 소유권이전청구권보전의 가처분권자가 본안소송에서 승소하여 소유권이전등기를 하였거나 저당권설정청구권보전의 가처분과 본안에서 승소하여 저당권 설정등기를 한 경우이다. 말하자면 가처분권자와 소유권이전 등기 또는 저당권 설정등기의 명의인과 동일한 경우이다.

다만, 가처분 이후 행하여진 처분행위는 가처분등기가 말소되었다고 하더라도 가처분의 처분금지적 효력이 미칠 수 있다.[28)]

---

28) 저당권설정등기청구권을 보전하기 위한 처분금지가처분의 등기가 이미 되어 있는 부동산에 관하여 그 후 소유권이전등기나 처분제한의 등기 등이 이루어지고, 그 뒤 가처분채권자가 본안소송의 승소확정으로 피보전권리 실현을 위한 저당권설정등기를 하는 경우에, 가처분등기 후에 이루어진 소유권이전등기나 처분제한의 등기 등 자체가 가처분채권자의 저당권 취득에 장애가 되는 것은 아니어서 등기가 말소되지는 않지만, 가처분채권자의 저당권 취득과 저촉되는 범위에서는 가처분등기 후에 등기된 권리의 취득이나 처분의 제한으로 가처분채권자에게 대항할 수 없게 된다.
저당권 등 소유권 외의 권리의 설정등기청구권을 보전하기 위한 처분금지가처분의 등기

둘째, 사정변경에 의한 가처분의 취소청구를 할 수 있는 경우이다. 보전처분의 집행 후 3년 이상 본안소송을 제기하지 아니하면 채무자 또는 이해관계인의 신청에 따라 보전처분을 취소하도록 한 제도로 채무자의 재산권을 보호하고 미정리 등기부의 장기 방치를 방지하기 위한 것이다.

다만, 이 경우에는 가처분이 당연 말소되는 것이 아니고 이해관계인이 보전처분 취소소송을 제기하여 그 취소를 구하여야 한다.

셋째, 가처분이 무효인 경우이다. 가처분은 피보전권리를 보전하기 위하여 하는 것인데 만약 피보전권리가 존재하지 않는 경우에는 가처분은 무효로 된다.

판례도 계쟁 부동산에 관하여 실체상 아무런 권리가 없는 사람의 신청에 의하여 처분금지가처분 결정이 내려졌다면, 그에 기한 가처분 등기가 마쳐졌다 하더라도 그 가처분 권리자는 가처분의 효력을 채무자나 제3자에게 주장할 수 없는 것이므로, 그 가처분 등기 후에 부동산 소유권이전등기를 마친 자는 가처분 권리자에 대하여도 유효하게 소유권을 취득하였음을 주장할 수 있다고 한다(대법원 1995. 10. 13. 선고 94다44996 판결).

(2) 후순위 가처분이 인수될 수 있는 경우

말소기준권리보다 후순위 가처분임에도 불구하고 사실상 인수되는 경우가 있다.

첫째, 가처분의 피보전권리가 건물철거 및 토지인도청구권인 경우이다. 토지를 임대차 또는 사용대차 등을 한 경우 임차인 등이 소유하는 경우 토지소유자가 건물소유자를 상대로 가처분을 한 경우이다. 이 때에는 건물이 경매된 경우, 후순위 가처분이라고 해서 가처분을 형식상 말소하더라도 가처분의 피

후 피보전권리 실현을 위한 저당권 등의 설정등기를 하는 때에는 가처분등기 후에 등기된 권리의 취득이나 처분의 제한으로 가처분채권자의 저당권 등의 취득에 대항할 수 없다는 점을 표시하기 위하여 그 설정등기가 가처분에 기초한 것이라는 뜻도 함께 등기하게 되어 있고(부동산등기법 제95조 참조), 가처분의 피보전권리 실현을 위한 등기가 되면 가처분은 목적을 달성하여 효력을 잃고 가처분등기는 존치할 필요가 없는 것에 불과하게 된다. 따라서 저당권설정등기청구권을 보전하기 위한 처분금지가처분의 등기 후 피보전권리 실현을 위한 저당권설정등기가 되면, 그 후 가처분등기가 말소되더라도 여전히 가처분등기 후에 등기된 권리의 취득이나 처분의 제한으로 가처분채권자의 저당권 취득에 대항할 수 없다(대법원 2015. 7. 9. 선고 2015다202360 판결).

보전권리가 존재하는 한, 그 부담에서 매수인은 해방될 수 없기 때문이다. 가처분의 피보전권리는 등기사항증명서에서 확인이 가능하다.

둘째, 강제경매의 개시 당시 이미 소멸하였음에도 형식상 근저당이 등기만 남아 있어 가처분이 형식상 후순위로 된 경우이다. 판례는 강제경매의 개시 당시 이미 소멸하였음에도 형식상 등기만이 남아 있을 뿐이었던 근저당권보다 후순위라는 이유로 집행법원의 촉탁에 의하여 이루어진 가처분기입등기의 말소등기는 원인무효이고, 가처분채권자는 그 말소등기에도 불구하고 여전히 가처분채권자로서의 권리를 가진다고 한다(대법원 1998. 10. 27. 선고 97다26104, 26111 판결).

3. 경매사례

경매물건인 임야는 종중 땅으로 생각된다. 등기사항증명서를 보면 매매에 의한 소유권이전이 되고 난 후, 종중에서 가처분을 하였다.

그림 118 광주지법 2017타경67439

2017타경67439 (1) • 광주지방법원 본원 • 매각기일 : 2018.09.13(木) (10:00) • 경매 2계(전화:062-239-1600)

소재지	전라남도 화순군 도곡면 신성리 산72 도로명주소검색		
물건종별	임야	감정가	468,386,100원
토지면적	51471㎡(15569.977평)	최저가	(45%) 209,837,000원
건물면적		보증금	(10%) 20,990,000원
매각물건	토지 매각	소유자	프라나(주)
개시결정	2017-10-26	채무자	프라나(주)
사건명	강제경매	채권자	파산자 한국저축은행 의 파산관재인 예금보험공사

오늘조회: 3 2주누적: 366 2주평균: 26 조회동향

구분	입찰기일	최저매각가격	결과
1차	2018-05-17	468,386,100원	유찰
2차	2018-06-21	327,870,000원	유찰
3차	2018-08-02	262,296,000원	유찰
4차	**2018-09-13**	**209,837,000원**	

출처: 굿옥션(http://www.goodauction.com/index.php)

이 임야의 권리관계를 분석해보면, 말소기준권리는 2014. 9. 22. 자 가압류이다. 그런데 가처분은 2008. 8. 1. 자 이므로 말소기준권리보다 선순위의 가처분이다. 선순위 가처분은 인수대상이다.

그림 119 **광주지법 2017타경67439**

• **매각토지.건물현황**(감정원 : 프라임감정평가 / 가격시점 : 2017.11.14)

목록	지번	용도/구조/면적/토지이용계획		m²당 단가 (공시지가)	감정가	비고
토지	신성리 산72	보전산지,임업용산지,골프장, 계획관리지역	임야 51471m² (15569.977평)	9,100원 (1,620원)	468,386,100원	
감정가	토지:51471m²(15569.977평)			합계	468,386,100원	토지 매각
현황 위치	* 주변은 순수야산지대 및 지방도주변농경지대가 혼재하여 주위환경은 보통임 * 본건 및 본건의 인근까지 제반 차량의 접근이 가능함 * 부정형 완경사 급경사의 토지로서, 화순군 고시 제2016-35호에 의거 군계획시설(골프장) 부지로 지정되거나, 골프장진입도로 개설공사가 진행중이었던 토지로서, 인근 주민 탐문결과 수년간 공사가 중단된 상태인 것으로 탐문 조사됨 * 지적도상 맹지이나 인접지를 통하여 진출입이 가능함					

• **임차인현황** (말소기준권리 : 2014.09.22 / 배당요구종기일 : 2018.01.19)

===== 임차인이 없으며 전부를 소유자가 점유 사용합니다. =====	
기타사항	☞현장확인

• **토지등기부** (채권액합계 : 7,187,550,000원)

No	접수	권리종류	권리자	채권금액	비고	소멸여부
1(갑2)	2007.12.26	소유권이전(매매)	프라나(주)		거래가액:186,840,000	
2(갑4)	2008.08.01	가처분	남평문씨경숙공후눌와공파종중	소유권이전등기말소등기청구권,광주지방법원 2008카단8359 내용보기 사건검색		인수
3(갑6)	2014.09.22	가압류	예금보험공사	500,000,000원	말소기준등기 2014카단49737, 파산자 한국저축은행 주식회사의 파산관재인	소멸
4(을1)	2015.02.11	근저당	(주)다원이앤아이	5,200,000,000원		소멸
5(을2)	2015.02.11	근저당	(주)다원이앤씨	960,000,000원		소멸
6(갑7)	2016.03.24	가압류	정 희	527,550,000원	2016카단802072	소멸
7(갑8)	2017.10.26	강제경매	예금보험공사	청구금액: 500,000,000원	2017타경67439, 파산자 한국저축은행주식회사의파산관재인, 예금보험공사 가압류의 본 압류로의 이행	소멸
주의사항	☞지상에 연고자 미상의 분묘가 소재함. 지상소재 분묘를 위한 분묘기지권 성립여부는 불분명 ▶매각으로 인하여 말소되지 않는 선순위 가처분등기 있음 ▶ 매각허가에 의하여 소멸되지 아니하는 것 - 갑구 순위 4번 최선순위 가처분 등기(2008. 8. 1. 접수 제17320호 등기)는 매각으로 소멸하지 않고 매수인에게 인수됨					

출처: 굿옥션(http://www.goodauction.com/index.php)

가처분이 있는 경우 관련 사건이 있는 경우에는 이것도 검색해 볼 필요가 있다. 가처분의 경우 보전처분이지만, 가처분결정문 또는 관련한 본안소송 제기 및 결과 등을 보면 가처분의 부담에 대하여 보다 정확하게 판단할 수 있다.

그림 120 관련 사건 검색

• 사건번호 : 광주지방법원 2008카단8359

기본내용 청사배치

사건번호	2008카단8359	사건명	부동산처분금지가처분
채권자	남평문씨경숙공후눌와공파종중	채무자	프라나 주식회사
제3채무자		청구금액	23,676,660원
재판부	32단독()	담보내용	3,000,000원
접수일	2008.07.21	종국결과	2008.08.01 인용
수리구분		병합구분	없음
기록보존인계일	2012.03.23		
항고인		항고일	
항고신청결과		해제내용	
폐기여부	기록폐기됨		
송달료,보관금 종결에 따른 잔액조회		잔액조회	
결정문송달일		확정일	

일 자	내 용
2008.07.28	채권자 남평문씨경숙공후눌와공파종중 보정서 제출
2008.07.31	채권자 채권자 공탁보증보험증권 제출
2008.08.01	등기소 화순등기소 등기필증 제출

• 최근 제출서류 순으로 일부만 보입니다. 반드시 상세보기로 확인하시기 바랍니다.

보정명령내용 상세보기

일 자	내 용	결 과
2008.07.23	기타	

당사자내용

구 분	이 름	결정문송달일	확정일
채권자	1. 남평문씨경숙공후눌와공파종중 대표자 문홍주		
채무자	1. 프라나 주식회사 대표이사 이표열	2008.09.30	

출처: 굿옥션(http://www.goodauction.com/index.php)

3강 가등기

1. 가등기에 대한 이해

1) 의의

가등기란 본등기를 할 수 있는 실질적 또는 형식적 요건이 갖추어지지 않은 때, 장래에 하게 될 본등기를 위하여 미리 그 순위를 보전해 두기 위하여 예비적으로 하는 등기이다.

가등기는 본등기의 순위를 보전하는 효력이 있어 후일 가등기에 기한 본등기가 마쳐진 때에는 본등기의 순위가 가등기를 한때로 소급함으로써 가등기 후 본등기 전에 이루어진 중간처분은 실효가 된다.

2) 가등기의 종류

(1) 청구권보전 가등기

청구권보전 가등기는 소유권 등 권리의 설정, 이전, 변경 또는 소멸 청구권을 보전하려는 때에 하는 가등기이다. 그 청구권이 시기부 또는 정지 조건부일 경우나 그 밖에 장래에 확정될 것인 경우에도 동일하다.

거래실무에서는 매매계약을 체결하고 잔금 지급 시 본등기 순위를 보전하기 위하여 하는 경우가 많이 있다.

(2) 담보 가등기

담보가등기는 채권 담보를 목적으로 대물 변제 계약 또는 매매계약을 하고 채무자가 채무를 이행하지 않을 때 발생하게 될 장래의 소유권 이전청구권을 보전하기 위해서 하는 가등기이다.

(3) 보전 가등기와 담보 가등기의 구별

등기부상에는 보전 가등기와 담보 가등기가 모두 소유권 이전청구권 가등기로 표시되어 있기 때문에 양자를 구별할 수 없다.

따라서 부동산이 경매되는 경우, 경매 법원에서는 가등기 종류의 확인을 위해 가등기권자에게 가등기의 종류와 담보 가등기일 경우에는 그 채권액을 신고하라는 최고를 하게 되고, 법원은 신고 내용에 따라 가등기의 종류와 권리사항을 매각물건명세서와 경매 조서에 기록한다.

이때 가등기권자가 법원의 최고에도 불구하고 가등기의 종류 등을 신고하지 않을 때에 법원은 가등기를 소유권 이전청구권 보전 가등기로 간주한다.

그러나 경매 법원에서는 권리 신고가 되지 않아 담보 가등기인지 순위 보전의 가등기인지 알 수 없는 경우에도 그 가등기가 등기부상 최선순위이면 집행법원으로서는 일단 이를 순위 보전을 위한 가등기로 보아 낙찰인에게 그 부담이 인수될 수 있다는 취지를 매각물건명세서에 기재한 후 그것을 근거로 경매절차를 진행하면 족한 것이지, 반드시 그 가등기가 담보 가등기인지 순위 보전의 가등기인지 밝혀질 때까지 경매 절차를 중지하여야 하는 것은 아니다(대법원 2003. 10. 06. 자 2003마1438 결정).

3) 가등기의 효력

(1) 청구권 보전 가등기

청구권 보전 가등기는 가등기 자체로는 특별한 효력이 없으나, 가등기에 의한 본등기를 한 경우 본등기의 순위는 가등기의 순위에 따르기 때문에 권리관계의 우열이나 권리분석을 할 때 가등기를 한 때를 기준으로 판단하여야 한다.

그러나 토지 거래 허가 없이 체결된 매매예약에 기하여 소유권 이전청구권 보전을 위한 가등기가 경료되어 있는 상태에서 당해 토지가 제삼자에게 낙찰되어 소유권이 이전된 경우에는 그 후 그 가등기에 기한 본등기까지 경료되었더라도 이는 효력이 없는 무효의 등기라 할 것이다(대법원 2013. 02. 14. 선고 2012다89900 판결).

(2) 담보 가등기

담보가등기는 근저당권과 같이 채무자가 변제를 하지 않는 경우에 부동산을 경매하여 우선 변제받거나, 청산 절차를 거쳐 소유권을 취득할 수 있는 권리가 있다.

2. 부동산경매와 가등기

1) 말소되는 경우

가등기가 담보 가등기인 경우에는 돈을 받을 수 있는 권리이므로 말소기준권리가 된다. 다른 말소기준권리보다 후순위인 경우에도 매각으로 말소된다.

제1, 2순위의 근저당권 설정등기 사이에 소유권 이전등기 청구권 보전의 가등기가 경료된 부동산에 대하여 위 제1순위 근저당권의 실행을 위한 경매 절차에서 매각 허가 결정이 확정되고 매각대금이 완납된 경우 위 가등기 및 그에 기한 본등기상의 권리는 모두 소멸하고, 위 각 등기는 민사집행법 제144조 제1항 제2호에 규정된 매수인이 인수하지 아니한 부동산의 부담에 관한 기입에 해당하여 말소 촉탁의 대상이 되며, 이와 같은 매각 허가 결정의 확정으로 인한 물권 변동의 효력은 그에 관한 등기에 관계없이 이루어지는 것이다(대법원 2007. 12. 13. 선고 2007다57459 판결).

2) 인수되는 경우

청구권보전 가등기인 경우에는 말소기준권리보다 선순위인 경우에는 인수되고, 후순위인 경우에는 말소된다.

국세 압류등기 이전에 소유권이전청구권 보전의 가등기가 경료되고 그 후 본등기가 이루어진 경우, 그 가등기가 매매예약에 기한 순위 보전의 가등기라면 그 이후에 경료된 압류등기는 효력을 상실하여 말소되어야 할 것이지만, 그 가등기가 채무담보를 위한 가등기 즉 담보 가등기라면 그 후 본등기가 경료되더라도 가등기는 담보적 효력을 갖는데 그치므로 압류등기는 여전히 유효하므로 말소될 수 없다(대법원 1998. 10. 7. 자 98마1333 결정).

3) 담보가등기의 배당

부동산에 대하여 가압류등기가 먼저 되고 나서 담보가등기가 마쳐진 경우에 그 담보가등기는 가압류에 의한 처분금지의 효력때문에 그 집행보전의 목적을 달성하는데 필요한 범위안에서 가압류채권자에 대한 관계에서만 상대적으로 무효라 할 것이고 따라서 담보가등기권자는 그 보다 선순위의 가압류채권자에 대항하여 우선변제를 받을 권리는 없으나 한편 가압류채권자도 우선변제청구권을 가지는 것은 아니므로 가압류채권자보다 후순위의 담보가등기권자라 하더라도 가등기담보등에관한법률 제16조 제1, 2항에 따라 법원의 최고에 의한 채권신고를 하면 가압류채권자와 채권액에 비례하여 평등하게 배당받을 수 있다(대법원 1987. 6. 9. 선고 86다카2570 판결).

3. 경매사례

경매물건은 서울 성북구 정릉동에 있는 도로이다. 도로의 경우에도 향후 도시정비사업 대상으로 재개발 등이 행하여지는 경우에는 투자가치가 있는 땅이므로 관심을 갖는 물건이 될 수 있다. 더군다나 이 도로는 토지면적도 30.25평이다.

그림 121 도로 경매

2016타경101556 • 서울북부지방법원 본원 • 매각기일 : 2016.12.19(月) (10:00) • 경매 6계(전화:02-910-3676)

소재지	서울특별시 성북구 정릉동 607-45 외 1필지 도로명주소검색		
물건종별	도로	감정가	95,368,000원
토지면적	100㎡(30.25평)	최저가	(41%) 39,062,000원
건물면적		보증금	(10%) 3,910,000원
매각물건	토지 매각	소유자	(주)산영씨앤씨
개시결정	2016-03-14	채무자	(주)산영씨앤씨
사건명	강제경매	채권자	공0숙

오늘조회: 1 2주누적: 0 2주평균: 0 조회동향

구분	입찰기일	최저매각가격	결과
1차	2016-08-01	95,368,000원	유찰
2차	2016-09-05	76,294,000원	유찰
3차	2016-10-17	61,035,000원	유찰
4차	2016-11-21	48,828,000원	유찰
5차	**2016-12-19**	**39,062,000원**	
낙찰 : 39,062,000원 (40.96%)			
(입찰1명,낙찰:동작구 공0숙)			
매각결정기일 : 2016.12.26 - 매각허가결정			
대금지급기한 : 2017.01.23			
배당기일 : 2017.01.23			
배당종결 2017.01.23			

출처: 굿옥션(http://www.goodauction.com/index.php)

그런데 이 물건에는 소유권이전청구권 가등기, 예고등기, 가처분 등의 권리 관계가 나타나 있다. 최선순위 말소기준권리는 2016. 3. 15.자 강제경매이다.

그림 122 도로 경매(물건 현황)

• **매각토지.건물현황**(감정원 : 이음감정평가 / 가격시점 : 2016.03.31)

목록		지번	용도/구조/면적/토지이용계획		㎡당 단가 (공시지가)	감정가	비고
토지	1	정릉동 607-45	도시지역, 제2종일반주거지역(7층이하),가축사육제한구역<가축분뇨의...	도로 58㎡ (17.545평)	826,000원 (498,300원)	47,908,000원	
	2	돈암동 587-8	도시지역, 제2종일반주거지역(7층이하), 도로(접합),가축사육제한구역...	도로 42㎡ (12.705평)	1,130,000원 (617,100원)	47,460,000원	
			면적소계 100㎡(30.25평)			소계 95,368,000원	
감정가		토지:100㎡(30.25평)			합계	95,368,000원	토지 매각
현황 위치	• "정덕초등학교" 북서측인근에 위치하며 주변은 단독주택, 다세대주택, 아파트 등이 혼재하는 주거지대임. • 인근 교통도로로 각종 노선버스가 운행되고 있음. • 완경사지 내 조성된 주택지 사이에 있는 도로임. • 포장된 인접한 도로를 통하여 본건까지 접근가능함.						
참고사항	• 동 부동산은 지목이 '도로'로 인근 건물의 진출입 도로로 이용 중이며, 도로 입구가 계단으로 되어 있어 차는 다닐 수 없는 것으로 보임						

• **임차인현황** (말소기준권리 : 2016.03.15 / 배당요구종기일 : 2016.05.26)

=== 조사된 임차내역 없음 ===	
기타사항	• 전입세대열람 미발견

• **토지등기부**

No	접수	권리종류	권리자	채권금액	비고	소멸여부
1(갑2)	2010.04.29	소유권이전(매매)	(주)산영씨앤씨			
2(갑3)	2010.04.29	소유권이전 청구권가등기	이수건설(주)		매매예약	인수
3(갑4)	2011.03.04	이수건설(주)가등기말소예고등기	서울중앙지방법원 2011가단52671 사건검색			
4(갑5)	2011.03.04	(주)산영씨앤씨소유권말소예고등기	서울중앙지방법원 2011가단52671 사건검색			
5(갑6)	2012.08.06	가처분	이ㅇ수	서울중앙지방법원 2012카단41862, 해제 및 원인무효 등으로 인한 각 소유권이전등기 말소청구권 내용보기 사건검색		인수
6(갑7)	2016.03.15	강제경매	공ㅇ숙	청구금액: 23,000,000원	말소기준등기 2016타경101556	소멸

출처: 굿옥션(http://www.goodauction.com/index.php)

그림 123 도로 경매(매각물건명세서)

매각물건 명세서

인쇄

사건	2016타경101556 부동산강제경매	매각물건번호	1	담임법관(사법보좌관)	
작성일자	2016.11.28	최선순위 설정일자	1번 토지 : 2016. 3. 14.(경매개시결정) 2번 토지 : 2015. 10. 6. (압류)		
부동산 및 감정평가액 최저매각가격의 표시	부동산표시목록 참조	배당요구종기	2016.05.26		

부동산의 점유자와 점유의 권원, 점유할 수 있는 기간, 차임 또는 보증금에 관한 관계인의 진술 및 임차인이 있는 경우 배당요구 여부와 그 일자, 전입신고일자 또는 사업자등록신청일자와 확정일자의 유무와 그 일자

점유자의 성명	점유부분	정보출처 구분	점유의 권원	임대차 기간 (점유기간)	보증금	차임	전입신고 일자,사업자등록신청일자	확정일자	배당요구 여부 (배당요구 일자)
조사된 임차내역 없음									

< 비고 >

※ 최선순위 설정일자보다 대항요건을 먼저 갖춘 주택.상가건물 임차인의 임차보증금은 매수인에게 인수되는 경우가 발생할 수 있고, 대항력과 우선 변제권이 있는 주택,상가건물 임차인이 배당요구를 하였으나 보증금 전액에 관하여 배당을 받지 아니한 경우에는 배당받지 못한 잔액이 매수인에게 인수되게 됨을 주의하시기 바랍니다.

※ 등기된 부동산에 관한 권리 또는 가처분으로서 매각으로 그 효력이 소멸되지 아니하는 것

1. 2010. 4. 29. 소유권이전청구권가등기 2. 2012. 8. 6. 가처분

※ 매각에 따라 설정된 것으로 보는 지상권의 개요

해당사항 없음

※ 비고란

1. 일괄매각 2. 2010. 4. 29. 소유권이전청구권가등기, 2012. 8. 6. 가처분은 각 매각으로 소멸하지 않고 매수인이 인수함. 3. 동 부동산은 지목이 '도로'로 인근 건물의 진출입 도로로 이용 중이며, 도로 입구가 계단으로 되어 있어 차는 다닐 수 없는 것으로 보임. 4. 본건 부동산에 등기된 가등기말소 및 소유권말소 예고등기가 경료되었고, 이와 관련된 판결(서울중앙지방법원 2011가단 52671, 서울중앙지방법원 2012나39225, 대법원 2013다14569)은 이미 확정되었으며, 위 예고등기는 경매절차에서는 말소 할 수 없으므로 참고하시기 바랍니다. 5. 이 사건 각 부동산의 예고등기는 경매절차에서 말소 할 수 없고, 수소법원의 촉탁에 의하여 말소 될 수 있음.

출처: 굿옥션(http://www.goodauction.com/index.php)

예고등기는 등기원인의 무효 · 취소로 인한 등기의 말소 또는 회복의 소가 제기된 경우, 그 무효 또는 취소로써 발생할 수 있는 불이익을 받지 않도록 경고하기 위하여 하는 등기로, 소를 제기받은 법원이 직권으로 즉시 예고등기를 촉탁하였다.

예고등기는 경고적 효력 밖에 없으나, 실제로는 부동산 거래가 중단되어 권

리행사가 제약되는 사실상의 처분금지 효과가 발생하여 등기명의인의 불이익이 크고, 집행방해의 목적으로 악용되었다. 예컨대, 보유 부동산을 경매로 날릴 처지에 놓인 채무자가 타인과 공모해 자신을 상대로 '소유권이전등기 말소청구 소송'을 내도록 해서 법원이 예고등기를 하도록 하는 수법이다. 이런 부동산은 몇 차례 유찰돼 낙찰가가 떨어지게 되고, 이때 채무자 등이 낮은 값에 물건을 확보해 부당이익을 챙기게 된다.

예고등기는 경매부동산이 매각되더라도 그 순위에 관계없이 항상 매수인에게 인수되었기 때문에 이런 점을 악용한 것이다. 그러나 예고등기제도는 2011. 11. 13.자로 폐지되었다.

이 경매물건(도로)에서는 보전가등기와 가처분이 말소기준권리보다 선순위이므로 인수 대상이며, 예고등기도 인수된다.

다만, 도로에 대한 가등기말소 및 소유권예고등기 말소와 관련한 분쟁에 관해서는 이미 판결이 선고되어 있기 때문에 이를 검색하면 그 내용을 상세히 파악할 수 있다.[29]

이 물건은 경매신청 채권자인 공 모씨가 낙찰받았으나, 그 당시에는 도로의 소유권에 관한 분쟁이 이미 대법원 판결까지 선고되어 있는 시점이었기 때문에 충분한 권리분석을 하고 매수한 것인지는 의문이다.

왜냐하면, 선순위인 이수건설의 보전가등기를 인수하여야 하기 때문이다.

---

29) 1심에서는 산영씨앤씨는 118,800,000원을 지급 받음과 동시에 서울중앙지방법원 성북등기소 2010. 4. 29. 접수 제17638호로 마친 각 소유권이전등기의 말소등기절차를 이행하고, 이수건설은 서울중앙지방법원 성북등기소 2010. 4. 29. 접수 제17639호로 마친 각 소유권이전청구권가등기의 말소등기절차를 이행하라고 판단하였다.
그러나 항소심과 대법원에서는 토지 등의 매수인인 산영씨앤씨에 매도인이 매매계약의 해제를 통보하기 전에 이수건설이 토지에 관해 매매예약을 원인으로 한 가등기를 마쳤으므로, 이수건설은 매매계약이 해제되더라도 해제된 계약으로부터 생긴 법률효과를 기초로 하여 해제 전에 새로운 이해관계를 가지게 된 제3자로서 해제의 소급효로부터 보호받게 되고, 따라서 매매계약에 해제사유가 있다 하더라도 이수건설 명의의 가등기는 말소할 수 없다고 판단하였다.

그림 124 관련 사건 검색

, 사건번호 : 서울중앙지방법원 2011가단52671

기본내용

청사배치

사건번호	2011가단52671	사건명	소유권이전등기말소등기절차이행 등
원고	이0 수	피고	주식회사 산영씨앤씨 외 1명
재판부	민사50단독		
접수일	2011.02.17	종국결과	2012.07.11 원고일부승
원고소가	7,240,800	피고소가	
수리구분	제소	병합구분	없음
상소인	원고, 피고, 쌍방	상소일	2012.08.01
상소각하일		보존여부	기록보존됨
송달료,보관금 종결에 따른 잔액조회	잔액조회		
판결도달일	2012.07.18	확정일	2014.12.11

심급내용

법 원	사건번호	결 과
대법원	2013다14569	2014.12.11 상고기각
서울중앙지방법원	2012나39225	2013.01.18 원고일부승

최근기일내용

상세보기

일자	시각	기일구분	기일장소	결과
2011.11.02	10:30	변론기일	동관 357호 법정	속행
2012.04.25	14:00	변론기일	동관 357호 법정	속행
2012.05.30	10:30	변론기일	동관 357호 법정	변론종결
2012.07.11	10:00	판결선고기일	동관 357호 법정	판결선고

, 최근 기일 순으로 일부만 보입니다. 반드시 상세보기로 확인하시기 바랍니다.

최근 제출서류 접수내용

상세보기

일 자	내 용
2016.04.07	공0숙 판결등본
2017.09.14	피고1 주식회사 산영씨앤씨 판결정본
2018.06.19	피고1 주식회사 산영씨앤씨 확정증명
2018.06.19	피고 주식회사 산영씨앤씨 예고등기말소촉탁 신청서 제출

, 최근 제출서류 순으로 일부만 보입니다. 반드시 상세보기로 확인하시기 바랍니다.

관련사건내용

법 원	사건번호	결 과
서울중앙지방법원	2011머2035281	조정사건

당사자내용

구분	이 름	종국결과	판결도달일	확정일
원고	1. 이0 수		2012.07.18	2014.12.11
피고1	1. 주식회사 산영씨앤씨 대표이사 김홍쾌		2012.07.18	2014.12.11
피고2	2. 이수건설 주식회사 대표이사 이재원		2012.07.18	2014.12.11

출처: 대법원 전자소송(https://ecfs.scourt.go.kr/ecf/index.jsp)

제 14 장

특수권리에 대한 이해와 분석 기법(2)

1강 유치권

2강 대지권미등기

3강 법정지상권

제14장

특수권리에 대한 이해와 분석 기법(2)

1강 유치권

1. 유치권에 대한 이해

1) 유치권의 의의

유치권은 어떤 물건을 법률적 또는 사실적 관계로 인하여 점유하게 된 자가 그 물건과 관련이 있는 채권을 가지게 되었을 때에 공평의 원리에서 자기 채권의 변제를 받을 때까지 물건을 계속하여 점유할 수 있는 담보물권이다(민법 제320조).

유치권은 유치하는 목적물의 소유자와 채권자와의 사이의 계약에 의하여 설정되는 것이 아니라, 법이 정하는 일정한 객관적 요건을 갖춤으로써 유치권이 성립하는 발생하는 이른바 법정 담보물권이다. 유치권은 법정 담보물권이므로 부동산유치권의 성립에도 등기를 필요로 하지 않는다.

부동산에 관한 유치권은 일반적으로 부동산에 대한 공사나 시설 등과 관련하여 약정한 공사비를 받지 못하였을 때, 시공을 한 부동산을 점유하면서 공사비를 받을 때까지 그 부동산에 대한 인도를 거절하는 방법으로 유치권을 주장, 행사한다.

2) 유치권의 성립요건

(1) 유치권의 목적물은 동산 · 부동산 및 유가증권이다.

(2) 피담보채권과 목적물과의 견련관계

유치권이 성립하려면 담보된 채권과 유치하는 물건이 견련관계. 즉 상호 밀접한 관계에 있어야 한다.

민법 제320조 제1항에서 "타인의 물건 또는 유가증권을 점유하는 자는 그 물건이나 유가증권에 관하여 생긴 채권이 변제기에 있는 경우에는 변제를 받을 때까지 그 물건 또는 유가증권을 유치할 권리가 있다."라고 규정하고 있기 때문이다.

부동산 경매 실무에서 주로 문제되는 부동산 유치권의 피담보채권은 공사대금 채권이다. 공사 대금 채권과 비용 상환 청구권은 '목적물 그 자체로부터 발생한 채권'이다.

그러나 갑이 건물 신축공사 수급인인 을 주식회사와 체결한 약정에 따라 공사현장에 시멘트와 모래 등의 건축자재를 공급한 사안에서, 갑의 건축자재 대금 채권은 매매계약에 따른 매매 대금 채권에 불과할 뿐 건물 자체에 관하여 생긴 채권이라고 할 수는 없다(대법원 2012. 01. 26. 선고 2011다96208 판결).

채권자의 유치권 주장에 대한 유치권 부존재 확인 소송에서 유치권의 요건사실인 유치권의 목적물과 견련관계가 있는 채권의 존재에 대해서는 피고가 주장 · 증명하여야 한다(대법원 2016. 03. 10. 선고 2013다99409 판결).

건물의 임대차에 있어서 임차인의 임대인에게 지급한 임차보증금반환청구권이나 임대인이 건물시설을 아니하기 때문에 임차인에게 건물을 임차 목적대로 사용 못한 것을 이유로 하는 손해배상청구권은 모두 민법 320조 소정 소위 그 건물에 관하여 생긴 채권이라 할 수 없다(대법원 1976.05.11. 선고 75다1305 판결).

(3) 채권이 변제기에 있어야 한다.

채권이 변제기에 달하지 아니하는 동안에는 유치권은 발생하지 않는다. 변제기 도래 전에 유치권을 인정한다면 변제기 전의 채무 이행을 간접적으로 강제하는 것이 되기 때문에, 유치권의 기본 원칙인 '공평의 원칙'에 반하여 부당한 것이다.

(4) 유치권자의 점유

유치권은 '타인의 물건 또는 유가증권의 점유자'이어야 한다. 유치권은 점유하고 있는 물건 또는 유가증권에 관하여 생기는 권리이므로, 목적물의 점유를 떠나서 유치권이 성립할 수 없다.

점유권자의 점유는 계속되어야 하며, 만약 점유를 상실하면 당연히 유치권도 소멸한다. 점유는 직접 점유이든, 간접 점유이든 묻지 않는다.

타인의 물건 또는 유가증권이라고 할 때, '타인'은 채무자뿐만 아니라 채무자 이외 자의 소유물이라도 무방하다.

그러나 불법 점유가 아니어야 한다. 즉 점유가 불법행위에 기하여 개시된 것이 아니어야 한다.

(5) 유치권 배제 특약의 부존재

유치권은 채권자의 이익을 보호하기 위한 법정담보물권이지만, 당사자는 미리 유치권의 발생을 막는 특약을 할 수 있고 이러한 특약은 유효하다. 유치권 배제 특약이 있는 경우 다른 법정요건이 모두 충족되더라도 유치권은 발생하지 않는데, 특약에 따른 효력은 특약의 상대방뿐 아니라 그 밖의 사람도 주장할 수 있다.

3) 유치권의 효력

(1) 유치권자의 권리

유치권자는 채권 전부의 변제를 받을 때까지 유치물 전부에 대하여 그 권리를 행사할 수 있다.

따라서 유치물은 그 각 부분으로써 피담보채권의 전부를 담보하며, 이와 같은 유치권의 불가분성은 그 목적물이 분할 가능하거나 수개의 물건인 경우에도 적용된다. 판례에 의하면, 다세대주택의 창호 등의 공사를 완성한 하수급인이 공사대금채권 잔액을 변제받기 위하여 위 다세대주택 중 한 세대를 점유하여 유치권을 행사하는 경우, 그 유치권은 위 한 세대에 대하여 시행한 공사대금만이 아니라 다세대주택 전체에 대하여 시행한 공사대금채권의 잔액 전부를 피담보채권으로 하여 성립한다(대법원 2007. 9. 7. 선고 2005다16942 판결).

유치권자는 채권의 변제를 받기 위한 유치물에 대한 경매권을 갖는다.

또 유치권자는 정당한 이유가 있는 때에는 미리 채무자에게 통지하고, 감정인의 평가에 따라 유치물로 직접 변제에 충당할 것을 법원에 청구할 수 있는 간이변제충당권이 있다.

유치권자는 유치물의 과실을 수취하여 다른 채권보다 먼저 그 채권의 변제에 충당할 수 있고, 유치물과 관련한 필요비를 지출한 때는 소유자에게 그 비용상환을 청구할 수 있는 권리가 있다.

(2) 유치권자의 의무

유치권자는 선량한 관리자의 주의로 유치물 점유하여야 한다. 채무자의 승낙없이 유치물의 사용, 대여 또는 담보를 제공할 수 없다. 다만, 유치물의 보존에 필요한 사용은 예외적으로 허용된다.

2. 부동산경매와 유치권

1) 유치권의 인수

민사집행법 제91조 제5항에서는 매수인은 유치권자에게 그 유치권으로 담보하는 채권을 변제할 책임이 있다고 규정한다. 즉 경매부동산에 유치권이 있을 때는 그 유치권은 매각으로 소멸되지 아니하고 매수인에게 인수된다는 의미이다.

2) 허위유치권

부동산이 경매로 매각되는 경우에도 유치권은 매수인에게 인수되기 때문에 유치권의 진정 성립 여부를 떠나 일단 유치권을 주장하며 신고하는 경우가 비

일비재할 정도로 많이 있다.

그래서 법원에 신고된 유치권의 90%는 가짜이며, 유치권을 통해 채무자 · 브로커 등이 낙찰가를 떨어뜨리기 위해 악용된다고 한다.30)

허위 유치권신고는 입찰자로 하여금 유치권에 대한 부담을 갖게 하여 여러 번 유찰되게 만들어 낙찰가격을 부당하게 낮추고자 하는 의도에서 행해진다. 보통 경매법원에 허위 공사도급계약서를 첨부하는 등의 방법으로 유치권신고서를 제출하거나 해당 입찰 부동산에 "유치권행사 중"이라는 취지의 현수막을 거는 방식으로 이루어지고 있다.

따라서 경매 실무, 학계, 법원 등에서도 허위 유치권 신고 등을 막기 위하여 매수인에게 유치권이 인수되는 것에 대하여 제한을 하려고 한다. 또한 허위 유치권을 신고한 경우에는 형법상 경매, 입찰방해죄로 처벌하기도 한다.

3) 유치권의 소멸

유치권은 채무자 소유의 부동산에 경매개시결정의 기입등기가 마쳐져 압류의 효력이 발생한 후에 유치권을 취득한 경우에는 부동산에 관한 경매절차의 매수인에게 대항할 수 없다. 따라서 경매개시결정 등기 이후에 성립하는 유치권은 매수인에게 인수되지 않는다.

경매개시결정의 기입등기가 경료되어 압류의 효력이 발생한 후에는 채무자가 당해 부동산의 점유를 이전함으로써 제3자가 유치권을 취득하는 경우에도 압류채권자에게 대항할 수 없기 때문에 유치권은 매수인에게 인수되지 않는다.

이 경우에도 만약 유치권이 인수된다고 한다면, 경매절차에서 매수인이 매수가격 결정의 기초로 삼은 현황조사보고서나 매각물건명세서 등에서 드러나지 않는 유치권의 부담을 그대로 인수하게 되어 경매절차의 공정성과 신뢰를 현저히 훼손하게 될 뿐만 아니라, 유치권신고 등을 통해 매수신청인이 위와 같은 유치권의 존재를 알게 되는 경우에는 매수가격의 즉각적인 하락이 초래되어 책임재산을 신속하고 적정하게 환가하여 채권자의 만족을 얻게 하려는

30) 한국경제, http://news.hankyung.com/article/2013010907881?nv=o

민사집행제도의 운영에 심각한 지장을 줄 수 있으므로, 위와 같은 상황하에서는 채무자의 제3자에 대한 점유이전을 압류의 처분금지효에 저촉되는 처분행위로 봄이 타당하다는 취지이다.

따라서 채무자 소유의 건물에 관하여 증·개축 등 공사를 도급받은 수급인이 경매개시결정의 기입등기가 마쳐지기 전에 채무자에게서 건물의 점유를 이전받았다 하더라도 경매개시결정의 기입등기가 마쳐져 압류의 효력이 발생한 후에 공사를 완공하여 공사대금채권을 취득함으로써 그때 비로소 유치권이 성립한 경우에는, 수급인은 유치권을 내세워 경매절차의 매수인에게 대항할 수 없다(대법원 2011. 10. 13. 선고 2011다55214 판결).

그러나 저당권설정등기나 가압류등기 또는 체납처분압류등기가 되어 있는 부동산에 관하여 경매개시결정등기가 되기 전에 민사유치권을 취득한 사람은 경매절차의 매수인에게 유치권으로 대항할 수 있으므로(대법원 2014.04.10. 선고 2010다84932 판결), 이 경우에는 유치권이 매수인에게 인수된다.

건물의 신축공사를 한 수급인이 그 건물을 점유하고 있고 또 그 건물에 관하여 생긴 공사금 채권이 있다면, 수급인은 그 채권을 변제받을 때까지 건물을 유치할 권리가 있는 것이지만, 건물의 신축공사를 도급받은 수급인이 사회통념상 독립한 건물이라고 볼 수 없는 정착물을 토지에 설치한 상태에서 공사가 중단된 경우에 위 정착물은 토지의 부합물에 불과하여 이러한 정착물에 대하여 유치권을 행사할 수 없는 것이고, 또한 공사중단시까지 발생한 공사금 채권은 토지에 관하여 생긴 것이 아니므로 위 공사금 채권에 기하여 토지에 대하여 유치권을 행사할 수도 없는 것이다(대법원 2008.05.30. 자 2007마98 결정).

3. 경매사례

1) 경매물건

경매물건은 서울 서대문구에 있는 4층 짜리 다세대주택(빌라)이다. 각 세대별로 전체가 경매되고 있으나, 해당 물건은 1층 101호이다. 대지권은 매각에서 제외되고 있으며, 건물만 매각되는 것이다.

이 빌라는 원도시개발 소유의 대지 295㎡상에 시공업자와 8세대의 건물을 대금 4억 8,880만 원(= 평당 260만 원 × 188평)에 공사도급계약을 체결하여 건축한 것이다. 준공검사까지 시공업체에서 받아주기로 하였으나, 건축주와 시공업체와의 사이에 준공검사 문제 등으로 다툼이 있었다.

그림 125 빌라 경매(사건내역)

2010타경20941 (1) • 서울서부지방법원 본원 • 매각기일 : 2012.01.03(火) (10:00) • 경매 7계(전화:02-3271-1327)

소재지	서울특별시 서대문구 홍제동 312-297, 다세대주택 1층 101호 도로명주소검색		
물건종별	다세대(빌라)	감정가	129,000,000원
대지권	대지권 매각제외	최저가	(41%) 52,838,000원
건물면적	73.7㎡(22.294평)	보증금	(20%) 10,570,000원
매각물건	건물만 매각	소유자	원도시개발(주)
개시결정	2010-12-15	채무자	이O현
사건명	임의경매	채권자	최O식

오늘조회: 1 2주누적: 0 2주평균: 0 조회동향

구분	입찰기일	최저매각가격	결과
1차	2011-06-14	129,000,000원	유찰
2차	2011-07-19	103,200,000원	유찰
3차	2011-08-23	82,560,000원	유찰
4차	2011-09-27	66,048,000원	유찰
5차	2011-11-01	52,838,000원	낙찰
낙찰 62,890,000원(48.75%) / 2명 / 미납			
6차	**2012-01-03**	**52,838,000원**	
낙찰 : **58,200,000원** (45.12%)			
(입찰3명,낙찰:동대문 최O식 / 차순위금액 55,556,000원)			
매각결정기일 : 2012.01.10 - 매각허가결정			
대금지급기한 : 2012.02.17			
배당종결 2012.03.29			

출처: 굿옥션(http://www.goodauction.com/index.php)

그런데 이 물건에는 근저당, 가압류, 압류, 주택임대차 등의 권리관계가 있고, 그 외 2건의 유치권이 신고되어 있다. 유치권은 공사대금채권으로 각 4억 8,880만원과 2,800만원이다.

말소기준권리는 2005. 1. 25. 자 근저당이므로 임차인의 보증금등은 미상이나 전입일이 모두 2009년 이후이기 때문에 선순위 인수 대상 권리는 없다.

그러나 유치권은 일단 인수 대상이다. 신고된 유치권 때문에 여러 번의 유찰과 대금미납 등이 있었고, 감정가 1억2,900만원 짜리가 5,820만원에 낙찰되었다.

건물만 매각되기 때문에 법정지상권 성립 문제도 권리분석상 중요한 문제이지만, 여기서는 유치권에 관하여 검토하여 본다.

그림 126 빌라 경매(물권 및 권리 현황)

매각물건현황(감정원 : 재우감정평가 / 가격시점 : 2010.12.21 / 보존등기일 : 2005.01.11)

목록	구분	사용승인	면적	이용상태	감정가격	기타
건물	4층중 1층	12.10.24	73.7㎡ (22.29평)	방3 등	129,000,000원	* 가스보일러 개별난방
현황 위치	* 홍제역 남서측 근거리위치, 인근 다세대주택과 연립주택등 공동주택과 단독주택 등이 소재지역으로 제반 주위 환경은 보통임 * 본건까지 차량 통행 가능하고 근거리의 도로에서 버스등 일반 대중교통 이용가능하는등 제반 교통여건은 보통임 * 남동측의 도로에 의하여 차량 통행함					
참고사항	▶본건낙찰 2011.11.01 / 낙찰가 62,890,000원 / 역삼동 최0경 / 2명 입찰 / 대금미납 * 대지사용권이 없으므로 건물만 매각, 최저매각가격은 건물만의 평가액임 ▶본건 건축물은 건축물대장에 등재되어 있지 아니함					

임차인현황 (말소기준권리 : 2005.01.25 / 배당요구종기일 : 2011.03.02)

임차인	점유부분	전입/확정/배당	보증금/차임	대항력	배당예상금액	기타
곽0옥	주거용 미상	전 입 일: 2009.11.09 확 정 일: 미상 배당요구일: 없음	미상	없음	배당금 없음	
배0환	주거용 미상	전 입 일: 2010.09.07 확 정 일: 미상 배당요구일: 없음	미상	없음	배당금 없음	
장 희	주거용 미상	전 입 일: 2009.07.23 확 정 일: 미상 배당요구일: 없음	미상	없음	배당금 없음	
기타사항	임차인수: 3명 ☞폐문부재로 안내문을 남겨두고 왔으나 아무 연락이 없어 점유관계 미상임					

등기부현황 (채권액합계 : 978,023,336원)

No	접수	권리종류	권리자	채권금액	비고	소멸여부
1	2005.01.11	소유권보존	원도시개발(주)			
2	2005.01.25	근저당	유0숙	60,000,000원	말소기준등기	소멸
3	2005.02.21	근저당	최0식	100,000,000원		소멸
4	2005.02.21	근저당	최0식	150,000,000원		소멸
5	2005.08.10	가압류	이0상	35,593,646원		소멸
6	2006.02.03	가압류	남0빈	600,000,000원		소멸
7	2006.06.19	압류	서초세무서			소멸
8	2006.08.24	압류	서울특별시서대문구		세무1과-8804	소멸
90	2010.12.21	임의경매	최0식	청구금액: 250,000,000원	2010타경20941	소멸
10	2011.02.28	가압류	강0열	32,429,690원		소멸
11	2011.04.07	압류	서울특별시		세무과-104644	소멸
등기부 분석	☞건물만 매각주의(대지권 매각제외)					
주의사항	☞**유치권신고** 있음-유치권자 신0철으로부터 공사대금채권 금488,800,000원을 위하여 본건 건물 전부를 점유하면서 유치권 행사중임, 김0식으로 부터 공사대금 28,000,000원에 대한 유치권 신고가 있으나 성립여부 불분명함 ☞이 사건 건물을 위하여 그 대지에 법정지상권이 성립할 여지가 있음					

출처: 굿옥션(http://www.goodauction.com/index.php)

유치권을 주장하는 채권자가 공사대금채권에 기하여 이 빌라를 경매개시결정등기일인 2010. 12. 21. 전부터 점유를 하고 있었다면, 유치권은 매수인이 인수하여야 한다.

유치권에 있어서 점유는 유치권의 성립요건이자 존속요건이다. 그런데 이 빌라에는 유치권자가 아니라 임차인이 점유를 하고 있다. 유치권의 성립요건인 유치권자의 점유는 직접점유이든 간접점유이든 관계없기 때문에, 유치권자가 직접 점유를 하지 않고 임차인이 점유를 하더라도 상관없다(이를 간접점유라고 한다).

그러나 민법 제324조에 의하면, 유치권자는 선량한 관리자의 주의로 유치물을 점유하여야 하고, 유치권자는 유치물의 보존에 필요한 사용을 제외하고는 소유자의 승낙 없이 유치물을 사용, 대여 또는 담보제공을 하지 못하며, 유치권자가 이를 위반하는 때에는 채무자 또는 소유자는 유치권의 소멸을 청구할 수 있다.

만약에 유치권자가 주택임차인들에게 임대차를 하면서 채무자 또는 소유자인 원도시개발로부터 동의 또는 임대할 권한을 위임받지 않고 했다면, 이는 유치권자로서의 의무를 위반한 것이다.

이 경우에는 유치권소멸을 청구할 수 있기 때문에 결과적으로 유치권은 인수되지 않게 된다.

2강 대지권미등기 등

1. 대지권미등기

1) 건물과 토지의 관계

우리는 건물과 토지를 각각 별개의 독립한 부동산으로 보고 있다. 따라서 토지 위에 건물이 있더라도 양자를 각각 분리하여 거래할 수 있고, 토지와 건물의 소유자가 상이할 수도 있다. 그러나 건물은 토지 위에 정착하기 때문에 토지를 떠나서 존속할 수 없는 밀접한 관계에 있다.

따라서 건물이 토지 위에서 계속 존속하려면 토지에 대한 이용권이 있어야 한다. 예컨대, 토지에 대한 소유권, 지상권, 임차권 등이 있어야 한다. 만약 건물에 대한 소유권은 있으나 토지에 대한 이용권이 없으면 그 건물은 철거당할 수밖에 없게 된다. 타인의 토지에 무단으로 건물을 보유하여 타인의 토지 이용권을 방해하는 결과로 되기 때문이다.

그러나 아파트와 같은 집합건물은 1동에도 여러 세대가 각 세대별로 소유권자가 있다. 그런데 그 중에서 어느 한 세대가 아파트에 대한 소유권만 있고 토지에 대한 이용권이 없다고 한다면 이것만 철거할 수도 없고, 어려운 문제가 발생할 수도 있다.

그래서 구분소유자의 대지사용권은 그가 가지는 전유부분의 처분에 따르도록 하고, 원칙적으로 구분소유자는 그가 가지는 전유부분과 분리하여 대지사용권을 처분할 수 없도록 하고 있다(집합건물의 소유 및 관리에 관한 법률 제20조).

또한 대지사용권을 가지지 아니한 구분소유자가 있을 때에는 그 전유부분의 철거를 청구할 권리를 가진 자는 그 구분소유자에 대하여 구분소유권을 시가(時價)로 매도할 것을 청구할 수 있다.

집합건물에서 건물과 대지 사이에 일체·불가분성이 적용되는 대지사용권을 대지권이라고 한다(부동산등기법 제42조 제4항). 대지권이 성립하기 위해서는 토지상에 집합건물이 존재하여야 하고, 구분소유자가 당해 대지에 관하여 사용권을 취득하여야 하며, 건물(전유부분)과 대지 사이에 일체·불가분성이 있어야 한다.

이와같이 구분소유관계의 집합건물인 경우에는 건물에 대한 소유권과 대지에 대한 사용권이 원칙적으로 분리되어 거래되지 않도록 하고, 원래는 토지등기부와 건물등기부가 따로 따로 되어 있으나, 집합건물인 경우에는 건물등기부에서 대지사용권에 관한 사항까지 등기를 하도록 하고 있다. 즉 건물등기부에서 아파트 1동이 소재하는 토지의 지목과 면적을 기재하고, 각 세대별로 대지권의 종류와 면적을 기재한다.

그림 127 등기사항전부증명서(집합건물 표제부)

등기사항전부증명서(말소사항 포함)
- 집합건물 -

고유번호 1101-2012-024796

[집합건물] 서울특별시 동작구 흑석동 336 흑석한강푸르지오 제114동 제5층 제501호

【 표 제 부 】 (1동의 건물의 표시)

표시번호	접 수	소재지번,건물명칭 및 번호	건 물 내 역	등기원인 및 기타사항
1	2012년12월24일	서울특별시 동작구 흑석동 336 흑석한강푸르지오 제114동 [도로명주소] 서울특별시 동작구 흑석한강로 27	철근콘크리트구조 (철근)콘크리트지붕 14층 아파트 지1층 68.20㎡ 1층 321.47㎡ 2층 558.25㎡ 3층 558.25㎡ 4층 558.25㎡ 5층 558.25㎡ 6층 558.25㎡ 7층 558.25㎡ 8층 558.25㎡ 9층 558.25㎡ 10층 558.25㎡ 11층 558.25㎡ 12층 558.25㎡ 13층 558.25㎡ 14층 558.25㎡	정비사업시행으로 인하여 등기

(대지권의 목적인 토지의 표시)

표시번호	소 재 지 번	지 목	면 적	등기원인 및 기타사항
1	1. 서울특별시 동작구 흑석동 336	대	41112.2㎡	2012년12월24일

【 표 제 부 】 (전유부분의 건물의 표시)

표시번호	접 수	건 물 번 호	건 물 내 역	등기원인 및 기타사항
1	2012년12월24일	제5층 제501호	철근콘크리트구조 115.84㎡	

[집합건물] 서울특별시 동작구 흑석동 336 흑석한강푸르지오 제114동 제5층 제501호

(대지권의 표시)

표시번호	대지권종류	대지권비율	등기원인 및 기타사항
1	1 소유권대지권	41112.2분의 63.5	2012년11월23일 대지권 2012년12월24일

2) 대지권미등기

그러나 경매에 나오는 집합건물 중에는 대지권미등기 또는 대지권 없음으로 표시된 경매물건도 적지않다.

이는 마치 토지에 대한 이용권이 없는 건물만 매각되는 것과 다를 바 없다. 건물만 경매로 나와 취득하는 경우 매수인은 법정지상권 등이 없는 경우 건물을 철거당하게 된다. 그러나 아파트와 같은 집합건물을 철거당할 수는 없고,

대신 매도청구를 당하여 의사에 반해 강제 매매가 되어 소유권을 상실 당할 수도 있다.

그러나 대지권 미등기라고 하는 의미에는 2가지 있다. 대지권 자체는 있지만 아직 등기가 안됐을 뿐인 경우와 아예 대지권 자체가 없어서 등기를 할 수 없는 경우이다.

예컨대, 전자는 전유부분 즉 아파트의 소유자가 아파트를 분양받아 분양대금을 납부하여 대지권을 사실상 취득하였으나, 아파트 부지인 토지의 분필, 합필, 대지권 비율 획정 등의 이유로 대지권 등기가 지연되어 미등기로 나타나는 경우이다.[31)]

이 경우에는 대지권 미등기이지만, 실제는 대지권을 가지고 있는 것이므로 경매의 매수인은 대지권을 취득한다.

후자는 예컨대, 시유지등 타인 소유의 토지에 집합건물을 소유하고 있어 대지권이 등기되어 있지 않을 뿐만 아니라 사실상으로도 집합건물의 소유자가 대지에 관한 권리를 가지고 있지 않은 경우이다.

이 경우에는 매수인이 대지권을 취득할 수 없어 매도청구를 당할 수 있다. 만약 매수인이 매도청구를 당하지 않으려면 매도청구가 들어오기 전에 먼저 대지에 대한 지분 등의 권리를 취득하여 대지권등기를 하지 않으면 안된다.

전자에 해당하는지 후자에 해당하는지는 일응 감정평가서를 보면 알 수 있다. 대지권 미등기라도 대지권이 평가되어 최저매가가격에 포함되면 대지권 미등기라도 매수인은 대지권을 취득하는 것이므로 문제는 없다. 다만, 그 경우에는 대지권을 등기하기 위한 등기비용의 부담 등이 문제로 될 수는 있다.

31) 환지방식으로 도시개발사업을 거제시 아주동 신도시의 경우, 가장 주요 절차라 할 수 있는 '환지처분'을 두고 조합과 시공사, 거제시 입장이 엇갈려서 대지권 등기가 오랫동안 이루어지지 않았다. 사정이 이렇다보니 이미 준공돼 입주까지 끝난 일부 아파트는 '대지권 등기'가 되지 않아 어정쩡한 상황에 놓여 있어 입주민들이 금융권 대출 등에서도 제약을 받을 수 있고 아파트 거래 등에서 불편이 초래되었다(새거제신문, http://www.saegeoje.com/news/articleView.html?idxno=195317).

3) 대지권미등기 경매사례

경매물건은 충북 진천군에 있는 빌라이다. 경매진행상 1회 유찰된 상태이다.

그림 128 대지권 미등기 빌라

2018타경51702 (2) •청주지방법원 본원 •매각기일 : 2018.09.10(月) (10:00) •경매 2계(전화:043-249-7302)

소 재 지	충청북도 진천군 진천읍 교성리 359 외 6필지, 신양연립주택 101동 4층 410호 도로명주소검색		
새 주 소	충청북도 진천군 진천읍 문화로 121-2, 신양연립주택 101동 4층 410호		
물건종별	다세대(빌라)	감 정 가	73,000,000원
대 지 권	대지권미등기	최 저 가	(70%) 51,100,000원
건물면적	59.46㎡(17.987평)	보 증 금	(10%) 5,110,000원
매각물건	토지·건물 일괄매각	소 유 자	동아자산관리유한회사
개시결정	2018-04-13	채 무 자	동아자산관리유한회사
사 건 명	강제경매	채 권 자	유한회사 에스엠스카이대부
관련사건	2015타경10427(소유권이전)		

오늘조회: 1 2주누적: 46 2주평균: 3 조회동향

구분	입찰기일	최저매각가격	결과
1차	2018-08-06	73,000,000원	유찰
2차	**2018-09-10**	**51,100,000원**	

【 기호(3) 소재 건물 북동측 전경 】

【 기호(3) 동측 주위환경 】

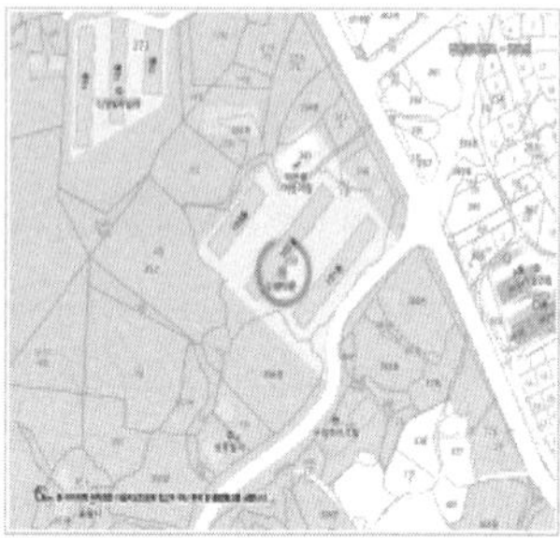

출처: 굿옥션(http://www.goodauction.com/index.php)

이물건의 말소기준권리는 2018. 4. 13. 자 강제경매개시결정 등기이다. 주택임차인이 2016. 10. 7. 일자로 전입신고 하여, 2016. 10. 8.일자로 대항력이 발생하였으므로 말소기준권리보다 선순위로 인수 대상이다. 확정일자도 받지 않았고, 배당요구도 않았으므로 매수인은 보증금 전액을 인수하게 된다.

또한 대지권 미등기 상태이다. 대지권 미등기라고 하더라도 빌라 소유자가 실제는 대지권을 가지고 있는 것인지는 일응 감정평가서를 살펴보아야 한다.

그림 129 대지권 미등기 빌라(물건 현황)

• **매각물건현황**(보존등기일 : 2000.12.20)

목록	구분	사용승인	면적	이용상태	감정가격	기타
건물	4층중 4층	00.12.19	59.46㎡ (17.99평)	주거용	비준가격 73,000,000원	
토지	대지권	* 대지권미등기				
현황 위치	* "진천군청" 남측 인근에 위치하며, 주위는 단독주택, 아파트 및 근린생활시설 등이 혼재하는 주거지역입니다. * 본건까지 차량접근이 가능하며 인근으로 버스정류장이 소재하는 등 제반 교통여건은 보통입니다. * 부정형 완경사지로 연립주택 건부지로 이용중입니다. * 북동측으로 노폭 약 20M 정도의 아스팔트 포장도로와 접합니다.					
참고사항	* 외필지 : 교성리 358, 360, 361, 362, 363, 594-4 * 구분건물 소재지는 진천군 진천읍 교성리 359외 6필지이나 현황 358번지로 합병되었으므로 경매 진행 시 참고하시기 바랍니다. * 소유권, 대지권이 미포함된 집합건물로 그 사유는 토지 분쟁에 기인한 것으로 탐문조사 되었으니 경매 진행 및 입찰시 소유권대지권에 대하여 필히 재확인하시기 바라며 구분소유의 건물은 집합건물의 소유 및 관리에 관한 법률 제20조에 의거 전유부분과 대지사용권은 일체성을 가지며 집합건물과 토지는 일체로 거래되므로 건물만의 평가는 곤란한 상태이나 본건 연립주택은 대지권이 없는 상태로 다수 거래가 되어 시세가 형성된 상태로 이를 기준으로 거래사례비교법으로 평가하였으니 업무 처리 시 참고하시기 바랍니다.					

• **임차인현황** (말소기준권리 : 2018.04.13 / 배당요구종기일 : 2018.06.20)

임차인	점유부분	전입/확정/배당	보증금/차임	대항력	배당예상금액	기타
배 O 숙	주거용 전부	전 입 일: 2016.10.07 확 정 일: 미상 배당요구일: 없음	보65,000,000원	있음	전액매수인인수	
임차인분석	☞임차인은 권리신고 및 배당요구를 하지 아니하였기 때문에 임차인의 보증금 전액에 대하여는 매수인(낙찰자)이 인수하게 됨(주의바람) ☞대항력 있는 임차인 보증금전액을 매수인이 인수함					

• **등기부현황**

No	접수	권리종류	권리자	채권금액	비고	소멸여부
1(갑14)	2016.07.25	소유권이전(매각)	동아자산관리유한회사	강제경매로인한 매각	2015타경10427	
2(갑18)	2018.04.13	강제경매	유한회사에스엠스카이대부	청구금액: 100,000,000원	말소기준등기 2018타경51702	소멸

출처: 굿옥션(http://www.goodauction.com/index.php)

감정평가명세표를 보면 대지권에 관한 부분이 별도로 평가되어 감정가로 산출되지 않았다. 대지권이 등기되지 않은 이유는 토지 분쟁에 기인하여 대지에 관한 소유권 다툼이 있는 것으로 파악되고 있다.

그러나 이 빌라는 대지권이 없는 상태로 다수 거래가 되어 시세가 형성된 상태이기 때문에 거래사례비교법으로 평가한 것이라고 한다. 분양을 받는 사람(수분양자)은 대지에 대한 권리까지 포함하여 분양을 받겠지만, 분양자가 대지에 관한 소유권을 취득하여 분양자에게 이전하여 줄 수 없을 때에는 수분양자 또는 경매에 의한 매수인은 대지권에 대한 소유권을 취득하기 위하여 추가 비용 부담이 따를 수 있다.

그림 130 대지권 미등기 빌라(감정평가명세)

3.	1동의 건물의 표시 충청북도 진천군 진천읍 교성리	359,358, 360,361, 362,363, 594-4 위지상 신양 연립주택	연립주택	철근콘크리트조 평슬래브지붕 4층				2005년 12월 22일 358번지로 합병
				1층	663.2			
				2층	663.2			
				3층	663.2			
				4층	663.2			
1.	동소	358	대	자연녹지지역	9,880			
				(내) 철근콘크리트조 제4층제410호	59.46	59.46	73,000,000	비준가격 대지권 미포함

출처: 굿옥션(http://www.goodauction.com/index.php)

2. 토지별도등기

1) 의의

집합건물은 토지와 건물이 일체가 되어 거래되도록 되어 있다. 그런데 경매 물건 중에는 가끔씩 토지별도등기가 표시된 물건이 나온다. 집합건물 신축 전부터 토지상에 대출을 받고 저당권 등을 설정한 경우, 이를 말소하지 않으면 그 집합건물의 등기 후에는 토지와 건물의 권리관계가 일치하지 않게 된다.

집합건물은 건물등기부에 토지(대지)에 관한 사항도 등기하고, 토지등기부는 폐쇄하는 것이 원칙이다. 그러나 그 토지에 저당권 등의 권리관계가 남아 있다면, 건물등기부에 토지에 "별도등기 있음"이라는 표시를 하여 건물을 매수하려는 사람들에게 경고를 하게 되는데 이를 "토지별도등기"라고 한다.

그림 131 등기사항전부증명서(별도등기)

[집합건물] 서울특별시 강서구 등촌동 717 그레이스힐 제3층 제305호　　　　고유번호 2542-2006-002767

(대지권의 표시)			
표시번호	대지권종류	대지권비율	등기원인 및 기타사항
1	1 소유권대지권	4227.5분의 25.620	2006년11월15일 대지권 2006년12월13일
2			별도등기 있음 1토지(을구 9번 구분지상권 설정 등기) 2006년12월13일

【 갑 구 】 (소유권에 관한 사항)				
순위번호	등 기 목 적	접 수	등 기 원 인	권 리 자 및 기 타 사 항
1	소유권보존	2006년12월13일 제104212호		소유자 주식회사 케이에이치아이엔디 130111-0047274 성남시 분당구 정자동 156-2 백궁프라자3, 705호
2	소유권이전	2006년12월22일 제108508호	2006년12월22일 신탁	수탁자 주식회사한국씨티은행 110111-0303639 서울 중구 다동 39
				~~신탁~~ ~~신탁원부 제1722호~~
3	소유권이전	2008년2월22일 제11616호	2008년2월22일 신탁재산의귀속	소유자 주식회사케이에이치아이엔디 130111-0047274 경기도 성남시 분당구 정자동 156-2 백궁프라자3, 705호
				2번 신탁등기말소 원인 신탁재산의 귀속

2) 토지별도등기 인수 여부

토지별도등기로 있는 집합건물이 경매로 매각되는 경우에 매수인이 이를 인수하여야 하는지가 문제된다. 토지별도등기는 대부분 매수자가 등기된 권리를 인수하지 않는 경우가 많다. 토지별도등기가 저당권과같이 돈을 받는 권리라면 경매법원은 권리자로 하여금 채권신고를 하게 하여 배당을 해 준다. 이때는 경매대상 집합건물의 대지권비율만큼 토지저당권을 말소시키고, 토지저당권자가 토지매각 부분에 한하여 우선하여 배당을 받도록 하기 때문이다.

그러나 예외적으로 토지별도등기를 인수하는 특별매각조건으로 매각하는 경우가 있다. 이때는 매각물건명세서의 비고란에 특별매각조건으로 "토지별도등기 인수조건"이라고 표시를 한다.

따라서 돈을 받는 권리인 저당권, 근저당권, 가압류, 담보가등기 등의 권리가 있는 경우, 법원에서 매수인에게 이를 인수시키는 특별매각조건으로 매각하는 것이 아니라면 이들 권리는 매각으로 소멸된다.

그러나 토지상에 가처분, 가등기, 임차권, 지상권 등의 경우는 경매로 소멸대상이 되지 않기 때문에 매수인이 인수해야 한다.

경매실무에서는 보통 집합건물인 상가가 지하철 인근에 있을 경우, 혹은 지하 공동구 등 지하구조물이 있는 경우, 구분지상권을 설정하게 되는데 이러한 구분지상권은 그 목적상 소멸시킬 수 없다. 따라서 집합건물 상가의 건물등기부에는 토지별도등기가 있다는 내용이 기재된다.

3) 토지별도등기 경매 사례

경매물건은 서울시 강서구에 있는 집합건물인데, 용도는 노유자시설이다.

경매진행결과를 보면 10번 넘게 유찰이 계속되고 있다. 감정가 4억8,800만원인데, 5,239만8천원까지 가격이 떨어져 있는 상태이다.

그림 132 경매물건(별도등기 있는 집합건물)

2015타경20145 (5) • 서울남부지방법원 본원 • 매각기일 : 2018.09.04(火) (10:00) • 경매 3계(전화:02-2192-1333)

소재지	서울특별시 강서구 등촌동 717, 그레이스힐 3층 305호 도로명주소검색		
새주소	서울특별시 강서구 양천로 470, 그레이스힐 3층 305호		
물건종별	노유자시설	감정가	488,000,000원
대지권	25.52㎡(7.72평)	최저가	(11%) 52,398,000원
건물면적	75.854㎡(22.946평)	보증금	(10%) 5,240,000원
매각물건	토지·건물 일괄매각 (별도등기 인수조건)	소유자	(주)케이에이치아이엔디
개시결정	2015-12-17	채무자	(주)케이에이치아이엔디
사건명	강제경매	채권자	김0순
관련사건	2016타경4539(중복), 2018타경100011(중복)		

오늘조회: 12 2주누적: 240 2주평균: 17 조회동향

구분	입찰기일	최저매각가격	결과
1차	2016-11-30	488,000,000원	유찰
2차	2017-01-10	390,400,000원	유찰
	2017-02-14	312,320,000원	변경
3차	2017-06-07	488,000,000원	유찰
4차	2017-07-12	390,400,000원	유찰
5차	2017-09-05	312,320,000원	유찰
6차	2017-10-17	249,856,000원	유찰
7차	2017-11-21	199,885,000원	유찰
8차	2017-12-27	159,908,000원	유찰
9차	2018-02-07	127,926,000원	유찰
10차	2018-03-14	102,341,000원	유찰
11차	2018-05-29	81,873,000원	유찰
12차	2018-07-17	65,498,000원	유찰
13차	**2018-09-04**	**52,398,000원**	

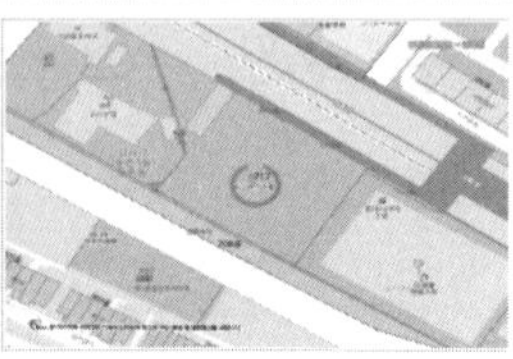

출처: 굿옥션(http://www.goodauction.com/index.php)

이 물건의 권리관계를 보면, 2015. 1. 26.자 가압류가 말소기준권리이다. 그런데 말소기준권리보다 선순위로 전세권이 있다. 선순위 전세권은 매수인에게 인수된다. 전세금액이 4억원이므로 이에 대한 부담을 안게 된다. 또한 인수되는 전세권 외에도 토지 별도등기를 인수하여야 한다.

토지별도등기의 종류는 구분지상권이다. 도시철도법, 도로법, 전기사업법 및 농어촌정비법에 의한 구분지상권설정등기는 그보다 먼저 마친 강제경매개시결정의 등기, 근저당권 등 담보물권의 설정등기, 압류등기 또는 가압류등기 등에 기하여 경매 또는 공매로 인한 소유권이전등기의 촉탁이 있는 경우에도 이를 말소하여서는 아니 된다.[32)]

그림 133 경매물건의 현황(별도등기 있는 집합건물)

• **매각물건현황**(감정원 : 김일수감정평가 / 가격시점 : 2015.12.30 / 보존등기일 : 2006.12.13)

목록	구분	사용승인	면적	이용상태	감정가격	기타
건물	15층중 3층	06.11.15	75.854㎡ (22.95평)	노인복지주택(방2, 거실, 주방, 화장실, 발코니, 현관 등)	287,920,000원	* 중앙난방 * 지하주차장
토지	대지권	4227.5㎡ 중 25.52㎡ * 토지별도등기있으며 매수인 인수조건 매각			200,080,000원	
현황 위치	* 지하철 9호선 "가양역" 북서측 인근에 위치하며 본건 주위 도로변은 근린생활시설, 상업 및 업무시설, 주상복합건물, 오피스텔, 후면은 대규모 아파트단지 및 학교 등이 혼재되어 형성된 지역으로 제반 주위환경은 보통 정도임. * 본건까지 차량출입 가능하고 인근에 시내버스정류장과 지하철역(9호선 가양역)이 소재하는 등 제반교통상황은 비교적 양호한 편임. * 부정형의 토지로서 인접 도로 및 인근 지대와 대체로 등고 평탄하며 교육연구시설, 판매시설, 근린생활시설 건부지로 이용중임. * 본건 북동측으로 폭 약 30미터 내외, 남서측으로 폭 약 12미터 내외의 포장도로와 각각 접함.					
참고사항	▶기일변경:2018-04-18(2018.05.10 기준)					

• **임차인현황** (말소기준권리 : 2015.01.26 / 배당요구종기일 : 2016.03.07)

임차인	점유부분	전입/확정/배당	보증금/차임	대항력	배당예상금액	기타
김0기	주거용 방2칸	전 입 일: 2009.12.01 확 정 일: 미상 배당요구일: 없음	보399,741,000원	있음	전액매수인인수	선순위 전세권등기자, 현황서상 보:4억원, 현황서상전:2009.12.01
임차인분석	☞폐문부재로 안내문 남겨두고 왔으며, 당일 임차인 본인 별지 임대차관계 조사서 내용과 같이 전화로 설명 ☞김 기 : 전세권자로서 전세권설정등기일은 2009. 12. 22.임 ☞대항력 있는 임차인 보증금전액을 매수인이 인수함					

• **등기부현황** (채권액합계 : 1,237,297,750원)

No	접수	권리종류	권리자	채권금액	비고	소멸여부
1(갑4)	2008.02.22	소유권이전(신탁)	(주)생보부동산신탁			
2(을1)	2009.12.22	전세권(전부)	김0기	399,741,000원	존속기간: ~2015.11.26	인수
3(갑5)	2010.03.26	소유권이전	(주)케이에이치아이엔디		신탁재산의귀속	
4(갑8)	2015.01.26	가압류	김0순	574,544,000원	말소기준등기 2015카단70039	소멸
5(갑9)	2015.07.22	압류	서울특별시강서구			소멸
6(갑10)	2015.12.17	강제경매	김0순	청구금액: 537,012,480원	2015타경20145	소멸
7(갑11)	2017.06.05	압류	국민건강보험공단			소멸
8(갑12)	2017.06.07	가압류	서서울새마을금고	263,012,750원	2017카단1388	소멸

출처: 굿옥션(http://www.goodauction.com/index.php)

32) 도시철도법 등에 의한 구분지상권 등기규칙

구분지상권이란 건물 및 그밖의 공작물을 소유하기 위하여 다른 사람이 소유한 토지의 지상이나 지하의 공간에 대하여 상하의 범위를 정해 그 공간을 사용하는 지상권이다. 도시의 과밀화와 지가의 상승 등으로 인하여 토지에 대한 입체적 이용의 필요성이 커짐에 따라 지하 또는 지상의 공간은 상하의 범위를 정하여 건물 및 기타 공작물을 소유하기 위한 지상권의 목적으로 할 수 있다.

도시철도법에서는 도시철도 건설을 위하여 다른 사람 토지의 지하부분을 사용하고자 할 때에는 해당 토지의 이용가치, 지하의 깊이 및 토지이용이 방해되는 정도 등을 참작하여 보상하고, 구분지상권을 설정한다.

그런데 토지별도등기가 구분지상권인 경우, 그 집합건물이 지하철입구와 연결되는 통로이기 구분지상권이 설정된 것이라면 오히려 건물의 가치가 올라갈 수 있다. 따라서 구분지상권이 인수되더라도 문제가 되는 것은 아니며, 오히려 바람직한 경우도 있을 수 있다.

그림 134 매각물건명세서(별도등기 있는 집합건물)

서 울 남 부 지 방 법 원

2015타경20145

매각물건명세서

<table>
<tr><td>사 건</td><td colspan="3">2015타경20145 부동산강제경매
2016타경4539, 2018타경100011
(중복)</td><td>매각
물건번호</td><td>5</td><td>작성
일자</td><td>2018.05.10</td><td>담임법관
(사법보좌관)</td><td>안재영</td></tr>
<tr><td colspan="2">부동산 및 감정평가액
최저매각가격의 표시</td><td colspan="2">별지기재와 같음</td><td>최선순위
설정</td><td colspan="3">2015.1.26. 가압류</td><td>배당요구종기</td><td>2016.03.07</td></tr>
<tr><td colspan="10">부동산의 점유자와 점유의 권원, 점유할 수 있는 기간, 차임 또는 보증금에 관한 관계인의 진술 및 임차인이 있는 경우 배당요구 여부와 그 일자, 전입신고일자 또는 사업자등록신청일자와 확정일자의 유무와 그 일자</td></tr>
<tr><td>점유자
성 명</td><td>점유
부분</td><td>정보출처
구 분</td><td>점유의
권 원</td><td>임대차기간
(점유기간)</td><td>보 증 금</td><td>차 임</td><td>전입신고
일자,
사업자등록
신청일자</td><td>확정일자</td><td>배당
요구여부
(배당요구일자)</td></tr>
<tr><td>김O기</td><td></td><td>현황조사</td><td>주거
임차인</td><td>미상</td><td>4억원</td><td></td><td>2009.12.01</td><td></td><td></td></tr>
<tr><td colspan="10"><비고></td></tr>
<tr><td colspan="10">※ 최선순위 설정일자보다 대항요건을 먼저 갖춘 주택·상가건물 임차인의 임차보증금은 매수인에게 인수되는 경우가 발생 할 수 있고, 대항력과 우선변제권이 있는 주택·상가건물 임차인이 배당요구를 하였으나 보증금 전액에 관하여 배당을 받지 아니한 경우에는 배당받지 못한 잔액이 매수인에게 인수되게 됨을 주의하시기 바랍니다.</td></tr>
<tr><td colspan="10">등기된 부동산에 관한 권리 또는 가처분으로 매각으로 그 효력이 소멸되지 아니하는 것</td></tr>
<tr><td colspan="10">1. 별도 등기 : 토지 을구 9번 2006. 12. 13. 접수 제104211호 구분지상권설정등기는 말소되지 않고 매수인에게 인수됨.
2. 을구 1번 2009. 12. 22. 접수 제86782호 전세권설정등기는 말소되지 않고 매수인에게 인수됨.</td></tr>
<tr><td colspan="10">매각에 따라 설정된 것으로 보는 지상권의 개요</td></tr>
<tr><td colspan="10">해당사항없음</td></tr>
<tr><td colspan="10">비고란</td></tr>
<tr><td colspan="10">별도등기 있음. 교육연구시설(노인복지주택)로 이용.</td></tr>
</table>

주1 : 매각목적물에서 제외되는 미등기건물 등이 있을 경우에는 그 취지를 명확히 기재한다.
2 : 매각으로 소멸되는 가등기담보권, 가압류, 전세권의 등기일자가 최선순위 저당권등기일자보다 빠른 경우에는 그 등기일자를 기재한다.

출처: 굿옥션(http://www.goodauction.com/index.php)

3강 법정지상권

1. 법정지상권의 이해

1) 의의

건물은 토지 위에 존재하는 것이므로 토지에 대한 이용권이 없으면 그 건물은 철거당하는 것이 원칙이다. 그러나 사회적으로 유용한 건물을 단지 토지에 대한 이용권이 없다는 이유로 철거를 해야 하는 것은 바람직하지 못하다.

법정지상권은 이러한 이유에서 당사자 사이의 토지의 이용권인 지상권 설정계약이 없는 경우에도 동일인 소유의 토지와 건물의 소유권이 각각 분리되는 경우에 법률이나 관습법상 건물의 철거를 방지하기 위하여 인정하는 물권이다.

2) 법정지상권의 종류

(1) 전세권 보호를 위한 법정지상권

대지와 건물이 동일한 소유자에 속한 경우에 건물에 전세권을 설정한 때에는 그 대지소유권의 특별승계인은 전세권설정자에 대하여 지상권을 설정한 것으로 본다(민법 제305조).

(2) 저당권의 실행으로 인한 법정지상권

저당물의 경매로 인하여 토지와 그 지상건물이 다른 소유자에 속한 경우에는 토지소유자는 건물소유자에 대하여 지상권을 설정한 것으로 본다(민법 제366조).

(3) 가등기 담보권의 실행에 의한 법정지상권

토지와 그 위의 건물이 동일한 소유자에게 속하는 경우 그 토지나 건물에 대하여 청산절차를 거쳐 소유권을 취득하거나 담보가등기에 따른 본등기가 행하여진 경우에는 그 건물의 소유를 목적으로 그 토지 위에 지상권이 설정된 것으로 본다(가등기담보 등에 관한 법률 제10조).

(4) 입목에 관한 법정지상권

입목의 경매나 그 밖의 사유로 토지와 그 입목이 각각 다른 소유자에게 속하게 되는 경우에는 토지소유자는 입목소유자에 대하여 지상권을 설정한 것으로 본다(입목에 관한 법률 제6조).

(5) 관습상 법정지상권

동일인 소유의 건물과 토지의 소유권이 분리될 수 있는 원인은 법률에서 규정하고 있는 저당권이나 가등기담보권 등의 실행에 기한 것만은 아니다. 매매나 증여 등 그 밖의 원인에 의하여 분리될 수 있기 때문에 이런 경우에도 법정지상권을 인정하는 것이 관습법으로 정착되었다.

3) 부동산경매에서 특히 문제되는 법정지상권

(1) 저당권 등의 실행으로 인한 법정지상권

가. 의의

토지와 그 위의 건물이 동일인에게 속하고 있는 동안에 어느 한쪽에만 저당권이 설정된 후 저당권의 실행(경매)으로 토지와 건물의 소유자가 다르게 된 경우에 법정지상권이 성립한다.

민법은 "저당물의 경매로 인하여 토지와 그 지상건물이 다른 소유자에 속한 경우에는 토지 소유자는 건물 소유자에 대하여 지상권을 설정한 것으로 본다"고 규정한다(민법 제366조).

나. 성립요건

① 저당권의 설정 당시에는 토지와 건물이 동일인에게 속하고 있어야 한다.

② 저당권이 토지 또는 건물 중 하나에 대해서만 설정되어 있어야 한다.

③ 저당권의 실행을 위한 경매가 진행되어 토지 또는 건물만이 매각되었어야 한다.

④ 경매로 인하여 건물 소유자가 토지 소유자와 다른 사람으로 되었어야 한다.

다. 효력

법정지상권의 존속기간은 존속기간을 약정하지 아니한 지상권으로 보기 때문에 지상권에 간해서 규정하는 최단 존속기간을 적용한다.

지상권의 최단존속기간은 석조, 석회조, 연와조 또는 이와 유사한 견고한 건물이나 수목의 소유를 목적으로 하는 때에는 30년, 그 이외의 건물의 소유를 목적으로 하는 때에는 15년, 건물이외의 공작물의 소유를 목적으로 하는 때에는 5년이다.

지료는 당사자의 청구에 의하여 법원이 이를 정한다. 법정지상권이 성립되고 지료가 판결로 정해진 경우에는 지체된 지료가 판결 확정 전후에 걸쳐 2년분 이상일 경우에는 토지 소유자는 지상권의 소멸을 청구할 수 있다.

건물 소유를 위하여 법정지상권을 취득한 사람으로부터 경매로 건물의 소유권을 이전받은 매수인은 매수 후 건물을 철거한다는 등의 매각 조건 하에서 경매되는 경우 등 특별한 사정이 없는 한 건물의 매수 취득과 함께 위 지상권도 당연히 취득한다(대법원 2014. 12. 24. 선고 2012다73158 판결).

(2) 관습상의 법정지상권

가. 의의

토지와 건물이 동일인에게 속하고 있는 동안에 그 건물 또는 토지만이 매매되어 양자의 소유자가 다르게 된 경우에는 민법이나 특별법에서 인정하는 법정지상권의 요건을 충족시키지 못하므로, 법정지상권이 하지 않는다.

그러나 종래 판례는 이 경우에도 일정한 요건 아래 '관습법상 법정지상권'을 인정함으로써 법정지상권을 확대 인정하였다.

나. 성립 요건

① 토지와 건물이 동일인의 소유였을 것

토지의 소유자로부터 토지 사용 승낙을 받아 건물을 신축하고 그에 대한 경작료를 납부하여 온 경우에는 관습에 의한 법정지상권이 성립할 여지가 없다(대법원 1990. 10. 30. 선고 90다카26003 판결).

② 토지 소유자와 건물 소유자가 다르게 되었을 것

미등기 건물을 그 대지와 함께 양수한 사람이 그 대지에 관해서만 소유권이전등기를 넘겨받고 건물에 대하여는 그 등기를 이전받지 못하고 있는 상태에서 그 대지가 경매되어 소유자가 달라지게 된 경우에는, 미등기 건물의 양수인은 미등기 건물을 처분할 수 있는 권리는 있을지언정 소유권은 가지고 있지 아니하므로 대지와 건물이 동일인의 소유에 속한 것이라고 볼 수 없어 법정지상권이 발생할 수 없다(대법원 1998. 04. 24. 선고 98다4798 판결).

③ 매매 등으로 소유자가 달라졌을 것

④ 건물 철거 특약이 없을 것

관습상의 법정지상권은 동일인의 소유이던 토지와 그 지상 건물이 매매 기타 원인으로 인하여 각각 소유자를 달리하게 되었으나, 그 건물을 철거한다는 등의 특약이 없으면 건물 소유자로 하여금 토지를 계속 사용하게 하려는 것이 당사자의 의사라고 보아 인정되는 것이므로 이와 달리 토지의 점유—사용에 관하여 당사자 사이에 약정이 있는 것으로 볼 수 있는 경우에는 관습상의 법정지상권을 인정할 까닭이 없다(대법원 2002. 6. 20. 선고 2002다9660 전원합의체 판결).

다. 효력

관습상의 법정지상권은 관습법에 의한 부동산에 관한 물권의 취득이므로 등기를 필요로 하지 아니하고 지상권 취득의 효력이 발생한다.

관습상의 법정지상권은 물권으로서의 효력에 따라 이를 취득할 당시의 토지 소유자나 이로부터 소유권을 전득한 제3자에게 대하여도 등기 없이 지상권을 주장할 수 있다.

관습상 법정지상권이 성립한 후에는 건물을 개축 또는 증축하는 경우는 물론 건물이 멸실되거나 철거된 후에 신축하는 경우에도 법정지상권은 성립한다. 다만, 그 법정지상권의 범위는 구 건물을 기준으로 하여 그 유지 또는 사용을 위하여 일반적으로 필요한 범위 내의 대지 부분에 한정된다(대법원 1997. 1. 21. 선고 96다40080 판결).

(3) 분묘기지권

가. 의의

분묘기지권이란 타인의 토지 위에서 분묘를 소유하기 위해 분묘의 기지 부분의 토지를 사용할 것을 내용으로 하는, 관습법으로 인정되는 지상권 유사의 물권이다.

나. 분묘기지권이 인정되는 경우

① 토지 소유자의 승낙을 얻어 분묘를 설치한 경우

② 토지 소유자의 승낙 없이 분묘를 설치한 때에는 20년간 평온 · 공연하게 분묘를 점유한 경우(분묘기지권의 시효 취득)

③ 자기 소유의 토지 위에 분묘를 설치한 후 그 분묘기지에 대한 소유권을 유보하거나 분묘 이전의 약정 없이 토지를 처분한 경우

다. 분묘기지권의 효력

분묘기지권의 존속기간은 약정이 없는 경우에는 권리자가 분묘의 수호와 봉사를 계속하고 있는 한, 즉 분묘가 존속하는 동안 계속된다.

분묘기지권은 분묘를 수호하고 봉제사하는 목적을 달성하는 데 필요한 범위 내에서 타인의 토지를 사용할 수 있는 권리를 의미하는 것으로서, 이 분묘기지권에는 그 효력이 미치는 지역의 범위 내라고 할지라도 기존의 분묘 외에 새로운 분묘를 신설할 권능은 포함되지 아니하는 것이므로, 부부 중 일방이 먼저 사망하여 이미 그 분묘가 설치되고 그 분묘기지권이 미치는 범위 내에서 그 후에 사망한 다른 일방을 단분 형태로 합장하여 분묘를 설치하는 것도 허용되지 않는다(대법원 2001. 08. 21. 선고 2001다28367 판결).

2. 부동산경매에 있어서 법정지상권에 대한 권리분석

1) 부동산경매와 법정지상권

건물과 그 지반인 토지(대지)가 일괄하여 경매되는 경우에는 매수인은 건물과 토지에 대한 소유권을 취득하기 때문에 건물이 존속하기 위해 필요한 토지의 이용권은 특별히 문제되지 않는다.

그러나 건물만 경매가 되거나, 토지만 경매되는 경우에는 매수인은 건물과 토지 중 이미 어느 하나의 소유권을 가지고 있었던 경우를 제외하고는 둘 중에 하나의 소유권을 취득하는 결과로 된다.

건물만 경매되는 경우에 매수인이 건물에 대해서만 소유권을 취득하게 되면, 법정지상권이 인정되어야 그 건물을 철거당하지 않게 된다.

반대로 건물이 있는 토지에서 토지만 경매되는 경우, 토지의 매수인은 그 건물에 대해서 만약 법정지상권이 성립한다면 토지에 대한 소유권을 취득하더라도 토지를 이용할 수 없다. 자기 토지 위에서 타인이 건물을 소유하고 있는 결과이지만 법정지상권이 인정되는 건물이기 때문에 철거를 시킬 수 없기 때문이다.

따라서 부동산경매에 있어서 법정지상권의 성립 유무에 대한 분석은 매우 중요한 것이다. 말소기준권리를 찾는 것은 매각물건명세서를 보면 알 수 있다.

그러나 매각물건명세서도 법정지상권에 대해서는 확실하게 판단해 놓지 않고 '성립 여지 있음' 또는 '성립 여부 불명'이라고 표시되어 있을 뿐이다.

2) 경매 사례

경매물건은 경기도 동두천시에 있는 임야, 대지, 도로 등 4필지의 토지이다. 도로부지를 제외하고 대지와 임야 등 3필지에는 건축허가를 받아 소유자가 지상건물 및 주차장 등을 신축 중에 있었다.

그림 135 경매물건(건물 제외 토지)

2015타경32113 (1) • 의정부지법 본원 • 매각기일 : **2016.09.09(金) (10:30)** • **경매 17계**(전화:031-828-0337)

소재지	**경기도 동두천시 생연동 149-3 외 3필지** 도로명주소검색		
물건종별	임야	감정가	994,612,290원
토지면적	4054.71㎡(1226.55평)	최저가	(49%) 487,360,000원
건물면적	건물은 매각제외	보증금	(10%) 48,740,000원
매각물건	토지만 매각이며, 지분 매각임	소유자	이0기
개시결정	2015-09-03	채무자	이0기
사건명	강제경매	채권자	김0수

오늘조회: 1 2주누적: 0 2주평균: 0 조회동향

구분	입찰기일	최저매각가격	결과
	2015-12-04	994,612,290원	변경
1차	2016-07-01	994,612,290원	유찰
2차	2016-08-05	696,229,000원	유찰
	2016-09-09	**487,360,000원**	**취하**
본사건은 취하(으)로 경매절차가 종결되었습니다.			

기호(1) 토지 및 제시외건물 기호(ㄱ)

기호(3) 토지 전경

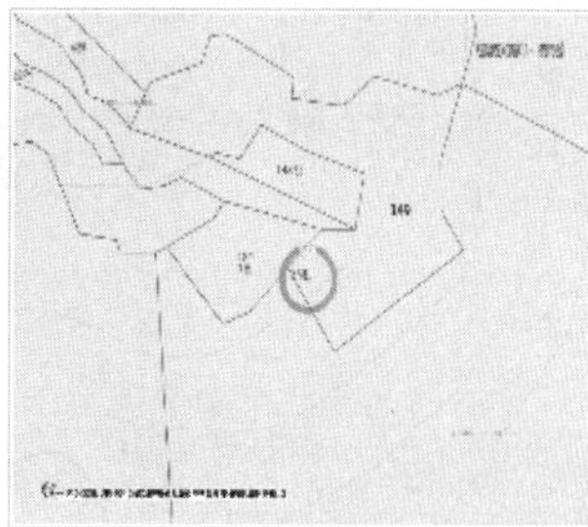

출처: 굿옥션(http://www.goodauction.com/index.php)

이 물건(토지)에 대한 권리관계를 보면, 새마을금고에서 근저당권과 지상권을 가지고 있고, 그보다 후순위근저당이 있다. 말소기준권리가 2015. 8. 17.자 근저당인데 다른 권리들은 후순위이므로 매각에 의하여 소멸한다.

그림 136 **경매 물건 현황**

• **매각토지.건물현황**(감정원 : 칠칠감정평가 / 가격시점 : 2015.09.09)

목록		지번	용도/구조/면적/토지이용계획		㎡당 단가 (공시지가)	감정가	비고
토지	1	생연동 149-3	자연녹지지역,성장관리권역<수도권정비계획법>, 배출시설설치제한지역...	대 258㎡ (78.045평)	310,000원 (15,200원)	79,980,000원	* 건축 허가지 ▶제시외 건물로 제한받는 경우의 토지단가:@263,000원/㎡
	2	생연동 149-5	자연녹지지역,성장관리권역<수도권정비계획법>, 배출시설설치제한지역...	임야 1642㎡ (496.705평)	297,000원 (15,800원)	487,674,000원	* 건축 허가지 * 현황 잡(주거나지)
	3	생연동 149-6	자연녹지지역,성장관리권역<수도권정비계획법>, 배출시설설치제한지역...	도로 1075.71㎡ (325.402평)	99,000원 (15,800원)	106,495,290원	☞ 전체면적 1241㎡중 갑구1번 이민기 지분 1075.71/1241 매각
	4	생연동 149-7	자연녹지지역,성장관리권역<수도권정비계획법>, 배출시설설치제한지역...	임야 1079㎡ (326.398평)	297,000원 (15,800원)	320,463,000원	* 건축허가지 * 현황 잡(주거나지)
			면적소계 4054.71㎡(1226.55평)			소계 994,612,290원	
감정가		토지:4054.71㎡(1226.55평)			합계	994,612,290원	토지만 매각이며, 지분 매각임
현황 위치		* 보산초등학교 동측 인근에 위치하며 주위는 일단의 자연취락 및 전원주택, 주거나지, 농경지, 임야 등이 혼재하는 지역으로서 제반 입지조건 및 주위환경 보통임. * 본건까지 차량진입 가능하나 대중교통 여건은 버스정류장까지의 거리 및 운행빈도 등으로 보아 다소 불편한 편임. * 대체로 부정형의 토지로서 서향의 경사지를 경계석 등을 쌓아 계단식으로 평탄하게 부지조성 하였으며, 1,2,4)는 건축신고를 득하여 지상건물 및 주차장 등을 신축중에 있으며, 3)현황 도로로 이용중임. * 서측으로 기존의 폭 약 4미터 내외의 포장도로와 연계하여 일부 구거부분을 복개한 도로(공유수면 점유 약 409㎡)로부터 토4) 내 폭 약 6~8미터의 단지내 아스팔트포장도로가 개설되어 있는 바 도로상태는 대체로 양호함.					
참고사항		* 생연동 149-3) 지상에 매각에서 제외되는 신축중인 제시외건물 1동(1층 바닥면적 약 42.3㎡) 소재 * 생연동 149-5, 149-7) 건축신고를 마친 후 토목공사가 진행중인 현황 잡종지 상태(주거나지) * 생연동 149-5,149-7) 지상에 매각에서 제외되는 제시외 주차장(차고지) 5기가 축조되어 있음.					

• **임차인현황** (말소기준권리 : 2015.08.17 / 배당요구종기일 : 2015.11.06)

===== 조사된 임차내역 없음 =====

• **토지등기부** (채권액합계 : 882,500,000원)

No	접수	권리종류	권리자	채권금액	비고	소멸여부
1(갑1)	2014.08.20	소유권이전(매매)	이O기		거래가액:140,415,000	
2(을5)	2015.08.17	근저당	의정부신곡새마을금고	682,500,000원	말소기준등기	소멸
3(을10)	2015.08.24	지상권(토지의전부)	의정부신곡새마을금고		존속기간: 2015.08.21~2045.08.21 만30년	소멸
4(갑2)	2015.09.03	강제경매	김O수	청구금액: 198,822,787원	2015타경32113	소멸
5(을11)	2015.11.26	근저당	서O호	200,000,000원		소멸

출처: 굿옥션(http://www.goodauction.com/index.php)

그런데 매각물건명세서를 보면, 토지상에 신축중인 건물 등이 소재하는데 대지만 매각되는 것이므로 지상 건물에 대한 법정지상권이 문제 될 수 있으나, 다만 그 성립 여부는 불투명하다 표시되어 있다.

따라서 이 물건에 대해서는 법정지상권의 성립 여부에 대한 분석이 권리분석의 핵심이 된다.

그림 137 매각물건명세서

매각물건 명세서 인쇄

사건	**2015타경32113** 부동산강제경매	매각물건번호	1	담임법관(사법보좌관)	
작성일자	2016.06.17	최선순위 설정일자	2015.08.17 근저당권		
부동산 및 감정평가액 최저매각가격의 표시	부동산표시목록 참조	배당요구종기	2015.11.06		

부동산의 점유자와 점유의 권원, 점유할 수 있는 기간, 차임 또는 보증금에 관한 관계인의 진술 및 임차인이 있는 경우 배당요구 여부와 그 일자, 전입신고일자 또는 사업자등록신청일자와 확정일자의 유무와 그 일자

점유자의 성명	점유부분	정보출처 구분	점유의 권원	임대차 기간 (점유기간)	보증금	차임	전입신고 일자.사업 자등록신 청일자	확정일자	배당요구 여부 (배당요구 일자)
조사된 임차내역 없음									

< 비고 >

※ 최선순위 설정일자보다 대항요건을 먼저 갖춘 주택.상가건물 임차인의 임차보증금은 매수인에게 인수되는 경우가 발생할 수 있고, 대항력과 우선 변제권이 있는 주택,상가건물 임차인이 배당요구를 하였으나 보증금 전액에 관하여 배당을 받지 아니한 경우에는 배당받지 못한 잔액이 매수인에게 인수되게 됨을 주의하시기 바랍니다.

※ 등기된 부동산에 관한 권리 또는 가처분으로서 매각으로 그 효력이 소멸되지 아니하는 것

해당사항 없음

※ 매각에 따라 설정된 것으로 보는 지상권의 개요

해당사항 없음

※ 비고란

일괄매각. 대지만 매각. 목록1 지상에 매각에서 제외되는 신축중인 건물 1동 소재(건축주가 토지 소유자와 동일인으로 보인다는 감정인의 소견 있음). 법정지상권 성립여부 불명. 목록3,5 지상에 매각에서 제외되는 제시외 주차장(차고지) 5기가 축조되어 있음. 채무자겸소유자 이O기가 채권자 김O수를 상대로 제기한 청구이의등 소(2015가합4617)의 1심은 16. 5. 25. 원고일부승으로 판결 선고.

출처: 굿옥션(http://www.goodauction.com/index.php)

본 건에서는 강제경매에 의하여 토지와 건물의 소유자가 달라지는 경우이기 때문에 법정지상권의 종류 중에서 관습상의 법정지상권이 성립하는가가 문제된다.

관습상의 법정지상권이 성립하려면 동일인의 소유에 속하고 있던 토지와 그 지상 건물이 강제경매 또는 국세징수법에 의한 공매 등으로 인하여 소유자가 다르게 되고, 그 건물을 철거한다는 특약이 없어야 한다.

동일인 소유인지에 대한 판단은 토지와 그 지상 건물이 애초부터 원시적으로 동일인의 소유에 속하였을 필요는 없고, 그 소유권이 유효하게 변동될 당시에 동일인이 토지와 그 지상 건물을 소유했던 것으로 충분하다.

이런 관점에서 판례는 강제경매의 목적이 된 토지 또는 그 지상 건물의 소유권이 강제경매로 인하여 그 절차상의 매수인에게 이전된 경우에 건물의 소유를 위한 관습상 법정지상권이 성립하는가 하는 문제에 있어서는 그 매수인이 소유권을 취득하는 매각대금의 완납시가 아니라 그 압류의 효력이 발생하는 때를 기준으로 하여 토지와 그 지상 건물이 동일인에 속하였는지가 판단되어야 한다고 한다.

강제경매개시결정의 기입등기가 이루어져 압류의 효력이 발생한 후에 경매목적물의 소유권을 취득한 이른바 제3취득자는 그의 권리를 경매절차상 매수인에게 대항하지 못하고, 나아가 그 명의로 경료된 소유권이전등기는 매수인이 인수하지 아니하는 부동산의 부담에 관한 기입에 해당하므로(민사집행법 제144조 제1항 제2호 참조) 매각대금이 완납되면 직권으로 그 말소가 촉탁되어야 하는 것이어서, 결국 매각대금 완납 당시 소유자가 누구인지는 이 문제 맥락에서 별다른 의미를 가질 수 없다는 점 등을 고려하여 보면 더욱 그러하다. 한편 강제경매개시결정 이전에 가압류가 있는 경우에는, 그 가압류가 강제경매개시결정으로 인하여 본압류로 이행되어 가압류집행이 본집행에 포섭됨으로써 당초부터 본집행이 있었던 것과 같은 효력이 있다. 따라서 경매의 목적이 된 부동산에 대하여 가압류가 있고 그것이 본압류로 이행되어 경매절차가 진행된 경우에는, 애초 가압류가 효력을 발생하는 때를 기준으로 토지와 그 지상 건물이 동일인에 속하였는지를 판단하여야 한다(대법원 2012. 10. 18. 선고 2010다52140 전원합의체 판결).

토지 위에 완성된 건물이 아니라 신축중인 건물이 있는 경우에도 건물이 존재하는 것으로 볼수 있는가도 문제이다. 건물은 건물로서의 요건을 갖추고 있는 이상 무허가건물이거나 미등기건물이거나를 가리지 않는다.

토지 위에 건물이 건축 중이었던 경우에는 그것이 사회 관념상 독립된 건물로 볼 수 있는 정도에 이르지 않았다 하더라도 건물의 규모, 종류가 외형상 예상할 수 있는 정도까지 건축이 진전되어 있었고, 그 후 경매 절차에서 매수인이 매각대금을 다 낸 때까지 최소한의 기둥과 지붕 그리고 주벽이 이루어지는 등 독립된 부동산으로서 건물의 요건을 갖춘 경우에는 법정지상권이 성립한다.

본 경매물건에서는 새마을금고에서 근저당과 지상권을 동시에 가지고 있다(실무상 담보지상권). 그러나 이 경우에도 토지에 관하여 저당권이 설정될 당시 저당권자를 위하여 동시에 지상권이 설정되었다고 하더라도, 저당권 설정 당시 그 토지 위에 건축 중이던 건물을 철거하기로 하는 등 특별한 사유가 없고 저당권의 실행으로 그 지상권도 소멸하였다면 건물을 위한 법정지상권이 발생하지 않는다고 할 수 없다(대법원 1991. 10. 11. 선고 91다23462 판결).

또한 신축중인 건물이 독립된 건물로서의 요건을 갖춘 경우에는 건축주가 그 건물의 소유권을 원시취득한다.

따라서 본 물건에서는 건물을 위한 관습상의 법정지상권이 성립될 수 있다. 이 경우 본 토지를 매수한 매수인은 지료를 받을 수는 있지만 토지를 이용할 수 없다.

결국 이 물건은 경매신청이 취하되어 경매절차가 종결되었다. 채무자의 청구이의가 일부 인용되었고, 법정지상권 부담으로 유찰되어 선순위 채권자인 새마을금고도 채권회수가 어려운 상태이므로 경매신청을 한 후순위채권자에 대한 배당가능성은 없다.

이러한 이유 등으로 경매신청을 한 채권자가 경매를 취하한 것으로 생각된다.

대학에서 배우는

부동산 경매 이야기

2018년 9월 10일 1판 1쇄 인쇄
2021년 5월 20일 2판 1쇄 발행

저 자 김학환
발 행 인 박재린
발 행 처 나무미디어
주 소 경기 성남시 분당구 정자1로 30길 107-1002
전 화 031-712-9489
팩 스 031-602-9489
E-mail injae8005@hanmail.net
신고번호 제2016-000031호
정 가 24,000원

ISBN 979-11-86756-14-0 03320